BUSKRUIT MET MUISJES

Voor meer informatie over *Buskruit met Muisjes* ga je naar:

www.buskruitmet.nl

facebook.com/BuskruitMuisjes

@BuskruitMuisjes

Meer weten over Gloriae?

facebook.com/GloriaeNL

@GloriaeNL

Nina Veeneman-Dietz, Noor Schutte-Kerckhoff & Marieke Wigmans-Bremers

BUSKRUIT MET MUISJES

Alles wat je ~~niet~~ wilt weten over het krijgen van een baby

GLORIAE Uitgeverij

Illustraties Hanneke Jongsma
Omslagbeeld Hanneke Jongsma
Bewerking omslag Pinta Grafische Producties
Fotografie LeLLe
Met dank aan café Amsterdam
Opmaak S-PrePress, Hilversum

ISBN 978 94 005 0305 2
NUR 850

Derde druk, januari 2015

Disclaimer
Dit boek is bedoeld als hulpmiddel en de lezer/lezeres wordt nadrukkelijk geadviseerd zijn/haar arts en/of verloskundige te raadplegen voor specifieke informatie over de gezondheidssituatie van zijn/haar baby. Ondanks het feit dat deze uitgave met de grootst mogelijke zorgvuldigheid is samengesteld, aanvaarden de makers geen enkele aansprakelijkheid voor de gevolgen van het gebruik van de informatie. Evenmin aanvaarden zij aansprakelijkheid voor eventuele directe of indirecte schade als gevolg van onjuiste of onvolledige informatie.

FSC www.fsc.org
MIX
Papier van verantwoorde herkomst
FSC® C004472

INHOUD

Noot van de auteur

In dit boek is voor zowel baby's van het mannelijke als van het vrouwelijke geslacht gekozen voor de hij-vorm. Daar waar over partner wordt gesproken, kan hij en zij worden gelezen.

Alles wat in dit boek staat met betrekking tot voorbeelden van merken, merknamen en gebruiksvoorwerpen is enkel en alleen bedoeld om aan te geven wat de auteurs fijne producten vinden. Dit alles is gebaseerd op hun ervaringen met deze producten en van enig commercieel belang is dan ook geen sprake. Het is onmogelijk om alle merken en producten te noemen die er bestaan en het is nooit de bedoeling geweest om andere merken uit te sluiten.

Wij willen nogmaals benadrukken dat wij geen medici zijn en dat dit boek is bedoeld als hulpmiddel bij alledaagse vragen. Raadpleeg altijd de huisarts, het consultatiebureau of een specialist wanneer jij het niet vertrouwt.

TIPS

INLEIDING

Wij zijn drie moeders van negen kinderen.

Inmiddels zijn wij grotendeels uit de luiers, maar die eerste jaren zijn zeker niet vanzelf gegaan. Wat hadden wij in die eerste paar onzekere maanden na de bevalling graag een boek willen hebben met tips uit de praktijk. Tips en weetjes voor de momenten dat je het even niet meer ziet zitten. Wanneer je bijvoorbeeld al nachtenlang rondloopt met een huilende baby, niet geheel ongeschonden de strijd – die ook wel de bevalling heet – bent doorgekomen, lekkende borsten of tepelkloven hebt, je relatie ook niet meer is wat die geweest is, je wanhopig wordt van de krampjes van je baby of als je gewoon even wilt weten hoe het ook alweer zit. Want ook bij een tweede, derde of zoveelste baby weet je nog niet alles of ben je sommige dingen vergeten. De meeste vriendinnen of je zus durven je geen ongevraagd advies te geven en bovendien staan zeker niet alle prille moeders daarvoor open. Dit boek kun je er (weer) bij pakken wanneer het jou uitkomt en het kan die eerste tijd wat makkelijker maken. We hebben checklists voor je gemaakt en praktische tips voor je op een rijtje gezet.

Dit boek is van moeders voor moeders. Het zijn niet ieders feiten, het zijn 'onze' feiten. Dat betekent ook dat we niet alleen de roze wolk gaan beschrijven, we willen juist eerlijk tegen je zijn. En nog even tussen jou en ons: onze eerste maanden met een baby waren ook niet altijd even rooskleurig en ja, ook wij waren onzeker, moe en vertoonden hormonaal gedrag.

Wij hopen een aantal taboes te doorbreken en de ergste stress te voorkomen of in goede banen te leiden met antwoorden voor jou en je baby, maar ook voor je partner, je bankrekening en soms voor het milieu. Borstvoeding, flesvoeding en je baby's eerste hapje komen natuurlijk ook aan bod.

Kortom, we helpen je door de eerste prachtige en tegelijkertijd heftige maanden en vertellen je over de pijntjes, probleempjes en wat je wanneer waarop kunt smeren. En dan bedoelen we niet alleen bij je baby. Heb je zelf ook nog tips of comments *voor ons of andere moeders? We horen ze graag op www.facebook.com/BuskruitMuisjes.*

Nina, Noor en Marieke

In mei 1995 kwam ik erachter dat ik zwanger was. René had al twee kinderen en dit was ons eerste kind samen. Wat was ik gelukkig en belangrijker nog, totaal niet onzeker! Ik had immers al enorm veel ervaring opgedaan, de jongste van René, Danny, was namelijk nog heel erg klein toen wij gingen samenwonen.
Zo gingen wij op een dag met 'het gezin' naar Zandvoort. Ik was in die tijd stewardess bij Martinair en moest een heel vroege ochtendvlucht naar een of andere Spaanse bestemming doen. René zou alvast met zijn twee schatten naar het strand gaan en ik zou me direct na mijn werk aansluiten. Tijdens de vlucht fantaseerde ik er flink op los, mijn lief zittend in het zand, zandkastelen bouwend (lekker handig met een baby van zes maanden) en zodra ik er was, zouden we heerlijk gaan lunchen, de kinderen slapend op een strandbedje onder de parasol...
De werkelijkheid was dat ik bij aankomst een totaal ontredderde René aantrof met een krijsend kind. Het enige wat hij kon uitbrengen was: 'Hier, nu mag jij!'.
Nog in uniform (compleet met sjaal, hoge hakken én steunkousen) liep ik op de boulevard met een ontroostbaar kind, tot ik even stilstond om een of ander goedbedoeld advies van een voorbijgangster aan te horen. Op datzelfde moment hoorde ik een enorm geknetter, gevolgd door het blije gekir van een opgelucht kind. Ik keek naar de buggy en daar lag een stralende Danny, van top tot teen onder de poep en met een smile van oor tot oor.
Ik heb hem met buggy en al onder de douche gereden en nadat alles en iedereen weer schoon was, de buggy stond te drogen in de zon, en ik me eindelijk uit mijn uniform kon hijsen, lag manlief inmiddels luid snurkend op een strandbedje onder de parasol...
Kortom, ik was voor mijn gevoel goed voorbereid.

De zwangerschap verliep echter niet helemaal volgens plan aangezien ons kind er met 30 weken al uit wilde. Dus moest ik plat.
Tijd genoeg om te lezen maar vreemd genoeg werd ik daar juist onzeker van.
In het ene boek stond dit, in het andere stond dat. Daarom besloot ik maar helemaal niks meer te lezen en op mijn moederinstinct te vertrouwen.
Maxim kwam met 35 weken via een keizersnede ter wereld (heel handig die pufcursus...), had nog geen zuigreflex (help, hij moet toch aan de borst?) en lag aan allerlei slangen in de couveuse (help, ik moet toch kangoeroeën om een band op te bouwen?).

Na drie weken mocht hij mee naar huis, kraamhulp kreeg ik niet meer, ik had tenslotte al drie weken kunnen oefenen in het ziekenhuis. Ik ben nog nooit zo blij geweest dat mijn moeder om de hoek woonde. Na twee dagen aanmodderen was alleen 'mmmmamaaa' met bibberstem door de telefoon al voldoende voor mijn moeder om, vaak in pyjama, naar mij toe te rennen.

Bij mijn tweede zwangerschap wist ik het zeker, nu ben ik zo allround, ze krijgen mij niet gek meer. Didier kwam keurig op tijd, helaas wederom via een keizersnede maar het 'voordeel' daarvan was dat we tien dagen samen hadden om van elkaar te genieten.
Niks genieten; ik voelde me schuldig tegenover Maxim. Hij had al dat samen genieten moeten missen en was nu nog te klein om te snappen wat er gebeurde.
Ik besloot om bij thuiskomst er zo snel mogelijk een paar dagen alleen met Maxim tussenuit te gaan. In mijn enthousiasme besprak ik dat met een aantal vriendinnen en tot mijn schrik vond werkelijk niemand dit een goed idee. Je laat een baby van zes weken toch niet alleen?
Ik schoot compleet in de vlekken. Nota bene door mijn eigen vriendinnen.
Gelukkig had ik echt de allerliefste en beste gynaecoloog ter wereld dus bij de nacontrole besprak ik mijn hele (inmiddels door iedereen afgeschoten) idee.
Hij zei alleen maar: 'Kind, volg nou toch eens je hart! Wat als je met een zware griep in bed komt te liggen? Wedden dat dan iedereen roept, hou die baby bij haar vandaan!
Een weekje samen met je pas anderhalf jaar oude zoon zal jullie beiden heel erg goed doen en aangezien je nog steeds melk produceert voor een heel weeshuis tap je maar flink wat af en krijgt de kleine Didier, liefdevol verzorgd door allebei de oma's, toch al het goede binnen.'
De beste tip ooit: je hart volgen. En dat deed ik.

Natasja Froger

PS En net als je dan weer helemaal lekker in je vel zit en ook je lichaam weer terug in model is geschoten, komt je zoon van de lagere school thuis en zegt: 'Mam, we hadden vandaag een invaljuf en die was me toch oud! Ja nog niet zo oud als jij maar wel ook al heeeeeeeel oud...'

Beste Jan of hoe je ook mag heten,

Geloof ons: als aanstaande vader wil je niet alles in dit boek lezen. Soms is het beter onwetend te blijven. Tegelijkertijd zijn er ook zaken júíst van belang voor jou als partner. En die willen we je dan ook niet onthouden. Om het je makkelijk te maken schrijven we vanaf nu in deze blauwe kaders tips alleen voor jou. Zo weet je net genoeg, maar ook weer niet te veel. Te beginnen met de eerste tip: neem je zwangere vrouw en haar uitspraken af en toe met een korreltje zout, ze neemt zichzelf al serieus genoeg.

ZWANGERSCHAP

ZWANGER

In dit eerste hoofdstuk willen we je vooral een handje helpen in de laatste fase van de zwangerschap, zodat je **goed voorbereid** aan dit mooie avontuur begint. Over de zwangerschap zelf zijn talloze boeken geschreven waar wij, net als jij waarschijnlijk, ook veel aan hebben gehad. Voor de komst van je baby moeten er nog vele zaken geregeld worden. Om de eerste maanden van je zwangerschap niet helemaal onbesproken te laten zetten we hier voor de zekerheid de belangrijkste zaken – die je hoogstwaarschijnlijk allang geregeld hebt – toch nog even op een rijtje.

Het erkennen van jullie baby

Heb je wel een partner, maar zijn jullie niet getrouwd, dan is de biologische vader niet automatisch de officiële vader van jullie baby. De vader zal hem al tijdens de zwangerschap moeten erkennen. Dit kan geregeld worden bij de burgerlijke stand in de gemeente waar je woont. Check hiervoor de website van je eigen gemeente.

Beste Jan,

Werd het maken van jullie godenzoon of prinsesje voor jou op het laatst een beetje een 'moetje'? Kreeg je ook spontaan geen zin bij wéér een dwingende blik van je partner dat het tijd werd om onder de lakens te kruipen? Heb jij haar na de daad ook bij de enkels moeten pakken? Of ging ze zelf met haar benen in de lucht liggen om volgens haar de kans op een zwangerschap zo te vergroten? Die tijd is nu gelukkig voorbij en de spontaniteit is weer terug. Althans, dat hopen we voor je, want niet alle zwangere vrouwen hebben een extreem libido...

Heb je onderstaande zaken al geregeld?

√ Verloskundige of gynaecoloog bellen dat je zwanger bent

√ Je verzekering melden dat je zwanger bent, zij sturen je een kraampakket

√ Kraamhulp regelen

√ Je ongeboren baby aanmelden bij de crèche i.v.m. lange wachttijden

√ Heeft je (geregistreerd) partner jullie ongeboren baby al erkend (als jullie niet getrouwd zijn)?

Verloskundige of gynaecoloog?

De keuze voor een verloskundige of een gynaecoloog kun je laten afhangen van een aantal zaken, vooropgesteld dat je niet wegens medische redenen aan een gynaecoloog bent overgeleverd. Kies waar je je het prettigst bij voelt, het is in ieder geval beide mogelijk (ja, ook zonder medische indicatie). Op de volgende pagina een aantal belangrijke punten ter overweging.

Voordelen verloskundige

- √ De begeleiding is heel persoonlijk; het team is meestal niet zo groot
- √ Korte wachttijden in de wachtkamer
- √ Je kunt thuis bevallen

Nadelen verloskundige

- √ Een verloskundige heeft meestal geen echoapparatuur
- √ Een verloskundige moet een bevalling in geval van medische indicatie of gewenste pijnbestrijding overdragen aan een bevoegde arts in het ziekenhuis
- √ Met jouw eigen specifieke medische geschiedenis kun je niet altijd bij een verloskundige terecht

Voordelen gynaecoloog

- √ Een gynaecoloog is een medisch specialist: ook met complicaties kun je bij hem terecht
- √ Bij twijfel is alle apparatuur voor een lichamelijke check-up direct voorhanden
- √ Je bent al bekend met het ziekenhuis waar je straks (waarschijnlijk) gaat bevallen

Nadelen gynaecoloog

- √ Langere wachttijden in ziekenhuis
- √ Je vertrouwde gynaecoloog heeft misschien net geen dienst als jij gaat bevallen
- √ Je kunt niet thuis bevallen

Verzekering inlichten

Zorg dat je de verzekering ruim op tijd, het liefst zo vroeg mogelijk in de zwangerschap, al inlicht over het blijde nieuws. In de meeste gevallen zullen zij de kraamhulp regelen, en krijg je een kraampakket opgestuurd voor de bevalling. Neem maar van ons aan dat je het kraampakket nodig zult hebben.

Kraamzorg

Er is een kans dat de verzekeraar de kraamzorg niet voor je regelt en dat je zelf even contact met ze op moet nemen. Doe dit bijtijds, ze zullen van tevoren namelijk langs willen komen voor een intakegesprek en je wilt niet het risico lopen dat ze volgeboekt zijn als jij bevallen bent; zou toch jammer zijn als jullie het enige stel in Nederland zonder kraamhulp zijn. Meestal krijg je acht dagen van ongeveer zes uur kraamhulp, het wettelijk minimum is in totaal 24 uur kraamzorg. De eigen bijdrage zal ongeveer € 4,– per uur zijn, tenzij je een aanvullende verzekering hebt. Hoe dan ook is het verstandig hier van tevoren naar te informeren. Als je er tegen de tijd dat de kraamhulp gaat vertrekken zelf nog niet klaar voor bent om het zonder haar hulp te doen, dan is het vaak mogelijk om haar tegen betaling langer te laten blijven. Dit wordt meestal niet vergoed, dus check wel even bij de verzekering.

Crèche, gastouder of oppas?

Voor de werkende moeders en/of vaders onder ons geldt: regel zo snel mogelijk, als het even kan al de dag na de bevruchting, de opvang van jullie dierbaarste bezit.

Crèche

Kies je voor een crèche? Vooral in grote steden zijn er vaak **wachtlijsten** en zelfs bij een vroege aanmelding ben je nog niet verzekerd van een plek. Het is dus wijsheid om je baby bij meerdere crèches tegelijk in te schrijven. Denk ook goed na over **de dagen** waarop je gebruik wilt maken van de crèche. Sommige dagen, zoals de woensdag, zijn minder in trek dan andere.

Dit geldt ook voor je werk: ga je minder werken na de bevalling, bespreek dan van tevoren welke dagen je gaat werken, zodat je dit kunt afstemmen met je collega's en met de crèche.

> Wil je minder gaan werken na je zwangerschapsverlof, dan kun je ouderschapsverlof opnemen of ervoor kiezen een dag minder te gaan werken. Het een kan belastingvoordeel opleveren ten opzichte van het ander.

Keuze van een crèche

Hoe weet je zeker wat een goede crèche is? Dat hangt af van een aantal factoren. Kijk goed wat voor soort crèche het beste bij jullie past. Hierbij moet je letten op de volgende punten:

- **Wat zijn de openingstijden van de crèche?** Sommige crèches gaan extra vroeg open of blijven juist extra lang open. Afhankelijk van je baan, kan dit doorslaggevend zijn.
- **Wat zijn de kosten?** De kosten van crèches kunnen onderling enorm verschillen. Let daarbij ook op wat wel en niet bij de prijs zit inbegrepen, zoals melk, luiers, (warm) eten.
- **Is de crèche hygiënisch?** Ga een keertje (onaangekondigd) langs om te kijken hoe het eraan toegaat. Check bijvoorbeeld of de vloer schoon is, of slofjes verplicht zijn, hoe het speelgoed eruitziet en of de leidsters er verzorgd bij lopen.
- **Zijn de groepen horizontaal of verticaal ingedeeld?** Een horizontale indeling houdt in dat je kind met allemaal leeftijdgenootjes in de groep zit. De verticale indeling betekent juist verschillende leeftijden in een groep (van 0 tot 4 jaar).
- **Kunnen de kinderen naar buiten?** Is er plaats om buiten te spelen en is deze plaats goed afgezet? Wordt er met de baby's buiten gewandeld of gespeeld? Waar gaan ze dan naartoe? Hoeveel leidsters gaan er mee op hoeveel kinderen?

- **Hoeveel leidsters zijn er in totaal voor deze groep?** Heb je steeds te maken met dezelfde gezichten? Staat de ene week de een en de andere week de ander voor de groep? Zijn alle leidsters in het bezit van de benodigde diploma's? Als je langsgaat, let dan op of de juffen aandacht hebben voor de kinderen (of meer voor elkaar).
- **Verder...** Praat met andere ouders die hun kind op dezelfde crèche hebben, vraag naar hun goede, maar ook slechte ervaringen. Sommige crèches hebben een antroposofisch speelgoedbeleid, wat inhoudt dat er wordt gekozen voor speelgoed van bepaalde materialen en zonder felle kleuren. Je kunt bij een intakegesprek vragen naar de verklaring van goed gedrag (VOG) van de leidster en je kunt inzage vragen in het GGD-rapport over de crèche.

Op ***www.toeslagen.nl*** kun je zien of je op basis van jouw/jullie inkomen in aanmerking komt voor ***kinderopvangtoeslag*** en zo ja, hoeveel je maandelijks terugkrijgt.

Of toch een gastouder of oppas

Je kunt er ook voor kiezen je baby bij een gastouder of oppas onder te brengen of om een gastouder of oppas in je huis te laten komen. Onder oppas kunnen natuurlijk ook **opa, oma of buurvrouw** vallen. Ook dan kom je meestal in aanmerking voor kinderopvangtoeslag. Bij een gastouder of oppas gelden eigenlijk dezelfde punten van aandacht als bij een crèche: je kunt van tevoren diploma's en/of referenties checken en de kosten afstemmen. Maar ga vooral op je gevoel af.

Een **au pair** (een inwonende oppas) kan ook een uitkomst zijn. Dit is in veel gevallen voordeliger dan een crèche, helemaal wanneer jullie meer dan één kind hebben. Alleen heb je wel een extra kamer nodig en moet je het prettig vinden een extra huisgenoot te hebben.

De basis van je baby's carrière...

√ Aanmelden crèche: zodra je zwangerschapstest positief blijkt

√ Aanmelden peuterschool: zodra je baby 1 jaar is of eerder

√ Aanmelden basisschool: varieert per school, maar ook hier geldt hoe eerder hoe beter

Tip

Meld je baby zo mogelijk bij meerdere scholen tegelijk aan, zo kun je je uiteindelijke keuze tot het laatst uitstellen.

Beste Jan,

Zijn jullie getrouwd, dan kun je dit stukje overslaan, voor de overige vaders (ook voor de vaders met geregistreerd partnerschap) geldt: natuurlijk is de baby in de buik van je partner net zoveel jouw kind als haar kind, maar aangezien jullie niet getrouwd zijn, zul jij het kind moeten erkennen om de officiële vader te worden (we gaan er maar even van uit dat je dat ook daadwerkelijk bent en wilt zijn). Daar komt best wel wat bij kijken. We hebben overwogen om je hiermee te helpen en alles voor je uit te schrijven, maar dat liep bijna uit op een nieuw boekwerk. Daarom: zie www.rijksoverheid.nl/erkennen en neem er de tijd voor. Had je haar nu maar ten huwelijk gevraagd.

De mooiste naam

Zorg dat jullie ruim voor de bevalling het eens zijn over de babyna(a)m(en), want daar heb je na de bevalling weinig tijd voor (om precies te zijn drie werkdagen, dan moet je baby aangegeven zijn bij de burgerlijke stand). Krijgt jullie baby meerdere voornamen, zet dan eens de initialen en de achternaam van jullie aankomende baby op papier om er zeker van te zijn dat er geen vreemde combinatie uit komt. Stel je voor dat je baby als Willemijn Cornelia Bril of Alexander Nus door het leven moet…

KRAAMPAKKET, BABYUITZET EN ANDER SPUL

Hopelijk heb je het kraampakket van de verzekering ontvangen. Maar met het kraampakket in huis ben je er nog niet. Dit pakket is voornamelijk om je **onderkantje*** de eerste week door te helpen en je matras te sparen. Maar je baby heeft natuurlijk ook een startersuitzet nodig.

Het kraampakket

Als je die doos hebt geopend, zul jij denken dat je meer dan de helft van de spullen echt niet nodig hebt. Laat dat nou even tegenvallen: álle kraam- en maandverbanden gaan op! Sterker nog, wees goed voorbereid en koop alvast twee pakken extra. En nee, gewoon maandverband is niet geschikt: a) door de behoorlijke bloedingen na de bevalling en b) doordat normaal maandverband niet goed bijdraagt aan snel herstel van je onderkantje. Het geeft een broei-effect en is daardoor onhygiënisch.

Inhoud kraampakket

- √ Matrasbeschermer
- √ Kraammatrassen
- √ Onderleggers
- √ 2 pakken kraamverband
- √ Navelklem
- √ Flesje alcohol
- √ Steriele gaaskompressen
- √ Verbandwatten
- √ Desinfecterende zeep
- √ Verzorgingsspullen zoals: babyolie, babyshampoo, haarlotion, bodylotion

** Sorry voor het ronduit **verschrikkelijke** woord. Wat ons betreft mag het op de zwarte lijst. Het is echter een woord dat door te veel verloskundigen, gynaecologen en ook door de kraamzorg dagelijks gebruikt wordt. Met name in de veelvuldig gebruikte zin: Mag ik even naar je onderkantje kijken?*

Je kunt het beste de **zwarte verpakking Kotex Night-time-**maandverband kopen, dat is plasticvrij en ademt. Of vraag de drogist of apotheek wat verder aanbevolen wordt. Mocht je je partner last minute naar de supermarkt sturen voor een pak maandverband, wees er dan van verzekerd dat hij het verschil weet tussen maandverband en inlegkruisjes. Hij zal niet de eerste zijn die met het verkeerde thuiskomt (en met een beetje pech ook nog de string-versie).

Verhogers/klossen

In principe zijn bedverhogers of klossen verplicht, in verband met de rug van je verloskundige of kraamhulp. Mocht je het niet zien zitten om deze achterlijke dingen onder je bed te zetten, overleg dan van tevoren met je kraamhulp of dit een probleem is. Zij mogen namelijk weigeren te komen wanneer je bed gemeten vanaf de grond niet minimaal zestig centimeter hoog is. De meeste kraamhulpen zijn de beroerdste niet en begrijpen dat zo'n hoog bed voor een net bevallen vrouw ook niet ideaal is. Klossen zijn overigens te huur voor ongeveer een euro per week bij de kruisvereniging of thuiszorgwinkel.

Checklist: must haves

√ 20 hydrofiele luiers
√ 3 hydrofiele washandjes
√ 4 kleine spuugdoekjes
√ 2 pakken luiers maat 1
√ Billenpoetsdoekjes
√ Sudocrem/Bepanthen
√ Talkpoeder
√ Aankleedkussen
√ Aankleedhoes
√ Hypoallergeen wasmiddel
√ Digitale thermometer
√ Babybadje op standaard
√ Badthermometer
√ Babyshampoo
√ Babyzeep
√ Babyolie
√ Haarlotion
√ 4 rompertjes maat 50-56
√ Wieg/ledikantje + matras
√ 2 molton onderleggers
√ 2 matrashoezen
√ 2 dekentjes/slaapzakjes
√ 1 of 2 mutsjes
√ 4 setjes kleding/pakjes
√ 4 paar sokjes
√ Voedingskussen
√ Voedingskussenhoes
√ Kinderwagen + regenhoes
√ Maxi-Cosi
√ Box + boxkleed
√ Wipstoel
√ (Pitten)kruik
√ 2 flesjes inhoud 210 cc
√ 2 spenen maat 1
√ 1 pak melkpoeder
√ 3 kunstvoeding kant-en-klaar
√ 1 fles water
√ Melkpoederverdeler
√ Zoogkompressen
√ Babyfoon
√ Luiertas
√ Desinfecterende zeep
√ Handcrème
√ Fopspeen in kleinste maat
√ Vitamine D en K
√ Nagelschaartje en nagelvijltje

De babyuitzet

Met het kraampakket in huis ben je er nog niet. Er zijn een heleboel checklists en uitzetlijsten beschikbaar; lijstjes die je vertellen wat je minimaal in huis moet hebben en welke zaken geregeld moeten zijn. Wat ons betreft zijn sommige lijsten té uitgebreid en sommige lijsten té summier. Hier onze lijst met wat je niet kunt missen in die eerste weken na de bevalling en we leggen je uit waarom.

Verzorgingsbenodigdheden:

- **Hydrofiele luiers:** dit zijn witte vierkante katoenen doeken met een ruit erin, die men vroeger als luier gebruikte. De meeste checklists raden aan om er twaalf te kopen. Wij zeggen: twaalf per dag misschien, maar met twaalf in totaal ga je de tijd niet doorkomen. Minimaal twintig hydrofiele luiers raden wij aan, want er zitten er altijd wel een paar in de was. Waar gebruik je ze dan voor? Om maar wat voorbeelden te noemen: in het bedje, op het aankleedkussen, in de box en kinderwagen, zodat spuug- en plasplekken opgevangen worden en je niet meteen het hele laken of boxkleed hoeft te wassen. Als spuuglapje voor over je schouder, als droogdoek voor na het badderen. Ook kun je hem als inbakerdoek voor de allerkleinsten gebruiken. De doek kan als troostdoek in plaats van een knuffeldier worden gebruikt, maar ook als bescherming tegen de zon over de kinderwagen. En zo is een hydrofiele luier al snel onmisbaar geworden in de uitzet van een baby.
  Tegenwoordig zijn de doeken in alle maten, kleuren en soorten te verkrijgen. Als je het geslacht al weet, kan het leuk zijn om ze in een roze of blauwe kleur aan te schaffen of te laten bedrukken (kijk ook eens op www.adenandanais.com).
- **Hydrofiele washandjes:** lekker voor in bad, maar ook om je baby even mee op te frissen.
- **Spuugdoekjes:** hier kun je er ook niet genoeg van in huis hebben. Heerlijk om snel te kunnen pakken als 'er een mondje terug' wordt gegeven.
- **Luiers:** ten minste twee pakken luiers maat 1.

Handig om te weten

Op **www.luierinfo.nl/aanbiedingen** kun je elke week zien bij welke winkels de luiers in de aanbieding zijn. A-merken zijn trouwens niet per definitie de beste luiers, een onbekender merk luier kan net zo lekker zitten en net zo absorberend en geschikt zijn voor je baby.

Ben je milieubewust, dan kun je kiezen voor **milieuvriendelijke luiers**. Deze luiers bevatten geen witmakers, pvc, lotions of parfum. Deze milieuvriendelijke luiers zijn tegenwoordig heel dun, absorberen goed en snel. Ook bestaan er speciale zakjes waarin je de poepluiers kunt weggooien. Vraag ernaar bij de drogist.

- **Billenpoetsdoekjes:** broodnodig, maar koop niet meteen een hele lading van een bepaald merk. Het kan namelijk zijn dat je baby (over)gevoelig is voor een van de bestanddelen van een bepaald merk doekjes. Er zijn merken en soorten in overvloed, dus probeer er een paar uit.

- **Sudocrem, Bepanthen of een ander merk billetjescrème:** voor rode billen of gevoelige plooien. Haal een grote pot in huis, daar doe je lekker lang mee, die crème is namelijk de komende jaren onmisbaar. Een klein potje is handig voor onderweg of op reis en zit misschien wel in het kraampakket.
- **Talkpoeder:** ook onmisbaar bij rode billetjes of vochtige, geïrriteerde huidplooien (hoewel ouderwetse bakbloem of maizena precies dezelfde werking heeft).
- **Aankleedkussen:** onmisbaar voor op de commode. Misschien zelfs handig om er twee aan te schaffen, mocht je een woning met meerdere verdiepingen hebben: één voor boven en één voor beneden.
- **Aankleedhoes:** lekker warm en zacht voor over het aankleedkussen. Wij raden aan om hieroverheen altijd nog een hydrofiele luier te leggen voor de kleine ongelukjes. Het staat zo vies, zo'n hoes met vlekken. Die hydrofiele doeken heb je – als het goed is – in overvloed, dit in tegenstelling tot aankleedhoezen.
- **Hypoallergeen wasmiddel:** baby- en kinderhuidjes kunnen erg gevoelig zijn. Daarom wordt aangeraden om de babykleren, handdoeken, hydrofiele luiers, lakentjes, et cetera met een hypoallergeen wasmiddel te wassen, zoals bijvoorbeeld NEUTRAL. Haal genoeg in huis, want de wasmachine zal de komende maanden overuren draaien. Wanneer eenmaal is gebleken dat je baby geen allergieën of eczeem heeft, kun je zonder problemen overgaan op gewoon wasmiddel.
- **Digitale thermometer:** koop (nog) geen oorthermometer: deze is onnauwkeuriger dan de rectale thermometer.
- **Babybadje op standaard:** koop liever geen Tummy Tub, die kun je maar een paar weken gebruiken, omdat je baby er zo uit groeit. Wel raden wij een **badmatrasje** aan, dit is een soort badstoffen hangmatje voor in het badje, zodat je niet constant zelf je baby hoeft vast te houden. Zodra ze kunnen zitten, is een **badstoeltje** handig voor in het grote bad. Verderop vertellen we meer over het badritueel, zie pagina 177.
- **Badthermometer:** handig om de juiste badtemperatuur te krijgen en om de temperatuur van het badwater in de gaten te houden. Deze thermometers zijn los verkrijgbaar, maar er zijn ook babybadjes waar de thermometer al is ingebouwd.
- **Babyshampoo, babyzeep, babyolie:** ga op zoek naar ongeparfumeerde producten, omdat je nog niet weet hoe de huid van je baby zal reageren. BALNEUM is een voorbeeld van een vettende zeep voor in bad, die het huidje niet uitdroogt.

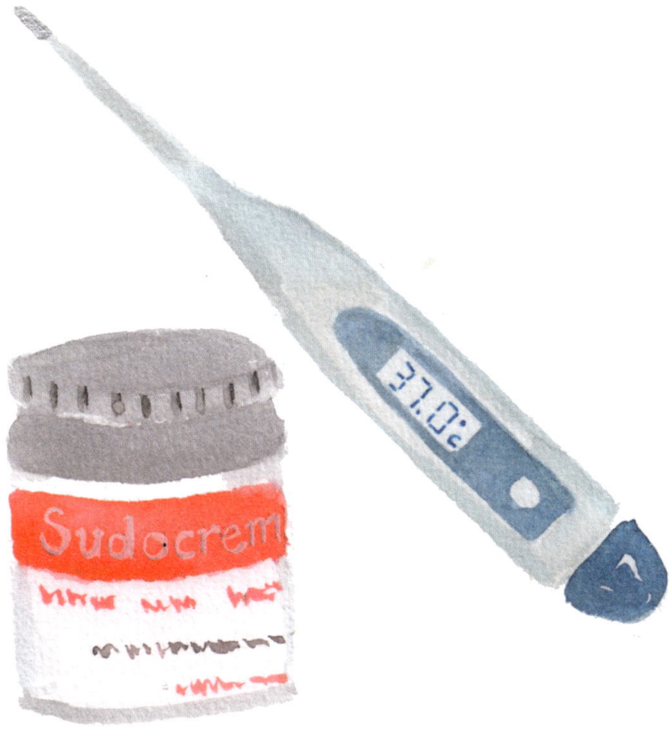

- **Haarlotion:** om je baby extra lekker te laten ruiken. Houd altijd je hand voor de oogjes wanneer je het op de (eventuele) haartjes doet. Of beter: doe het op je eigen hand en smeer het daarna op de haartjes.
- **Rompertjes maat 50-56:** minimaal vier rompertjes maat 50-56 en minimaal vier rompertjes maat 62-68. We hopen niet voor je (onderkantje) dat je baby deze laatste bij zijn geboorte al past! Deze maat heb je alvast in huis omdat baby's in de eerste weken hard groeien – dan ben je goed voorbereid. Er zijn ook rompertjes met een **zijopening** (een omslagrompertje), dan hoef je het rompertje niet over het hoofdje te trekken.
- **Wieg/ledikantje:** een wieg (0-3 maanden) en/of een ledikant. Voor beide geldt: leg er een **matrasje** in. Wanneer je een familiewieg wilt gebruiken, let dan goed op: er zijn nieuwe regels voor de veiligheid van de wieg. Er zijn te veel ongelukken gebeurd met oud materiaal, waardoor de regels met de jaren zijn verscherpt. Laat je daarover goed informeren door de kraamzorg of een babyspeciaalzaak. Bij het uitkiezen van een ledikant kun je ook kiezen voor een 'meegroeiledikant' tot zes jaar. Is dit je eerste baby, dan kunnen je volgende kinderen natuurlijk ook weer gebruikmaken van het ledikantje en is een meegroeiledikant overbodig.
- **Aanvulling op wieg/ledikant:** een molton onderlegger, een dekentje of een slaapzakje in de juiste maat (neem een reserve voor het geval de andere in de was zit), twee matrasovertrekken en twee lakentjes.

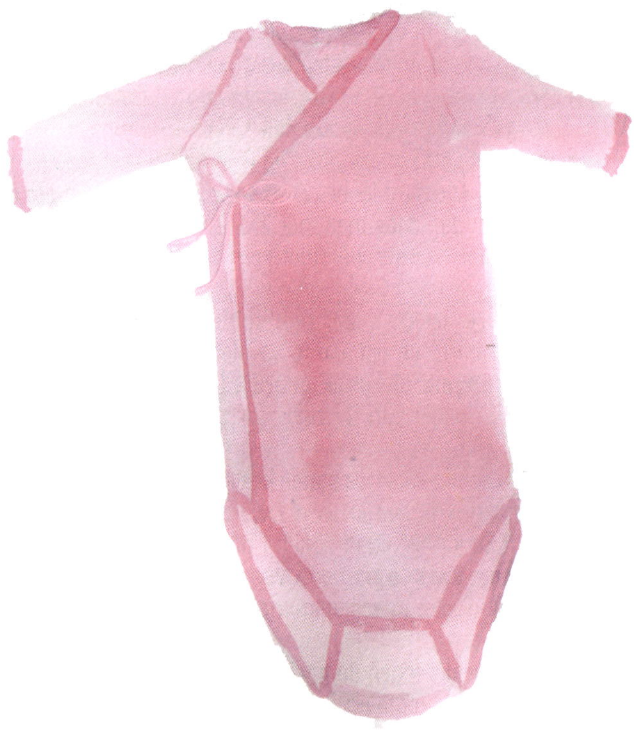

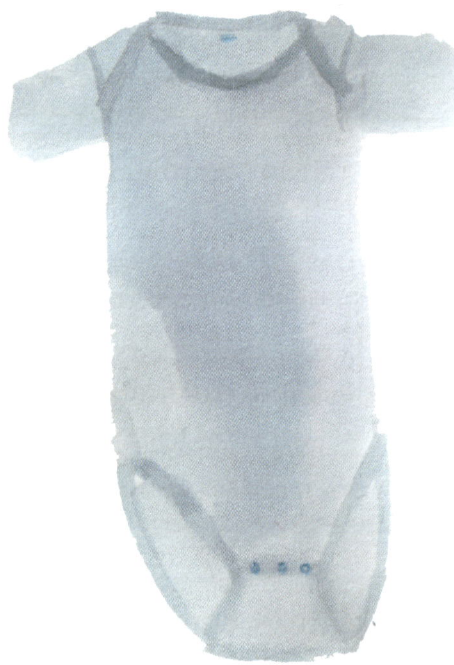

- **Mutsjes:** één is het minimum en twee is handig. Een pasgeboren baby verliest veel warmte via zijn hoofdje. Ook wanneer het 38 °C is – wanneer was dat voor het laatst in Nederland? – moet je een pasgeboren baby nog een mutsje opdoen, ook binnen. In ieder geval net zo lang totdat de baby heeft laten zien dat hij zelf zijn temperatuur stabiel kan houden. Dit is meestal als ze weer op het geboortegewicht zitten, in het begin vallen pasgeborenen vaak een beetje af.
- **Kleding/pakjes:** minimaal vier setjes of boxpakjes. Boxpakjes bestaan uit een geheel en voorkomen het kwijtraken van sokjes. Koop ook een lekker babypakje of babyjasje voor buiten. Was de kleding van tevoren om een allergische reactie van de huid te voorkomen.
- **Sokjes:** zeker 4 paar. Let op een goede strakke, elastieken bovenkant of anders lange sokken, anders blijven de sokjes uitvallen. Er bestaan zelfs speciale sokophouders, zodat de sokjes blijven zitten. Sokjes zijn ook te gebruiken als handschoentjes, mocht je baby zijn eigen gezichtje bekrassen door te lange nageltjes.
- **Voedingskussen:** behalve dat het ondersteuning geeft tijdens het voeden, is zo'n kussen in de vorm van een worst ook al heerlijk om mee op je zij te slapen als je een dikke buik hebt, én ter bescherming van je buik tegen de knieën van je partner. Schaf meteen ook een **hoes** aan voor over het voedingskussen, die je regelmatig kunt wassen.
- **Kinderwagen:** er zijn kinderwagens in alle soorten en maten en er zit er zeker een bij die bij jullie past. Kies de kinderwagen echter niet alleen uit om de kleur of het leuke model, maar houd rekening met de volgende vragen: Past hij (ingeklapt) in de auto? Woon je in een bovenhuis, past hij dan door de voordeur en is hij makkelijk aan de muur op te hangen? Ben je van plan veel over onverharde paden te gaan wandelen? Is de wagen praktisch in gebruik en makkelijk wendbaar? Een kinderwagen is kostbaar, dus maak een bewuste keuze, zodat je later geen spijt krijgt van je aankoop. Koop er meteen een passende **regenhoes** bij. Dit behoeft in ons land geen verdere uitleg. Een **parasol** is ook een optie, maar naar onze ervaring niet heel gemakkelijk in gebruik (en een doek tegen de zon werkt net zo goed). Bedenk ook dat je eventuele volgende baby een ander geslacht kan hebben, voor het geval je overweegt een knalroze wagen met glitters aan te schaffen. Ruzie met je kinderwagen?

  Ruzie met je kinderwagen? In het filmpje 'Kinderwagen inklappen met Noor' kun je zien hoe Noor een Bugaboo inklapt. Laat de oppas ook gelijk even meekijken ;-) Herkenbaar? Praat mee op onze Facebook-pagina of op Twitter via @BuskruitMuisjes of #BMM!
- **Maxi-Cosi (met hoes):** een Maxi-Cosi is wettelijk verplicht voor in de auto. Vraag in de winkel of de Maxi-Cosi ook op de kinderwagen kan worden gezet; bij sommige kinderwagens moet je losse opzetstukken kopen. Is jouw Maxi-Cosi geleend of al vaker gebruikt, dan kun je overwegen om een speciale hoes aan te schaffen voor over de Maxi-Cosi. Kijk eens op www.hagou-originals.com voor schattige hoezen met afritsbare dekentjes voor in de winter. **Let op:** aangeraden wordt om je baby niet langer dan twee uur in dezelfde houding te laten zitten, een incidentele langere zit is geen ramp.
- **Box + boxkleed:** een box kun je overal en nergens overnemen, kopen of lenen. Zorg voor een zacht kleed in de box, dat de goede maat heeft.
- **Wipstoel:** zonder wipstoel kom je de eerste maanden echt niet door. Een wipstoel van het merk BabyBjörn wipt heel lekker, maar ook de vibrerende wipstoeltjes van FisherPrice zijn aan te bevelen.
- **(Pitten)kruik:** de kruik gebruik je in de eerste weken om het bedje van de baby lekker voor te verwarmen en eventueel om bij de baby te leggen. Je kunt kiezen voor een ouderwetse stalen kruik of een pittenkruik. Een pittenkruik is een kruik die warm wordt in de magnetron. Zo kan er nooit kokend of heet water lekken over je baby. **Let op:** koop voor zowel de pitten- als de stalen kruik een geschikte hoes. Zo voorkom je brandwonden door een te warme kruik. Leg de kruik nooit rechtstreeks tegen de baby aan; minimaal een (volwassen) handbreedte ertussen en de stalen kruik altijd met de dop naar beneden.

- **Babyfoon:** het is verstandig te investeren in een goede babyfoon; in dit geval gaat de uitdrukking 'goedkoop is duurkoop' (en vice versa) maar al te zeer op. Het is prettig als je deze aankoop maar één keer hoeft te doen en je één babyfoon voor al je kinderen kunt hergebruiken. Kies zelf wat je belangrijk vindt, de volgende opties bestaan:
  - slaapmuziekjes die jij met de ontvanger kunt bedienen; handig als je met vakantie gaat, omdat je baby dan altijd het vertrouwde muziekje bij zich heeft.
  - terugspreekfunctie; wanneer je kindje wat ouder is en bijvoorbeeld om jou of je partner roept, dan kun je hem op afstand toespreken.
  - thermometer; handig wanneer je je zorgen maakt of het kamertje op de juiste temperatuur is (de slaapkamer hoort rond de 16 °C te zijn).
  - lampje/nachtverlichting.
  - camera; als je het fijn vindt om je baby te kunnen zien vanuit je eigen slaapkamer – met als valkuil dat je de hele tijd naar de camera kijkt en daarmee niet je kostbare rust pakt.
  - verschillende bereikmogelijkheden, van honderd meter tot drie kilometer, hoewel dat bereik in grote, dichtbebouwde steden vaak toch te wensen overlaat.
  - er bestaan babyfoons met meerdere units, zodat je eventueel meerdere kinderen tegelijkertijd in de gaten kunt houden.
  - tot slot bestaan er babyfoons en apps die je kunt linken met je eigen mobiele telefoon: maakt je baby geluid, dan word je gebeld en kun je horen of je baby huilt of dat hij juist een feestje bouwt.

Voedingsbenodigdheden:

- **2 flesjes met inhoud 210 cc (flesvoeding):** koop grote flessen (inhoud 210 cc). Hiervan heb je langer plezier, aangezien je baby heel snel grotere hoeveelheden gaat drinken. De verschillende speenmaten kun je er los bij kopen.
- **2 spenen maat 1 of maat S (flesvoeding):** speenmaat 2 zit bij de meeste flessenmerken met inhoud 210 cc

standaard inbegrepen, dus de kleinste maat flesspeen voor de eerste maand zul je er los bij moeten kopen.
- **1 pak melkpoeder (flesvoeding):** mocht de kans op aangeboren allergieën bij je baby groot zijn, dan is hypoallergene kunstvoeding aan te raden. Zo niet, dan kun je het beste standaardvoeding kopen. Hypoallergene melk of andere 'dieetmelk' (voor krampjes of overmatig spugen) is over het algemeen duurder dan de standaardvoeding. Bewaar in ieder geval het bonnetje, zodat je het pak nog eventueel kunt ruilen. Er bestaat ook biologische melkpoeder, mocht je daar de voorkeur aan geven (zie pagina 120). Of je kiest voor **een paar kunstvoedingen kant-en-klaar,** helaas zijn deze kant-en-klare pakjes niet in elke soort voeding verkrijgbaar.
- **Een fles water (flesvoeding):** in Nederland kun je gewoon water uit de kraan gebruiken voor het maken van een flesje met kunstvoeding. Je moet er dan wel zeker van zijn dat je geen ouderwetse **loden leidingen** in je huis hebt. Is dat laatste wel het geval, koop dan mineraalwater, zoals Bar le Duc. Lauw water is goed, maar een andere optie is om koud water even op te warmen in de magnetron. Je kunt natuurlijk kokend water mengen met koud

kraanwater om de fles op de juiste temperatuur te brengen. Afgekoeld gekookt water is ook altijd goed.

- **Flessensterilisator (flesvoeding):** kan alleen gebruikt worden in een magnetron. Flessen kunnen ook worden gesteriliseerd in een pan kokend water. Hier zitten wel wat nadelen aan: het neemt wat meer tijd in beslag, kan gevaarlijk zijn met kleine kinderen en de flessen worden dof door kalkaanslag. Steriliseren doe je om te voorkomen dat de flessen te veel bacteriën bevatten. De flesjes blijven ongeveer een halve dag steriel.
- **Melkpoederverdeler (flesvoeding):** ga je de deur uit, dan kun je hier de exact benodigde hoeveelheid poeder per fles in vervoeren.

Alle nieuwe producten, zoals flessen, spenen, melkpoederverdelers, borstkolf, spenen, et cetera moeten voorafgaand aan het allereerste gebruik altijd gesteriliseerd worden om te voorkomen dat ze te veel bacteriën bevatten.

Kunstvoeding

√ 2 flessen 210 cc

√ 2 spenen maat 1

√ Flessensterilisator

√ 1 pak melkpoeder of kant-en-klare pakjes kunstvoeding

√ Fles bronwater

√ Flessenwarmer of thermoskan

√ Melkpoederverdeler

Borstvoeding

√ 2 voedingsbeha's

√ Zoogkompressen

√ Tepelklovencrème

√ Borstkolf (handkolf of elektrisch)

√ Fles + melkpoeder

Veel (vaak kostbare) **spullen** zoals een wipstoel of een slaapzak kun je **lenen** van een vriendin, zus of buurvrouw. En kijk eens op marktplaats.nl. De meeste mensen die 'uit de kinderen' zijn, zijn blij om van al die (baby)spullen af te zijn. Alles kan gewassen worden (van Maxi-Cosi-hoes tot lakentjes) en zo kun je heel wat geld besparen.

- **Flessenwarmer (voor fles- en borstvoeding):** deze elektrische apparaten verwarmen de melk tot de juiste temperatuur. Ze zijn alleen best prijzig en je hongerige baby moet geduldig zijn. Een goedkoper alternatief is een thermoskannetje. Ga je op pad of wil je 's nachts je bed niet uit, dan vul je dit met kokend water. Zorg dat je ook koud water bij je hebt en meng het geheel tot de juiste temperatuur.
- **Luiertas:** zorg voor een speciale (luier)tas. Je tas moet in ieder geval groot genoeg zijn om billendoekjes, luiers, melk, fles, extra kleertjes, hydrofiele luiers et cetera in te kunnen vervoeren als je de deur uit gaat met je baby. Een luiertas is vooral handig omdat de binnenkant van plastic is gemaakt en een lekkende fles of poederbakje daarom weinig schade aan zal richten.

- **Desinfecterende handzeep of handgel:** met een pasgeboren baby kun je hygiëne niet serieus genoeg nemen, dus naar schatting zul je een soort smetvrees ontwikkelen en minstens tien keer per dag je handen wassen. En komt er bezoek, dan is het echt niet raar om te vragen of ook zij eerst goed hun handen willen wassen. Je wilt natuurlijk niet dat je baby waar dan ook mee besmet wordt.
- **Handcrème:** als gevolg van het feit dat je je handen zo vaak wast, kun je behoorlijke kloven krijgen. Daarom doe je er verstandig aan een fijne, vette en voedende handcrème aan te schaffen.

Onderstaande is alleen nodig in het geval van borstvoeding:

- **2 voedingsbeha's:** naast de gewone voedingsbeha's van bijvoorbeeld HEMA, bestaan er mooie kanten voedingsbeha's, zoals de *Maternity bra* van Elle McPherson in de kleuren black, ivory en nude (zie ook www.mamamea.nl of www.lingerievoortwee.nl). Koop of leen ook een paar topjes, vestjes of truitjes die handig zijn bij het geven van borstvoeding. Bijvoorbeeld truitjes met een grote rij knoopjes aan de voorkant of een T-shirt met een diepe V-hals. Zo hoef je niet je hele shirt omhoog te trekken en je puddingbuik bloot te stellen als je gaat voeden 'en plein public'.
- **Zoogkompressen:** dit zijn pads die je in je beha stopt om 'lekkages' te voorkomen. Er bestaan twee soorten: siliconen- en wegwerpzoogkompressen. In geval van wegwerpkompressen: wees niet bang om te veel te kopen; zeker als de stuwing op gang komt, zul je ze nodig hebben. Je wilt ze vaak kunnen vervangen voor een schoon gevoel. Koop kompressen met een plakstrip, zodat je die oncharmante gevallen niet terugvindt op plekken waar ze niet horen. Zoogkompressen van het merk Natusan zijn iets duurder dan de gemiddelde zoogkompressen, maar ze zijn het geld dubbel en dwars waard. Heb je een feestje en wil je er zeker van zijn dat je niet doorlekt? Koop dan bijvoorbeeld Lily Padz, speciale siliconen-zoogkompressen die je een hele avond lang beschermen. Deze kun je afspoelen en hergebruiken.
- **Tepelklovencrème:** bijna iedere moeder die borstvoeding geeft, krijgt wel (een beetje) last van tepelkoven. Haal **Bepanthen** in huis, een crème die het helen van de kloven bevordert. Bepanthen mag in combinatie met borstvoeding worden gebruikt. Deze crème kun je ook nog voor de rode billen van je baby gebruiken. Een ander wondermiddel: smeer na elke voeding een beetje moedermelk op de tepels.
- **Borstkolf:** deze gebruik je bijvoorbeeld om de borstvoeding op gang te brengen, wanneer de borstvoeding niet lekker loopt of als je een avond uitgaat en iemand anders het flesje met borstvoeding zal geven. Er zijn dus genoeg redenen om te kolven, waar we later in het boek op terugkomen (zie pagina 111). Je hebt de keuze tussen een handkolf en een elektrische kolf. De eerste optie is goedkoper en je moet door middel van knijpbewegingen de melk handmatig afkolven. De elektrische optie vergt geen handwerk en inspanning en gaat sneller, maar is duurder en maakt geluid. Een kolfapparaat is ook te huur bij de thuiszorgwinkel. Handig, want sommige moeders vinden het kolven maar niks en dat zou zonde zijn.
- Al ben je van plan borstvoeding te geven, zorg dat je voor de zekerheid **een fles en een pak melkpoeder** in huis hebt. Een kant-en-klaar pakje of zakje voor een voeding kan natuurlijk ook.

En dit houdt je baby een tijdje zoet (echte *lifesavers* voor ouders dus):

√ **Wipstoel,** ook verkrijgbaar met toeters en bellen; met lichtjes, muziek en vibratie

√ **Muziekmobiel,** liever elektrisch dan handmatig. Scheelt je om de minuut een wandelingetje naar de box. Helemaal ideaal: een muziekmobiel met afstandsbediening. Zijn jullie nu al van plan om aan z'n algemene ontwikkeling te werken: je hebt ook muziekjes van Bach en Mozart

√ **Speelrekje of babygym**

√ **Een goede oppas op z'n tijd...**

En verder...

- **Zoek ruim van tevoren de geboortekaartjes uit.** Dit kan bij een drukker, maar ook online zijn er een hoop mogelijkheden. Laat vooraf wel een proefdruk of een voorbeeldkaartje maken. Mocht je het geslacht van je baby niet weten, dan laat je gewoon twee voorbeelden opmaken. Zo hoef je na de bevalling alleen nog maar de juiste datum door te geven en voorkom je schrijffouten. Vraag de drukker ook alvast om enveloppen. In de laatste weken van de zwangerschap kun je alvast de adressen erop schrijven en postzegels plakken. Na de bevalling heb je hier al gauw geen tijd meer voor. Het is een idee om alle adressen in een document te bewaren. Wel makkelijk voor een volgende gelegenheid.

- **Vind je het leuk om een advertentie in de krant te zetten? Zoek dan van tevoren uit wat de kosten hiervan zijn en bedenk of je nog een voorkeur hebt voor een bepaalde dag in de week.** Zaterdag is een veelgekozen dag, omdat op die dag een groter publiek wordt bereikt. De tekst kun je ook al van tevoren opstellen en bewaren.
- **Mocht je erg opzien tegen veel kraambezoek, dan zou je een babyborrel kunnen overwegen.** Plan een dag, afhankelijk van de mate van heftigheid van de bevalling, ongeveer een maand tot twee maanden na de geboorte, en nodig iedereen in één keer tegelijk uit. Het zal een heftige middag worden, voor zowel jou als je baby, maar dan heb je het wel meteen gehad. Zet een begin- en eindtijd op de uitnodiging en stuur 'm meteen mee met het geboortekaartje. Helemaal ideaal als oma, zus of een vriendin zich dan over je baby ontfermt, zodat jij en je partner ook nog een leuke middag hebben.
- **Lijkt het je juist wel gezellig om kraambezoek te ontvangen, dan is het misschien een goed idee om van tevoren met je partner een aantal regels af te spreken.** We roepen maar wat: alleen directe familie in de eerste twee weken na de bevalling, maximaal twee bezoekjes per dag en een tijdslimiet voor de gasten (dit klinkt behoorlijk streng, maar we denken je hier een groot plezier mee te doen: te veel bezoek is niet alleen erg onrustig voor je baby, maar ook voor jou).
- **Haal van tevoren beschuit, boter en muisjes in huis.** Bij een baby hoort 'beschuit met muisjes'! Zorg voor voldoende theezakjes, koffie en (lang houdbare) melk voor in de koffie. Wil je graag iets originelers aanbieden dan beschuit met muisjes? Denk dan aan blauwe of roze cupcakes, taarten, met naam bedrukte M&M's, babykoeken, chocolaatjes of lange vingers in chocola gedoopt met muisjes. Je kunt het zo gek maken als je zelf wilt.

ZWANGER-SCHAPS-LEED

Natuurlijk ben je in de zevende hemel dat je zwanger bent en show je trots je dikke buik aan iedereen. Maar eerlijk is eerlijk: die negen maanden gaan niet altijd over rozen… We hebben al het mogelijke zwangerschapsleed voor je op een rij gezet, met wat tips om het leed een beetje te verlichten.

Dus laten we even een paar pagina's klagen met elkaar:

- Voel je een soort kriebel en onbedwingbare drang om te bewegen met benen en armen? Dan heb je waarschijnlijk last van het **Restless Legs Syndroom**. Het wordt erger als je rustig zit of ligt, vooral 's avonds en 's nachts, en het gevoel trekt weg wanneer je beweegt. **Bewegen dus!** Verder kan stress een bepalende factor zijn. Probeer koffie en andere drankjes met cafeïne zo veel

Beste Jan,

Ga even zitten voor het volgende: wist je dat zich in jouw lichaam ook hormonale veranderingen voordoen nu je vrouw zwanger is? Uit een Canadese studie is gebleken dat er sprake is van afname van het hormoon testosteron. Dit betekent niet meteen dat je een onbeheersbare drang hebt om je benen te scheren, de hakken van je vrouw aan te trekken of stiekem een likje oogschaduw op te smeren, maar het kan bijvoorbeeld wel betekenen dat je ongemerkt meer tijd doorbrengt met je vrouw of je gezin.
Maak je geen zorgen: na de geboorte neemt het testosteron het gewoon weer over van de vrouwelijke hormonen en heb je weer het hoogste woord tijdens de derde helft.

mogelijk te laten staan en drink extra water overdag. Na de zwangerschap zul je er geen last meer van hebben.

- We hopen niet voor je dat je daarnaast ook nog last hebt van **zwangerschapsjeuk**. Dit kan simpelweg komen door een droge huid of door het oprekken van de huid van de buik, maar het kan ook door hormonen komen. Niets ernstigs, maar meld het toch even bij de verloskundige of gynaecoloog, zeker als ook je handpalmen en voetzolen meejeuken. Dat zou een teken kunnen zijn van een complicatie. Het is in ieder geval beter om niet te krabben of erg warm te douchen. Je mag, als je het lekker vindt, je buik wel insmeren met een lekkere vette crème of verkoelende **mentholpoeder** of mentholgel.

- Wanneer je last hebt van **bandenpijn**, dan voel je waarschijnlijk steken of pijn rond je baarmoeder of in je schaambeen. De banden zijn een soort spieren (bindweefsel), die de baarmoeder op haar plek houden. Door de sterke groei van de baarmoeder worden die banden flink opgerekt, wat pijn kan doen. **Rust** en een **warme kruik** zijn eigenlijk het enige wat helpt. Je kunt eventueel ook een speciale **buikband** voor zwangere vrouwen aanschaffen voor extra ondersteuning, ook wel de buikbeha genoemd (deze ziet er net zo erg uit als het klinkt).

- Onder andere door het soepeler worden van de aderwanden en doordat er een grotere hoeveelheid bloed door het lichaam gepompt wordt, kun je **spataderen** krijgen. Spataderen op je benen, in je lies en zelfs op je 'private parts'. Ja, op je onderkantje. Én aan je achterkantje* als het even tegenzit; aambeien zijn namelijk ook spataderen. Het is een veelvoorkomend zwangerschapsleed en het verdient zeker niet de schoonheidsprijs.

Je kunt een aantal dingen doen – niet om het te voorkomen, maar wel om het minder erg te laten worden – en een ervan is: draag een **steunkous**. Een steunkous? Ja, sommigen van ons moeten er heel wat voor overhebben om dat lieve baby'tje op de wereld te zetten. Denk nou niet dat er geen elegante steunkousen bestaan, laat www.steunkousen.nl je verrassen. Een steunkous wordt meestal wel vergoed door de verzekering, maar overleg eerst even met de verloskundige, want misschien heb je een verwijsbriefje van haar nodig. Hier nog een paar tips:
  - Leg je benen omhoog als je rust of televisie kijkt.
  - Niet met je benen over elkaar zitten.
  - Leg tijdens het slapen een kussen bij het voeteneinde onder je matras.
  - Ook als je voor je werk veel en lange tijd achter elkaar moet zitten, is het verstandig af en toe in beweging te komen. Een paar extra wandelingetjes naar het kopieerapparaat of de kraan dan maar.
  - In de meeste gevallen verdwijnen de spataderen na de bevalling als sneeuw voor de zon. Zo niet, en mocht je opvallende spataderen overhouden aan de zwangerschap, dan kun je altijd nog overwegen die lelijke dingen door een arts weg te laten halen. Doe dit alleen wanneer je er zeker van bent dat je niet meer zwanger wilt worden, anders blijf je bezig.

- Het is heel normaal om tijdens de zwangerschap meer last te hebben van **afscheiding,** door de veranderende zuurgraad binnen je onderkantje. Het geeft je misschien een vervelend, vies gevoel. Je kunt dat verminderen door katoenen onderbroeken te dragen en vaker je onderbroek te verwisselen. Inlegkruisjes liggen misschien meer voor de hand, maar die kunnen juist een bron van irritatie zijn en de boel daarmee verergeren, om niet te spreken van vaginale douches. Wanneer je veel afscheiding hebt en vooral last hebt van jeuk en een branderig gevoel, dan heb je waarschijnlijk een **schimmelinfectie (ook wel candida-infectie)** onder de leden. Geen

** Hiermee bedoelen we je bilgebied, klinkt lekkerder bij je onderkantje en sowieso veel beter dan anus.*

paniek: de huisarts of gynaecoloog kan je een recept voorschrijven voor een crème of tabletten, die vaginaal of oraal moeten worden ingebracht, en dan ben je er heel snel weer van verlost. Je kunt dit nu ook bij de drogist kopen zonder recept. Het is van belang dat je geen schimmelinfectie hebt tijdens de bevalling, omdat je baby er ook mee besmet kan raken en daardoor spruw kan krijgen (zie pagina 165-166 over spruw).

- Probeer in de laatste paar weken van de zwangerschap afscheiding niet te verwarren met **vruchtwater**. Vruchtwater ruikt een beetje zoetig, afscheiding over het algemeen wat zuurder. Laten we hopen voor je dat je niet hoeft te ruiken, maar direct door zult hebben wat er aan de hand is, want wanneer je vruchtwater verliest, moet je dit meteen melden aan de verloskundige of gynaecoloog. Het verschil is, zeker als je voor het eerst zwanger bent, lastig te zien, maar ook bij je tweede of meerdere zwangerschap, blijft het lastig voor een leek om vruchtwater van afscheiding te onderscheiden. Bij twijfel kun je het vocht dat je verliest in een maandverbandje opvangen en dat aan de verloskundige of gynaecoloog laten zien. Zij kunnen je zonder enig probleem vertellen wat de status is.

- Sommige zwangere vrouwen worden 's nachts opgeschrikt door **kramp** in hun kuiten. Mocht je erdoor overvallen worden, dan kan je partner je verlossen door je tenen en je voet richting je knie te duwen, terwijl jij je been gestrekt houdt. Zachtjes masseren kan ook lekker zijn. Ernstig is het allemaal niet, maar het kan behoorlijk pijnlijk zijn en grappige taferelen opleveren. Kramp kan veroorzaakt worden door uitdroging en is te voorkomen door voor het slapengaan nog water te drinken.

- **Harde buiken** komen heel vaak voor. Deze worden veroorzaakt door de spieren van de baarmoeder die zich meerdere malen korte tijd samentrekken. Het zijn eigenlijk een soort van oefenweeën. Zijn ze niet te pijnlijk, onregelmatig en trekken ze weg als je wat rust neemt, dan is het niet schadelijk voor jou en je baby. Het kan wel een signaal zijn dat je even **rust** moet nemen, omdat je te veel hebt gedaan of stress hebt gehad. Ook hier zijn rust en een warme kruik op je buik vaak zeer welkom. Een warm bad en de juiste ademhalingstechniek kunnen uitkomst bieden. Vraag hiernaar bij de verloskundige. De eerdergenoemde speciale buikband, ofwel de vreselijke buikbeha, kan ook bij harde buiken wonderen verrichten. Harde buiken kunnen ook een gevolg zijn van een **urineweginfectie**. Daarop zul je je moeten laten testen bij de huisarts en die kan je dan wat voorschrijven. Máár: laat je niet misleiden. Zijn de harde buiken pijnlijk, zit er regelmaat in de duur van de pijn en de mate waarin ze komen en neemt het niet af als je rust neemt, dan moet je meteen **de verloskundige of gynaecoloog bellen**. Harde buiken kunnen dan echte weeën zijn, die een vroeggeboorte kunnen veroorzaken. Dus blijf alert!

- Als het goed is ben je in het laatste stadium van de zwangerschap al over de **misselijkheid** heen. Mocht jij bij de tien procent van de vrouwen horen die wel negen maanden lang misselijk blijft, dan hebben we vooral heel erg met je te doen. Maar ja, daar heb jij niet zoveel aan. Belangrijk is dat je genoeg slaapt. Moe zijn maakt de misselijkheid alleen maar erger; vandaar dat de meeste vrouwen aan het einde van de dag vaak last hebben van misselijkheid. Probeer verder eens een kop **gemberthee**: schil en snijd een vers stuk gember en laat dit een minuut of tien trekken. Lekker is anders, maar het helpt echt. Een kwartiertje na het drinken van deze thee zal de ergste misselijkheid wegtrekken. Van deze thee mag je zoveel drinken als je wilt. Er bestaan ook gemberpillen, die je tegen de misselijkheid kunt nemen. Is de misselijkheid echt niet te verdragen, vraag de huisarts dan of hij je iets wil voorschrijven. Er zijn bepaalde medicijnen tegen misselijkheid die je mag innemen tijdens de zwangerschap en die niet schadelijk zijn voor de baby.

- Dit is een beetje gênant en hoeft jou natuurlijk niet te overkomen, maar er zijn vrouwen die tijdens of na hun zwangerschap (licht) **incontinent** raken. Hiermee bedoelen we: kleine beetjes plas verliezen bij bijvoorbeeld niezen, trampolinespringen, dansen, joggen of tijdens seks. In dit geval is voorkomen beter dan genezen. Wil jij na de zwangerschap de dansvloer niet vroegtijdig moeten verlaten, volg dan deze tip op: hang een paar Post-its op plekken die je elke dag tegenkomt, zoals de spiegel, autoradio of wc, en zet hier een uitroepteken op. Elke keer als je dit briefje ziet, train je je bekkenbodemspieren. Hoe werkt het? Span de spieren die je ook gebruikt wanneer je je plas moet ophouden en denk dan tegelijk dat er een briefje tussen je billen zit. Als je de juiste spieren niet kunt vinden, probeer dan tijdens het plassen een keer te stoppen. Uit/in en dat vijf keer. Het kost je per keer misschien dertig seconden, maar het bespaart je in de toekomst een hoop ongemak.

- Door de zwangerschapshormonen worden de banden soepeler. **Pijn in je onderrug en bekkeninstabiliteit** kunnen het gevolg zijn. Mocht je last krijgen van een van deze twee kwalen, bespreek dit dan meteen met de verloskundige, gynaecoloog of huisarts. Je zult worden doorverwezen naar een fysiotherapeut, die oefeningen met je zal doen en je rug eventueel masseert. Alternatieven voor fysiotherapie zijn osteopathie of acupunctuur, maar net als voor de fysiotherapeut geldt: informeer van tevoren of de persoon die jou gaat behandelen (ook) gespecialiseerd is in zwangere vrouwen.

- In de laatste weken van de zwangerschap is een bekende kwaal: **brandend maagzuur**. Vervelend, vies en soms kun je er 's nachts niet van slapen. Maar wat kun je ertegen doen? In het volgende kader hebben we wat tips voor je onder elkaar gezet.

Gouden regels bij brandend maagzuur

- Drink geen koffie of koolzuurhoudende dranken
- Vermijd alcohol en sigaretten (maar dat deed je toch al)
- Eet geen chocola en geen vet of gekruid eten
- Eet minder zout
- Eet in kleine porties
- Eet of drink niet net voordat je gaat slapen
- Drink niet te veel tijdens het eten
- Neem een beetje vanillevla of melk; dit neutraliseert de maagsappen
- Leg een extra kussen onder je hoofd, zodat je hoofd hoger ligt dan je lichaam
- Draag geen strakke kleren
- Vermijd stress en beweeg voldoende
- In overleg met dokter/apotheek: neem Rennies of het vieze Maalox. Dat laatste is vloeibaar en wordt makkelijker opgenomen. Het is gebleken dat je beide veilig kunt slikken tijdens de zwangerschap

- Een andere veelvoorkomende kwaal is **vocht vasthouden**. Het is een normaal zwangerschapsverschijnsel, maar wel vervelend. Je kunt zelfs zoveel vocht vasthouden dat je je ringen niet meer af krijgt en deze opengeknipt moeten worden. Dus als je merkt dat je vocht vasthoudt, doe je ringen alvast af! Hieronder nog wat tips voor als je vocht vasthoudt.

Gouden regels bij vocht vasthouden

- Drink veel water, maar kleine beetjes per keer in verband met brandend maagzuur
- Leg een kussen onder je voeten
- Neem warm/koud-wisselbaden of een koud voetenbad
- Eet selderij
- Neem berkenextract (te koop bij natuurwinkels)
- Drink brandnetelthee
- Doe je ringen op tijd af, om te voorkomen dat je ze los moet laten knippen

Neem contact op met de verloskundige of gynaecoloog als je het vermoeden hebt dat je ineens wel erg veel vocht vasthoudt. Zeker als je ook last hebt van **hoofdpijn, tintelende handen** en **misselijkheid**. Dit zou namelijk kunnen duiden op **zwangerschapsvergiftiging**!

- Heb je last van **obstipatie**, begin de dag dan met een glas lauw water op de nuchtere maag. Dit geldt niet alleen voor de ochtend: drink de hele dag kleine beetjes water, water en nog eens **water**. Af en toe een glaasje Roosvicee Ferro of Laxo doet ook wonderen. Eet daarnaast veel **pruimen, rozijnen, volkorenbrood, muesli, ontbijtkoek, vijgen** en **lijnzaad**. Laat witbrood en bananen voorlopig even staan. Ook belangrijk: ga naar de wc wanneer je moet, ook al is er bezoek of sta je in een winkel. Door ontlasting op te houden, zal deze alleen maar harder worden en dat vergroot juist de kans op het naar buiten persen van je binnenvoering: **aambeien**. Mocht je al aambeien hebben, dan leven we met je mee! Neem in dit geval ruim de tijd voor een wc-bezoek en probeer ook veel van bovenstaande producten te eten.

Probeer na het avondeten niet veel meer te drinken; dat scheelt je een aantal wc-bezoekjes in de nacht. En slaap in deze laatste weken is heilig.

- Zo oneerlijk: juist nu je je slaap zo goed kunt gebruiken, is **slapeloosheid** in de laatste weken van de zwangerschap een veelvoorkomende kwaal. Lig je hele nachten lang naar het plafond te staren, probeer deze uren dan te compenseren met **middagdutjes**. Straks zul je last krijgen van slaaptekort, dus probeer zo uitgerust mogelijk aan de bevalling te beginnen. Het kan helpen om **warme melk** te drinken of iets te eten, hierdoor gaat het bloed naar de maag in plaats van naar het hoofd, en dat kan helpen om de slaap weer te vatten. Geen andere (slaap) middeltjes nemen zonder overleg met de huisarts, want dat kan schadelijk zijn voor je ongeboren baby.

- Schrik je ook af en toe op van **pijnscheuten in je onderkantje**? Heel vervelend en af en toe zo onverwacht, dat je een reactie hierop bijna niet kunt verbergen. Het is je baby die indaalt (verder naar beneden in je bekken zakt) of, eenmaal ingedaald, het hoofdje net even draait.

Niets aan te doen en niets om je zorgen over te maken, ondanks het feit dat jij het gevoel hebt dat er iemand met een breinaald in je onderkantje aan het prikken is.

- Nog iets: heb je het idee dat je **schaamlippen** tijdens de zwangerschap verdubbeld zijn en is Angelina Jolie er niks bij? Dat kan kloppen. Het heeft te maken met een betere doorbloeding tijdens de zwangerschap, dus het is niks ernstigs. Integendeel, want die betere doorbloeding kan je seksleven een aardige boost geven. De zwelling neemt na de bevalling weer af en je schaamlippen worden hoogstwaarschijnlijk net zo mooi als negen maanden geleden.

- Als je zwanger bent, kan het zijn dat je door de zon een **zwangerschapsmasker** krijgt: pigmentvlekken in je gezicht. Geen zorgen, dat trekt meestal vanzelf weer weg. Het enige wat je kunt doen om dit te voorkomen, is met een hoge factor smeren. Liever wat minder kleur dan een kleurrijke snor, moet je maar denken. Overigens mag je best in de zon zitten, maar als jij het **te warm** vindt, dan is het waarschijnlijk ook te warm voor de baby in je buik.

- Ook een veelvoorkomend iets: **cellulitis**, ook wel sinaasappelhuid genoemd. Het woord zegt het al. Tijdens de zwangerschap wordt dit door hormonen gestimuleerd. Smeer niet met afslankcrèmes: afgezien van de vraag of ze wel of niet werken, kunnen daar stoffen in verwerkt zitten die niet goed samengaan met zwanger zijn. Drink veel water, neem zo min mogelijk suiker, koffie, chocolade en vet voedsel en douche na met koud water. Maak je geen zorgen dat je baby in het 'hiervoormaals' kouvat. Misschien nog wel het allerbelangrijkste: blijf in beweging.

- En alsof de hormonen al niet genoeg kwaaltjes veroorzaken: ze kunnen ook **zwangerschapshoofdpijn** geven. Om dit tegen te gaan, kun je het volgende doen: drink **lavendelthee** of **paardenbloemthee**, geef jezelf (of beter nog, laat iemand anders het doen) een uitgebreide hoofdmassage, waarbij je extra lang drukt op de concrete pijnpunten, blijf sporten en bewegen, drink voldoende water en neem rust. Een middeltje dat ook succes kan hebben, is **Nux Vomica D4** van **A. Vogel**. Eigenlijk bedoeld voor spanningshoofdpijn en misselijkheid, maar er zijn ook al een hoop zwangere vrouwen mee geholpen. Of neem een **paracetamolletje,** dit kan echt geen kwaad zolang je je aan de voorschriften houdt.
Gaat de hoofdpijn gepaard met vocht vasthouden, misselijkheid en tintelingen, neem dan voor alle zekerheid contact op met de verloskundige of gynaecoloog.

Wist je dat acupunctuur en voetreflexmassage veel succes geboekt hebben bij:

- Het draaien van baby's die in stuitligging (hoofdje boven) liggen
- Bekkeninstabiliteit
- Het bevorderen van een snelle ontsluiting bij de bevalling
- Het opwekken van de bevalling

BEWEGEN
EN PUFFEN

Zoals je hiervoor hebt kunnen lezen is blijven bewegen tijdens de zwangerschap een van de belangrijkste middelen tegen kwaaltjes, pijntjes en ongemakken. Een zwangerschap is namelijk ingrijpend, maar bevallen is topsport. Een goede voorbereiding helpt en fit zijn is echt geen overbodige luxe. Het volgen van een **cursus, pufclub, zwangerschapszwemmen** of iets dergelijks, is dus aan te raden. Er zijn een heleboel organisaties, workshops en clubjes die je zowel mentaal als lichamelijk kunnen voorbereiden op het moment suprême. Tegenwoordig zijn er ook leuke, nieuwe alternatieven voor de ouderwetse pufclub, zoals HotMamas, Mom in Balance of Mommy Bootcamp.

Beste Jan,

Iedere vrouw heeft wel last van een of meerdere zwangerschapskwaaltjes, en jij ontkomt er helaas ook niet aan.
Zo kan het zomaar zijn dat, na een avond waarop je – uiteraard zeer geïnteresseerd – alle sores over zwangerschapskwalen hebt aangehoord, vrouwlief alvast haar bed weer lekker vroeg heeft opgezocht en jij je net met een biertje op de bank hebt genesteld om VI te kijken en je telefoon gaat: ze heeft zo'n last van brandend maagzuur, of je even een bakje vanillevla wilt komen brengen. En als dat het nou was, maar nee: rugmassages, haar veters strikken, van elke kaas uitpluizen of hij wel of niet gepasteuriseerd is, onverklaarbare huilbuien of woedeaanvallen over je heen krijgen, je hand urenlang op haar buik moeten houden om een schopje te voelen dat echt zo komt (alleen laat het deze keer wel heel lang op zich wachten) of met een leeg wc-rolletje luisteren naar een hartje dat je waarschijnlijk toch niet zult horen.
We voorzien aardig wat momenten die – op zijn zachtst gezegd – je wenkbrauwen zullen doen fronsen.

NUTTIGE 'DOE-ER-JE-VOORDEEL-MEE' -TIPS

Zodra je baby geboren is, is het – in ieder geval de eerste weken – gedaan met **tijd voor jezelf**. Wil je toch een beetje appetijtelijk en ontspannen in de kraamtijd bezoek ontvangen, red dan wat er te redden valt. Plan voor de bevalling nog een kappersafspraak, lees een tijdschrift, boek een massage (vooraf aangeven dat je zwanger bent, niet alle massages zijn geschikt tijdens een zwangerschap) en laat je (teen)nagels lakken, daar kun je zelf namelijk niet meer bij. Ook leuk voor de verloskundige of gynaecoloog die de bevalling doet. Daarover gesproken: misschien kan het je niks schelen, misschien juist wel, maar check rond de uitgerekende datum met een spiegel je onderkantje. Een geharkt tuintje oogt net wat verzorgder. De dappere aanstaande moeder laat haar onderkantje zelfs harsen net voor de bevalling, je moet daar maar zin in hebben. Ga ook nog eens met je partner of een vriendin naar de bioscoop, uit eten of eventueel een weekendje weg. Aan dit soort dingen kom je met een baby erbij voorlopig niet meer toe. Tot zover het uiterlijk vertoon, we hebben ook wat tips voor je die echt het verschil kunnen maken:

- Vanaf week 34 is **frambozenbladthee** – of je nu wel of geen theemuts bent – een aanrader. Neem bij voorkeur theeblaadjes en niet de theezakjes, zodat de concentratie frambozenblad hoger is (verkrijgbaar bij een reformzaak of natuurwinkel). Frambozenbladthee helpt de baarmoederspieren te versterken, zodat de weeën beter verlopen en de bloedingen tijdens de bevalling beperkt

blijven. We weten natuurlijk niet hoe onze eigen bevalling zonder die thee was verlopen, maar laten we het zo zeggen: de weeën waren behoorlijk krachtig en de tien centimeter ontsluiting was snel bereikt.
Het is, gezien de effecten van de thee, beter om deze niet te vroeg in de zwangerschap te drinken, maar vanaf week 34 kun je gerust twee (of meer) koppen per dag drinken.

- Zitten er **allergieën** in de familie, dan kun je tijdens de laatste twee maanden van de zwangerschap een **probioticum** nemen, zoals ABC Dophilus van het merk Solgar. Dit is een preparaat met zogenaamde goede bacteriën, dat verkrijgbaar is bij de apotheek of reformzaak. Hoewel het effect van probiotica niet wetenschappelijk is bewezen, wordt gezegd dat ze de darmflora versterken, waardoor de kans op allergieën bij je baby afneemt. Laat je wel goed voorlichten over de juiste hoeveelheid per dag. Het is weliswaar een prijzig product, maar multi-inzetbaar, want het kan ook helpen bij je eigen darmproblemen, zoals bijvoorbeeld obstipatie.

- Heb jij tijdens de zwangerschap de mooiste bos glanzende haren? Veel vrouwen die net zijn bevallen krijgen te maken met (extreme) **haaruitval**. Zie jij het somber in voor jezelf of heb je slechte ervaringen met haarverlies, dan is **Priorin** misschien wel wat voor jou, te koop bij de drogist en te slikken vanaf week 34. Priorin bevat natuurlijke bestanddelen zoals gistextract en tarwekiemolie en is geschikt voor zwangere vrouwen of vrouwen die borstvoeding geven. Biergisttabletten dragen ook bij aan gezond haar. En **gezond eten** helpt natuurlijk ook. Eet lekker veel meloen, bessen, sinaasappels en appels, sla, kaas, (geen rauwe!) eieren, noten en vis en drink veel water en melk.

- Doordat de huid van de buik in korte tijd erg oprekt, kun je de pech hebben dat je **striae** krijgt op je buik, en met een beetje pech ook op je billen en borsten. Om striae te voorkomen of zo veel mogelijk te beperken, moet je smeren, smeren en nog eens smeren. Op die manier houd je de huid soepel en neemt de kans op striae af. Was je buik onder de douche met een lekkere zeep en smeer je buik twee keer per dag in met een antistriaecrème of -olie (niet te verwarren met afslankgel!) of een lekkere bodylotion. Een fijne olie is **Bio-Oil Percellin**, deze olie versoepelt de huid en vermindert het ontstaan van huidstriemen.

- Verder wordt gezegd dat je als zwangere vrouw het beste op je **linkerzij** kunt slapen; dit is beter voor de bloedtoevoer naar de baarmoeder en dus voor je baby. Dit geldt met name in het laatste trimester van de zwangerschap. Mocht je dit een vervelende houding vinden, dan kan het **zwangerschapskussen** uitkomst bieden. Klem deze worst tussen je benen en omarm hem voor de meest comfortabele houding. Op de rug liggen, hoe comfortabel dat ook mag lijken met een dikke buik, is misschien niet de beste houding. Als je op je rug ligt, zal er behoorlijk wat gewicht drukken op belangrijke bloedvaten, wat weer nadelig kan werken op de bloedsomloop, aambeien, ademhaling, bloeddruk en spijsvertering.

- Ben je ook **bang om uit te scheuren of ingeknipt te worden?** Perineum-massageolie is speciaal ontworpen om het perineum – je weet wel, dat stukje tussen je onderkantje en je achterkantje – soepel te maken. Door vanaf week 34 het perineum regelmatig te masseren, zal dit gebied beter meebewegen tijdens de bevalling. Is er geen perineum-massageolie voorhanden, dan kun je olijfolie als alternatief gebruiken. Van beide middeltjes is het succes weliswaar niet wetenschappelijk bewezen, maar het is wellicht de moeite van het proberen waard. Wel wetenschappelijk bewezen is het succes van het gebruik van Epi-no: een geboortetrainer die zorgt voor een verkorte persfase en snel herstel na de bevalling. Gebruik Epi-no vanaf week 37 (kijk voor meer informatie op www.epino.nl).

- Ben je van plan **borstvoeding** te geven en is dit je eerste baby? Informeer dan bij de verloskundige of gynaecoloog of er bij jou in de buurt een borstvoedingscursus wordt gegeven. Met kennis over borstvoeding vergroot je de kans op een geslaagde borstvoedingsperiode. Als je weet wat je kunt verwachten, kun je eventuele problemen voorkomen of tijdig aanpakken.

Rest ons nog je op het hart te drukken…

Tijdens de veertig weken waarin je regelmatig bij de verloskundige of gynaecoloog langsgaat, zullen er vast momenten zijn dat je twijfelt over wat dan ook. Als je vermoedt dat je baby niet met het hoofdje beneden ligt zoals het hoort, maar juist naar boven, moet je dit vooral melden. Als jij je niet goed voelt: laat van je horen. En zeker als je je baby minder voelt bewegen, dan is het wat ons betreft bijna overbodig om te zeggen: maak hier meteen melding van! Onze ervaring is dat verloskundigen en gynaecologen ook maar mensen zijn, zonder bionische ogen en zonder speciale voelsprieten, dus luister zelf goed naar je lichaam en je gevoel en vooral: **wees mondig**. Beter een artsenbezoekje te veel dan te weinig.

Vlieg met me mee...

Ben jij in de gelukkige omstandigheid dat je aan het einde van de zwangerschap er nog lekker tussenuit gaat, houd dan het volgende in de gaten:

√ **Vanaf ongeveer 34 weken mag je niet meer vliegen.** Dit kan per luchtvaartmaatschappij verschillen, dus belangrijk om het van tevoren uit te zoeken.

√ **Je hebt een zwangerschapsverklaring van de verloskundige of gynaecoloog nodig.** Zonder verklaring kun je geweigerd worden in het vliegtuig. Deze weigering heeft niets te maken met de gezondheid van je baby, maar meer met het feit dat de vliegmaatschappij graag zonder te veel gedoe van A naar B wil komen.

√ **Neem de zwangerschapskaart mee naar de plaats van bestemming.** Mocht je onverwachts een dokter moeten bezoeken, dan heb je alle informatie bij de hand.

√ **Houd ook rekening met het feit dat het niet goed is voor de baby in de buik om op grote hoogte te verblijven.** Daarmee bedoelen we gebieden die op 2500 meter hoogte en hoger liggen. Het zuurstofgehalte van je baby kan namelijk op die hoogte niet goed op peil gehouden worden. Bij langer verblijf kan dat ook een lager geboortegewicht veroorzaken of zelfs een hoger risico op zwangerschapsvergiftiging (als je dat eerder ook al hebt gehad) met zich meebrengen.

DE BEVALLING

VOORBEREID BEVALLEN

Thuis-, ziekenhuis- of kraamhotelbevalling

Misschien hebben jullie de beslissing al lang genomen, maar voor de mensen die nog twijfelen kan dit een nuttig hoofdstuk zijn. Waar ga je bevallen? Er zijn verschillende mogelijkheden: thuis, in het ziekenhuis of in een kraamhotel. Het is handig om van tevoren samen met je partner te bepalen welke plaats jullie voorkeur heeft, vooropgesteld dat er van zwangerschapscomplicaties geen sprake is. En als je een keuze hebt gemaakt, geef deze dan aan bij de verloskundige. Zij moet immers weten of ze jullie thuis zal begeleiden of dat ze meegaat naar de plek van jullie keuze. Het is jullie* bevalling, dus houd die voor zover mogelijk onder eigen regie. Hier de voor- en nadelen van de locatiemogelijkheden op een rijtje:

** Eigenlijk vinden wij 'jullie' hier niet helemaal op z'n plaats, want laten we eerlijk zijn: je partner gaat dat klusje toch echt niet voor je klaren.*

Voordelen thuisbevalling

√ Je bent in je eigen omgeving, waardoor je je op je gemak voelt en de weeën daardoor beter kunnen doorzetten

√ Doordat je thuis bent, kun je de bevalling op je eigen manier voorbereiden. Je hebt je eigen eten en drinken, muziek en bijvoorbeeld een film tot je beschikking, mocht je daar behoefte aan hebben

√ Je eigen douche of bad is binnen handbereik; er zijn genoeg vrouwen die het heerlijk vinden om een bad te nemen tijdens de weeën. Wanneer je vliezen gebroken zijn, mag je vanwege infectiegevaar niet meer in bad

√ De verloskundige begeleidt de bevalling en er is een kraamhulp om te assisteren. Jij bent de baas in je eigen huis en je zult misschien makkelijker aangeven wat je wel en niet wilt

Nadelen thuisbevalling

√ Mochten er complicaties zijn, dan kan het zijn dat je alsnog naar het ziekenhuis moet. Dit kan voor onnodige stress zorgen of zelfs de weeën stoppen

√ Thuis is er geen mogelijkheid tot pijnbestrijding

√ De bevalling kan wat rotzooi geven en een luchtje achterlaten

Voordelen ziekenhuisbevalling

√ Bij complicaties zijn er direct specialisten bij de hand en is alle apparatuur aanwezig

√ Je bent omringd door allerlei deskundigen, wat een gerust gevoel kan geven. Hoe relaxter jij bent, des te beter de weeën op gang komen

√ Je kunt in het ziekenhuis bevallen onder begeleiding van je eigen verloskundige

√ Alle rommel van een bevalling is en blijft in het ziekenhuis

√ Mocht je midden in de nacht bevallen, dan heb je kans – als je van je eerste baby bent bevallen – dat je een nachtje mag blijven, met de bijbehorende zorg voor je baby

√ Je kunt meestal kiezen voor pijnbestrijding*

** Verderop hebben we het uitgebreider over pijnbestrijding. Hier willen we vast benadrukken dat je heel duidelijk moet aangeven of je wel of juist geen pijnbestrijding wilt, eigenlijk al op voorhand, ook al is er tegenwoordig in bijna alle ziekenhuizen 24/7 pijnstilling mogelijk.*

Nadelen ziekenhuisbevalling

√ Meestal doe je de eerste weeën thuis voordat je naar het ziekenhuis gaat. Sommige vrouwen vinden het verplaatsen vervelend, de weeën kunnen hierdoor ook stoppen of verminderen. Maar maak je niet te veel zorgen, deze komen waarschijnlijk snel genoeg in volle vaart terug

√ Wanneer je in een stad woont, is het mogelijk dat het ziekenhuis van jouw keuze op dat moment vol is en dat je dus moet uitwijken naar een ander ziekenhuis en eventueel zelfs naar een andere stad

√ De omgeving kan als onpersoonlijk worden gezien

√ De bevallingskamer kan afschrikken door alle apparatuur

√ Er zijn extra kosten verbonden aan een ziekenhuisbevalling voor de huur van de verloskamer. Dit wordt over het algemeen vergoed door de verzekering

√ Je komt alleen thuis, soms komt de kraamhulp pas de volgende dag (afhankelijk van het tijdstip van thuiskomst)

Voordelen kraamhotel

- √ Woon je bijvoorbeeld in het buitenland en wil je toch in Nederland bevallen? Of zit je midden in een verhuizing? Dan is een kraamhotel misschien wel een uitkomst. Je kunt daar al je bezoek rustig ontvangen en ze proberen een thuisgevoel te creëren
- √ Het biedt veel rust. De baby is in principe bij jou, maar als je wilt, kan de baby tijdens de nachten aan de zorg van een verpleegster of kraamhulp worden overgedragen
- √ Ideaal als je in een omstandigheid bent dat je 24 uur per dag zorg nodig hebt, wanneer je partner bijvoorbeeld niet in staat is om te helpen of wanneer hij onregelmatige werktijden heeft
- √ Een goede optie voor alleenstaande moeders of mensen met een bedrijf aan huis
- √ Er is 24 uur per dag kraamhulp tot je beschikking
- √ Het is verstandig van tevoren te informeren of jouw verzekeraar bereid is de kosten op zich te nemen. Verblijf in een kraamhotel is over het algemeen niet duurder dan acht uur per dag kraamzorg thuis. Zoek ook van tevoren uit bij de verzekering hoe lang jij recht hebt op een verblijf in zo'n hotel

Nadelen kraamhotel

- √ Er zijn in Nederland nog niet heel veel kraamhotels. Maak je overweging dus weloverwogen en overleg met de verloskundige of gynaecoloog voordat je een definitieve keuze maakt. Het zou ook wel erg jammer zijn als bijvoorbeeld je eigen familie zelfs niet langs kan komen, omdat jij en je baby in een kraamhotel aan de andere kant van het land liggen
- √ Het is en blijft niet je thuis en kan dus onpersoonlijk aanvoelen. De ervaring leert dat de meeste moeders toch graag zo snel mogelijk met hun baby naar huis willen

ALS HET EINDE OF BEGIN – ZOALS JE WILT – NADERT

Bevalling op gang brengen

Tja, die veertig weken duren lang, hè. Tegen het einde van de zwangerschap is elke dag zonder baby in je armen een dag te lang. Waarschijnlijk heb jij je, net als iedere andere aanstaande moeder, rijk gerekend en denk je dat jouw baby vast te vroeg komt. Heel irritant, maar de kans is helaas net zo groot, of misschien zelfs wel groter bij een eerste bevalling, dat je baby 'te laat' geboren wordt.

Je kunt natuurlijk proberen de natuur een handje te helpen. Er zijn tal van tips en tricks bekend over het op gang brengen van een bevalling, de ene met meer succes dan de andere. Al is het maar om je te helpen de tijd te doden, hier alle **bakerpraatjes** om de bevalling op gang te brengen op een rijtje:

- **Eet ananasharten, spicy food en drink tonic.** Eigenlijk kennen wij echt niemand die hiervan weeën heeft gekregen, maar ja… misschien werkt het bij jou wel. En eerlijk is eerlijk: baat het niet, dan schaadt het niet.
- **Neem een lepeltje wonderolie.** Ook een tip waarvan we het succes niet durven te garanderen. Wel gegarandeerd buikkramp en buikloop, want het werkt nogal laxerend. Maar dat dit weeën als gevolg heeft, dat hebben wij helaas niet zo mogen ervaren.
- **Maak een uitgebreide wandeling, ga fietsen of trap lopen, in ieder geval: beweeg.** Er zijn vrouwen bij wie het geholpen heeft.
- **Stimuleer je tepels (of laat het je partner doen, die kan het vast wel waarderen).** Dan komt het hormoon oxytocine vrij. Alleen met een paar keer strelen ben je er nog niet – denk eerder aan een massage van zo'n vijftien minuten en dat een paar keer per dag.
- **Plan een voetreflexmassage in.** Mocht het de bevalling niet op gang helpen, dan heeft het in ieder geval een ontspannend effect.
- **Ga naar een (goede) acupuncturist.**
- **Laat je strippen door de verloskundige of gynaecoloog.** Dat kan alleen als de baarmoedermond al een beetje week is en openstaat, ofwel als je al een heel klein beetje ontsluiting hebt. Strippen houdt in dat met twee vingers geprobeerd wordt de vliezen die vastgeplakt zitten aan de binnenkant van de baarmoeder, los te krijgen van de baarmoederwand. Dit kan best vervelend aanvoelen of zelfs een beetje pijnlijk zijn. Na het strippen maakt je lichaam een hormoonachtig stofje aan, dat

Beste Jan,

Is je vrouw (bijna) over tijd? In jouw ogen maken die paar dagen of uren erbij nou ook niet meer zoveel uit op die veertig weken, maar een hoogzwangere vrouw ziet dat heel anders. Je moet dan ook niet raar opkijken wanneer ze met een zak vol ananas, wonderolie en tonic aan komt zetten. Deze producten kunnen volgens de bakerpraatjes de bevalling op gang brengen. Ga er dan ook maar niet tegenin. Maar als je haar écht wilt helpen – en zij staat er ook voor open – dan kun jij haar verlossen: met seks. Misschien, en dat begrijpen we heus wel, zit je er helemaal niet op te wachten, maar feit is dat jouw zaad een bepaald hormoon bevat dat ervoor kan zorgen dat je vrouw gaat bevallen. Je bent helemaal een held als je vrouw ook nog een hoogtepunt bereikt, want dan is de kans dat de bevalling op gang komt nog groter. En nee, jullie baby zal nergens wat van merken.

de baarmoedermond 'rijper' maakt en dit kán binnen 48 uur weeën opwekken.

- **Jullie moeten er misschien niet aan denken, maar seks kan de oplossing zijn.** Sperma bevat een hormoon (prostaglandine) dat kan bijdragen aan het opwekken van een bevalling. Bij een vrouw komt een ander hormoonstofje vrij (oxytocine) en ook dat kan weer weeën stimuleren. Komt nog bij dat door een orgasme de baarmoeder samentrekt, wat óók weeën kan stimuleren. Tel uit je winst. Maar: zijn je **vliezen** al **gebroken,** dan mag je juist **geen seks** hebben in verband met infectiegevaar!

De laatste twee zijn eigenlijk geen bakerpraatjes, deze zijn door de jaren heen zelfs succesvol gebleken (hoewel een bevalling niet te garanderen is, natuurlijk).

Voordat het zover is, nog een laatste puntje van aandacht…

De meisjes in ons: wat neem je mee?

Eerst even dit: wat doe je aan tijdens de bevalling en daarna?

Je kunt bijvoorbeeld een oud T-shirt of overhemd van je partner aandoen. In ieder geval is het fijn om iets langs of ten minste tot over je billen te dragen, aangezien de verloskundige of gynaecoloog controles wil doen of zal willen checken hoeveel centimeter ontsluiting je hebt. Dan is 'broek aan, broek uit' niet zo'n goed idee. Bovendien wil je als de weeën beginnen misschien eerst rond kunnen lopen of staan om de pijn een beetje weg te puffen, en dan voel je je minder op je gemak in je blote kont met al die mensen om je heen.

Wat je ook draagt, het kan beter een oud kledingstuk zijn, want het komt sowieso niet schoon uit de strijd en het is zeer waarschijnlijk dat je het later niet meer wilt gebruiken. Dus bewaar die prachtige glitterbloes even tot na de bevalling. Als je in het ziekenhuis gaat bevallen, kun je dit 'bevallingskledingstuk' van tevoren inpakken bij de kleertjes van je baby; je bent meestal als je daar aankomt nog wel in staat je te verkleden.

Na de bevalling wil je **gemakkelijke kleding** aan, dus geen strakke skinnies, mocht je in de droom leven dat je die meteen weer kunt dragen. Voor die eerste foto's samen met je baby is het misschien wel leuk om een mooi shirtje of truitje aan te doen. Weet je al wat jullie krijgen? Denk dan aan roze of lichtblauw. Ook je baby moet er op z'n paasbest uitzien natuurlijk, dus kies voor hem ook een leuk pakje uit.
Laat je strings of andere elegante lingerie ook maar thuis; er moet namelijk een maandverband uit het kraampakket in passen, een geval van minimaal dertig centimeter lang en tien centimeter breed. Als je vergeten was hoe groot ze zijn, kijk dan nog even in het kraampakket. Bovendien, als je je hart voelt kloppen daarbeneden, wil je echt geen kanten string aanhebben. Als je van plan bent borstvoeding te geven, zorg dan dat je kleding hebt die geschikt is voor borstvoeding; zoals bloesjes en topjes met knoopjes of goed rekbare hemdjes. Wanneer je een geplande keizersnede krijgt, dan kun je zorgen voor lekker zittende trainingsbroeken of je trekt je zwangerschapsbroek de eerste weken weer even aan. De wond is vooral de eerste tien dagen erg gevoelig, dus een knoop op die plek kan behoorlijk pijn doen.

Heb jij tips voor vrouwen die op het punt staan te bevallen? Deel ze op de timeline van onze Facebook-pagina of twitter ze met #BMM!

Wat neem je mee naar het ziekenhuis?

- √ Lang T-shirt of overhemd
- √ Warme sokken
- √ Trainingsbroek (voor erna)
- √ Shirtje of topje voor na de bevalling
- √ Slippers (voor onder de douche in het ziekenhuis)
- √ Een badjas (in sommige ziekenhuizen moet je de gang over om bij de douche te komen)
- √ Kleertjes voor de baby: mooiste pakje, rompertje, mutsje, sokjes, dekentje, jasje
- √ Maxi-Cosi (met verkleinkussentje voor de pasgeborene)
- √ Iets lekkers om te snacken en iets leuks om te lezen
- √ Opgeladen camera
- √ Telefoon plus oplader
- √ Muntje voor de rolstoel
- √ Pyjama en extra ondergoed voor als je onverhoopt een nachtje moet blijven (neem er maar twee mee voor de zekerheid: je zweet na de bevalling nogal veel)
- √ Toilettas: tandenborstel, eventuele lenzenvloeistof, deodorant, make-up, shampoo, dagcrème, borstel et cetera

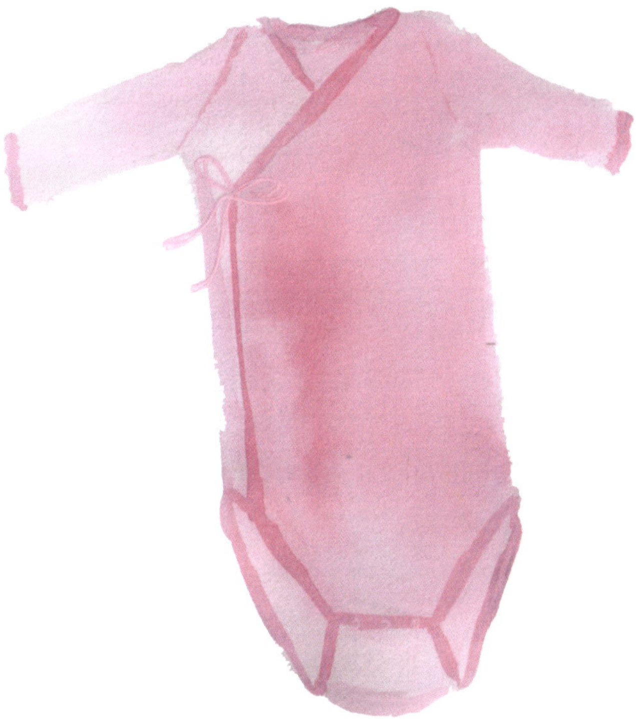

Beste Jan,

Als het eindelijk zover is en jullie besluiten om naar het ziekenhuis te gaan voor de bevalling, kan het zomaar gebeuren dat jullie daar de komende 24 uur zullen blijven (een bevalling laat zich nou eenmaal niet altijd regisseren). Niemand die de partner er ooit op attendeert een tasje met spulletjes voor zichzelf mee te nemen. Je eigen 'vluchtkoffertje' zeg maar, gevuld met o.a.:

- V Toilettas: tandenborstel, tandpasta, evt. lenzenvloeistof, scheerspullen, deodorant
- V Schone kleren
- V Slaapkleding
- V Opgeladen camera (oplader voor de zekerheid ook meenemen)
- V Telefoon plus oplader
- V Krant of tijdschrift
- V Portemonnee
- V Laptop

PIJNBESTRIJDING

Om over na te denken

Dit is een onderwerp dat je natuurlijk altijd uitgebreid met de verloskundige of gynaecoloog moet bespreken. Als het je eerste bevalling is, is het heel moeilijk daar vooraf over te oordelen. Laat je dus goed voorlichten. Wij zelf zijn van alle markten thuis: zonder pijnbestrijding, met pijnbestrijding, keizersnede, vacuümpompbevalling, inknippen en inscheuren, ziekenhuisbevalling én thuisbevalling. Er is natuurlijk nog een scala aan andere soorten bevallingen mogelijk, maar hier volgt in ieder geval een aantal weetjes die je misschien kunnen helpen bij de beslissing.

Zonder pijnbestrijding. Tja... het hele leger van Napoleon is er op die manier gekomen, het moet dus te doen zijn. Dat is het gelukkig ook! Een voordeel van alle pijnbestrijding achterwege laten is dat je thuis kunt bevallen als je dat prettig vindt. En mocht je toch in het ziekenhuis bevallen, dan mag je als alles goed is gegaan vrijwel meteen naar huis. Ook zul je geen last hebben van eventuele bijwerkingen van de pijnbestrijding.

Mocht je wel voor pijnbestrijding moeten of willen kiezen, dan bestaan er een aantal manieren, maar de bekendste is natuurlijk de **ruggenprik** (epiduraal). Weet je zeker dat je met een ruggenprik wilt bevallen? Zoek dan van tevoren uit of het ziekenhuis waar jij gaat bevallen wel 24 uur per dag ruggenprikken geeft (niet in alle ziekenhuizen zijn 's nachts anesthesisten aanwezig die de prik mogen zetten).
Heb je weeën en weet je zeker dat je een ruggenprik wilt, zorg er dan voor dat je ruim van tevoren, in ieder geval voordat je al een aantal centimeters ontsluiting verder bent, aangeeft dat je een ruggenprik wilt. Soms kan het zijn dat je al 'te ver' bent (wat 'te ver' is, verschilt per persoon en per arts) en dan vinden de artsen het soms verstandig om er geen meer te zetten. Houd er meteen ook rekening mee dat tussen het vragen en het krijgen van een ruggenprik wel een uur of langer kan zitten.
Bij een ruggenprik hoort soms ook een **blaaskatheter** (een dun slangetje dat via de plasbuis wordt ingebracht en de plas opvangt in een daarvoor bestemd zakje), omdat je geen aandrang voelt wanneer je moet plassen. In vergelijking met een bevalling is dat *a piece of cake*, maar wel fijn om van tevoren te weten dat je dit erbij krijgt. Wanneer de katheter wordt verwijderd, zul je even op je tanden moeten bijten; het gedeelte daaronder is namelijk al behoorlijk gehavend.
Let op: een bijwerking van een ruggenprik kan zijn dat de moeder – en daardoor soms ook de baby – **koorts** krijgt. Goed om te weten: een pasgeboren baby met koorts

wordt altijd ter controle een paar dagen in het ziekenhuis gehouden (jij mag ook blijven, je partner helaas niet). Er wordt dan af en toe een ctg gemaakt. Een ctg is een apparaat dat het hartritme van je baby meet, ook wel een hartfilmpje genoemd. En in sommige gevallen geven ze preventief antibiotica aan de baby om geen risico's te nemen. Artsen zijn nog steeds verplicht om te waarschuwen dat er een heel kleine kans is dat de ruggenprik niet helemaal op de juiste manier gezet wordt: er kan dan een gaatje worden geprikt in het dunne vlies om het ruggenmerg heen (*dura*). Wanneer dit gebeurt, lekt er vocht weg uit de hersenen en je kunt hier gigantische **hoofdpijn** aan overhouden. De kans is zeer klein, dus laat dit je niet afschrikken. Maar laat je wel goed informeren over eventuele bijwerkingen van een ruggenprik.

Beginnen de persweeën voordat je volledige ontsluiting hebt, dan laat de arts het infuus van de ruggenprik vaak aan. Maar beginnen de persweeën en heb je volledige – dat wil zeggen tien centimeter – ontsluiting, dan kan het zijn dat de arts het infuus van de ruggenprik uitzet, vaak in geval van een eerste baby. Dit doen ze omdat je beter kunt persen als je de drang om te persen ook echt voelt.

Het is ook mogelijk te persen met een nog werkende ruggenprik. Zeker als je al een natuurlijke bevalling ervaren hebt, weet je wat er van je verwacht wordt in dit stadium. Aan de hand van een ctg kan de arts zien wanneer er weer een perswee komt en dan kan de verloskundige je coachen om mee te persen.

Over het algemeen wordt de ruggenprik als hemels ervaren. Als hij op tijd is gezet en doet wat hij belooft te doen, dan kun je echt een tijdschriftje of dvd'tje erbij pakken en lekker ontspannen.

Soorten pijnbestrijding

- **Pethidine:** een morfineachtig medicijn dat de pijn wat afzwakt, waardoor de scherpe randjes er een beetje vanaf gaan. Dit medicijn kan in het ziekenhuis met een prik in de bil of het bovenbeen gegeven worden, maar zal alleen gegeven worden als verwacht wordt dat je niet binnen een uur zult bevallen. Ze zullen eerst een CTG van de baby maken, die moet aantonen dat de baby in goede conditie is. Voldoen jullie aan de gestelde voorwaarden, dan kan tot actie worden overgegaan en duurt het ongeveer vijftien minuten voordat het middel is ingewerkt en de pijn wat afneemt. Je kunt je dan tussen de weeën door beter ontspannen, wat soms indirect weer kan bijdragen aan een wat vlottere volledige ontsluiting. Pethidine werkt maar twee tot vier uur. Dat kan dus te kort zijn wanneer je bijvoorbeeld tien uur of langer aan het bevallen bent.

  Er zitten ook wat nadelen aan pethidine. Je kunt er slaperig van worden en daardoor de bevalling minder bewust ervaren. Sommige vrouwen hebben achteraf het gevoel een deel van de bevalling 'kwijt' te zijn of zijn zelfs gaan hallucineren.

  Omdat pethidine door de placenta (moederkoek) heen gaat, komt het ook bij je baby terecht en daardoor kan hij ook slaperig en wat minder beweeglijk worden. De harttonen kunnen dan minder variabel worden, waardoor een ctg minder goed te beoordelen is.

  Soms is de baby na de bevalling wat suf en heeft hij problemen met doorademen. De baby komt 'slapjes' ter wereld en zal misschien extra zuurstof of antidotum (een tegengif) toegediend krijgen.

  Voor meer informatie: zie www.ziekenhuis.nl.

- **Pijnpompje:** een pompje met remifentanil, een morfineachtige stof zoals pethidine. Via het infuus krijg je continu pijnstilling binnen. Meestal werkt het al na één minuut en is het – als gewenst – ook snel uitgewerkt. Een nadeel is dat het van invloed kan zijn op je eigen ademhaling en de hoeveelheid zuurstof in je bloed. Ook zijn de gevolgen voor je baby nog niet bekend. Het is dan ook niet in elk ziekenhuis verkrijgbaar.

- **Lachgas:** een mengsel van lachgas (Relivopan) en zuurstof; je ademt het in via een masker en het zorgt ervoor dat de baarmoeder geen pijnprikkels meer doorgeeft aan de hersenen. Je merkt het vrijwel meteen. Maar of dit middel wenselijk is, blijft de vraag: er bestaan namelijk tegenstrijdige onderzoeksresultaten over de veiligheid en vermeende bijeffecten voor moeder en kind. Het is ook niet meer in alle ziekenhuizen beschikbaar. Mocht je interesse hebben, informeer er dan naar bij de gynaecoloog.

Wat je ook doet en waar je ook voor kiest, helemáál pijnloos is een bevalling nooit. Er zijn zoals gezegd verschillende bevallingen mogelijk en van tevoren weet je nooit hoe het bij jou zal lopen. Wees je goed bewust van alle voors en tegens. Zorg ervoor dat je goed nagedacht hebt over de zaken waarop je wél invloed uit kunt oefenen. En misschien kun je dat op voorhand met je partner bespreken, zodat hij namens (of met jou) kan spreken als het tijdens de bevalling ineens anders dreigt te lopen.

Beste Jan,
Misschien is ons volgende hoofdstuk, het bevallingshoofdstuk, wel dé reden waarom we besloten hebben speciaal voor jou eigen kaders te maken. Want we kunnen er lang of kort over praten, maar er is niets romantisch aan een bevalling. Laat dat duidelijk zijn.
Dit gezegd hebbende, kun je er zelf voor kiezen om a) het bevallingshoofdstuk – zoals geschreven voor de vrouw – toch te lezen, zodat je niet al te geschokt en enigszins voorbereid dit oerspektakel bijwoont, of b) niets te lezen en alles op je af te laten komen als het eenmaal zover is.
Wat je keuze ook zal zijn, ga liever (of beter) niet voor 'de uitgang' staan. Op hoofdhoogte is safer. Het is weleens voorgekomen dat een trotse vader zei: 'Ik zie het hoofdje al, hij heeft megaveel haar!' waarop de gynaecoloog zei: 'Nee hoor, de baby is kaal...'

Zeg nooit: 'Het wordt alleen maar leuker!'

Gelukkig had mijn vrouw al twee droombevallingen achter de rug (heel modern uit een eerdere relatie) voordat onze zoon Ischa geboren werd, want als haar bevallingsherinneringen van mij moesten komen, kwam ze er bekaaid van af. De zwangerschapstijd was geloof ik ook al niet helemaal de roze wolk geworden waarop ze had gehoopt, maar ja, dan had ze maar niet de hele tijd moeten roepen 'We zijn zwanger'. Ik vind dat 'we' altijd zo geforceerd klinken en buiten dat, het is gewoon niet waar. Maar mijn pogingen om ervan te maken 'We krijgen een kind' stuitten op hormonaal verzet en dan moet je als kerel oppassen. Ik werd ondertussen wel gek van dat 'We zijn zwanger! We zijn zwanger!', dus ik denk op een gegeven moment: oké, als 'we' zwanger zijn, kun je het krijgen ook. Heb ik in één keer al die Moeders voor Moeders-bussen volgepist... Was het snel over zeg.

Goed, ze was dus al twee keer eerder bevallen, en wel in Parijs toen ze daar woonde, en daar gaat alles anders. Zo beval je er sowieso in een ziekenhuis of kliniek en al moet de president eraan te pas komen, mèt ruggenprik. Die gewoontes kwamen naast haar twee lieve kinderen en een opgefokt veel te klein wit hondje dat alleen maar Frans verstond (als je zei 'Wil je plassen?' gebeurde er niks, maar als je vroeg 'Tu veux faire pipi?' liet ze alles lopen) mee naar Nederland. Ik was allang blij met de keuze voor een ziekenhuis, want van de verhalen van vrienden die zo'n quasiromantische thuisbevalling hadden gedaan en maanden later nog stukjes opgedroogde navelstreng onder beddenpoten vandaan moesten trekken werd ik niet echt vrolijk. Om nog maar te zwijgen van de mogelijkheid van een bevalling in je eigen bad met duizend waxinelichtjes eromheen en dolfijnenmuziek op de achtergrond. Brrrr!!! Ik zag mezelf al helemaal staan buiten bij de biobak met een schepnetje nageboorte 'Eh... is dit nou "tuinafval" of "overig"?' Dus gelukkig maar. Geheel in lijn met de Franse gebruiken stroopten we het land af op zoek naar een ziekenhuis dat zonder gedoe een ruggenprik wilde geven. Dat is in Frankrijk namelijk al honderd jaar heel normaal en ze kijken daar naar ons zoals wij naar de middeleeuwen, toen ze hun kiezen lieten trekken met een roestige tang. Die ruggenprik snap ik helemaal, want als ik alleen al de deur van de tandarts binnenkom, ga ik het liefst helemaal onder narcose, dus waarom zou je bij iets wat nog het meeste weg heeft van een meloen door een rietje proppen moeilijk doen over een beetje verdoving? Zoekend naar het meest hypermoderne, progressieve, zijn-tijd-ver-vooruit-zijnde, vrouwvriendelijke ziekenhuis van Nederland kwamen we uit in de kosmopolitische stad... Hoofddorp. Zo zie je maar.

De gynaecoloog gaf me de tip om 'met mijn handen een beetje druk tegen de rug te geven'. 'Prima, doe ik!' riep ik nog vlak voordat ik mijn bevallende vrouw het bed uit duwde. De verpleegkundigen en mijn vrouw legden uit dat morele steun eigenlijk ook heel belangrijk is en ik kreeg de taak om voor de hele afdeling koffie en stroopwafels te halen in het ziekenhuiswinkeltje beneden. En in zo'n ziekenhuiswinkeltje, daar is van alles te beleven. Er zijn blaadjes, cadeautjes, saucijzenbroodjes, ballonnen, knuffels en vooral heel veel mensen met nare ziektes waarvan je blij bent dat jij ze niet hebt. Tip: voel je je ooit een beetje down, gewoon ff een uurtje in zo'n ziekenhuiswinkeltje gaan zitten. Knap je enorm van op. Ruim een uur, twee saucijzenbroodjes en een stroopwafel later kwam ik weer boven met als spontaan cadeautje het boek *Komt een vrouw bij de dokter* voor mijn vrouw. 'Kun je even lekker ontspannen,' zei ik. Ik viel met mijn neus in de boter, want de bevalling was precies op gang gekomen. Sterker, het kwam al! Toen het er eenmaal uit kwam schrok ik me eerlijk gezegd rot. Ik dacht nog: 'Huh? De placenta komt toch altijd als laatste?', maar dat was 'm al! Had ik weer; alle mannen om me heen die vader werden van een zoon spraken over 'het mooiste ventje van de wereld' en ik had weer een opgeblazen boeddha die... nou ja, laten we zeggen: Terror Jaap was er een mooi baby'tje bij, denk ik. Mijn vrouw zag mijn beteuterde gezicht aan voor pure ontroering en daar heb ik het maar bij gelaten.

Eerlijk is eerlijk, toen de plooien een beetje waren weggetrokken was het inderdaad 'het mooiste ventje van de wereld' en dat is het nog steeds. Ik was – en ben – straalverliefd op 'm. Als ik 's avonds thuiskom ren ik altijd meteen naar boven en ga een beetje boven z'n wiegje hangen. Dan hebben we hele gesprekken joh, echt even ons moment. Sigaretje erbij, prachtig.

Alleen jammer dat er altijd mensen met iets oudere kindjes zijn die het nodig vinden om de hele tijd te roepen 'Het wordt alleen maar leuker'. Net of die eerste tijd die jij hebt met de kleine nog niet echt meetelt of voor spek en bonen is of zo. En die voorsprong blijft altijd, dus ze blijven het maar roepen. Ik wacht gewoon tot die van hen ergens heroïne spuitend achter het Centraal Station staan, bel ze op en ga dan heel hard roepen: 'Het wordt alleen maar leuker hè!?' Bovendien, ik vond het vanaf moment één – oké, moment twee – allemaal echt alleen maar leuk. Van de eerste poep in mijn haar tot de eerste borstvoeding (zag ik die ook nog 's). Laatst liepen we naar buiten en toen zei hij: 'Papa, wat ruikt het lekker, de wolken hebben een parfummetje opgedaan.' Ja, ik zou het zo weer doen. In Hoofddorp natuurlijk.

Richard Kemper

DE BEVALLING

De eerste signalen

Een natuurlijke bevalling kan simpel gezegd op twee manieren beginnen: met weeën of gebroken vliezen. In ieder geval zal de verloskundige je uitgebreid inlichten over wanneer je haar mag bellen omdat het grote moment daar is. Heel beknopt is de regel: **heb je een uur lang met regelmaat elke vijf minuten een wee van ongeveer één minuut lang, zijn je vliezen gebroken of verlies je bloed, dan neem je contact op met de verloskundige of gynaecoloog.** In alle gevallen van twijfel of wanneer de weeën elkaar sneller opvolgen raden wij aan ook te bellen.

Mocht daar ineens een roze **slijmprop*** verschijnen, dan wil dat helaas nog niet zoveel zeggen, hoewel je waarschijnlijk hoopt dat de bevalling nu begint. Deze slijmprop sluit tijdens de zwangerschap de baarmoedermond af. En ook al mag het wel een teken aan de wand genoemd worden wanneer deze geleidelijk of in één keer verschijnt in de vorm van een beetje slijm of slijmerig bloed, het kan ook zomaar nog twee weken duren voordat de bevalling zich aandient.

** Helaas is hier geen ander woord voor, anders hadden we het zeker gebruikt.*

Het spektakel begint dus met gebroken vliezen (in tien procent van de gevallen) of met weeën (negentig procent).

Gebroken vliezen gaan gepaard met vochtverlies. Het kan zijn dat er in één keer een plens vruchtwater naar buiten komt (als een ballon gevuld met water die je lekprikt), maar het kan ook druppelsgewijs. Mocht je niet zeker weten of het vruchtwater is dat je lekt, blaas dan heel hard op je hand zonder lucht vrij te laten komen. Lek je nog meer druppels, dan is de kans groot dat het inderdaad vruchtwater is. Bij twijfel kun je ook een maandverbandje in je onderbroek leggen. Ga met dit maandverbandje naar de verloskundige of gynaecoloog: zij kan met zekerheid zeggen of het vruchtwater is of misschien gewoon wat urine, wat ook niet gek is gezien het feit dat je baby in de laatste weken behoorlijk op je blaas drukt. Een laatste optie zou kunnen zijn dat het afscheiding is. Zeker in de laatste periode van de zwangerschap kan je afscheiding wat wateriger worden en dus verward worden met vruchtwater.
Overigens, mocht je in het vruchtwater groen-bruinige vlokjes zien, dan doe je er goed aan niet te wachten met het bellen naar de verloskundige. Die vlokjes kunnen duiden op het feit dat je baby in het vruchtwater heeft gepoept en dan zul je naar het ziekenhuis doorverwezen worden.

Ook in het geval van gewoon helder vruchtwaterverlies bel je meteen met de verloskundige of gynaecoloog. Want zijn je vliezen gebroken, dan is het zaak binnen 72 uur ingeleid te worden om te bevallen, anders kan er een infectie optreden. En zijn je vliezen gebroken, dan zul je waarschijnlijk de volgende instructies meekrijgen: niet in bad gaan, geen seks hebben en regelmatig temperaturen om er zeker van te zijn dat je geen koorts hebt (wat kan duiden op een infectie). Ook zul je in die 72 uur regelmatig op controle moeten komen.

- Verlies je vruchtwater of heb je het vermoeden dat je vruchtwater verliest?
- Verlies je gekleurd vruchtwater?
- Verlies je vruchtwater terwijl je nog niet voorbij de 37 weken zwangerschap bent?

→ Altijd even met de verloskundige of gynaecoloog contact opnemen.

Ontsluitingsweeën zijn nodig om de baarmoedermond volledig open te krijgen, zodat de weg vrij is voor de baby om eruit te komen. De weg is pas vrij als je tien centimeter ontsluiting hebt. Maar voordat je op dat punt bent, zullen de weeën krachtiger en krachtiger (lees: pijnlijker en pijnlijker) worden. Soms komen de weeën niet lekker op gang of blijft de ontsluiting achter, dan kunnen artsen je een handje helpen door je een weeënopwekkend infuus te geven. Een infuus is niet altijd even prettig, want het kan een weeënstorm veroorzaken, wat betekent: non-stop weeën, dus geen tijd tussendoor om even op adem te komen. Is dat het geval, dan kunnen ze het infuus eventueel wat terugzetten of uitzetten. Overigens kun je ook een weeënstorm krijgen zonder infuus, dus geheel en al door je eigen lichaam op gang gebracht.

Beste Jan,

Misschien vind je het leuk en handig om alvast een app te downloaden op je smartphone, die de weeën – als het zover is – kan bijhouden voor je. Er bestaan meerdere apps, zoals Labor Mate of Contraction Timer. Je kunt ook gewoon op je horloge kijken, hoor.

Weeën: soorten en maten

Over het bestaan van ontsluitingsweeën heb je net gelezen. Goed om te weten is dat deze zijn in te delen in drie soorten. In de meeste gevallen zijn het **buikweeën**, maar je kunt ook **rugweeën** of **beenweeën** krijgen. Buikweeën zijn het beste te omschrijven als heftige menstruatiekrampen,

rug- en beenweeën zijn te herkennen aan een serieus zeurende pijn. Het beste advies dat we je kunnen geven om de ontsluitingsweeën te doorstaan is: let op je ademhaling. Focus je alleen daarop, dan blokkeer je de pijn (een beetje). De verloskundige of gynaecoloog zal je hierin begeleiden. Ontsluitingsweeën gaan op een gegeven moment – als het goed is – over in **persweeën** (de verloskundige of gynaecoloog zal het 'de uitdrijving' noemen). En jij weet zelf wanneer het zover is hoor! **Persdrang** wordt veroorzaakt doordat de baby met het hoofdje op de darmen drukt. Daardoor voelt het alsof je nogal nodig moet poepen. Persweeën worden vaak als prettiger ervaren dan ontsluitingsweeën. Of dat te maken heeft met het feit dat je weer meer tijd hebt om op adem te komen tussen de weeën door, dat het een op één plaats geconcentreerde pijn is, of dat het mentaal is omdat je weet dat 'het einde in zicht is', zal per persoon verschillen. Persweeën zijn niet tegen te houden, het is een oerdrang. Toch zal de verloskundige je vragen af en toe te stoppen met persen. Het is heel belangrijk goed naar haar te luisteren, wil je niet (te ver) uitscheuren.
Overigens, liggend persen – met je benen in je nek en achter de oren – is heel gebruikelijk, maar het is ook zo gek nog niet om gebruik te maken van de zwaartekracht. Dat kan door middel van een baarkruk; zittend persen. Bijna elk ziekenhuis en bijna iedere verloskundige heeft er een, dus mochten ze hem niet aanbieden, dan kun je er wellicht naar vragen.
En misschien heb je geluk en beval je in een (ziekenhuis)-bed dat in allerlei standen te manoeuvreren is, zodat je een beetje geholpen kunt worden door de moderne techniek.

We willen graag nog eens benadrukken dat het mogelijk is om je voordeel te doen met een wee; je kunt echt 'in je weeën duiken' en je baby 'naar buiten denken'. Het is een soort van trance waar je jezelf in kunt brengen door heel geconcentreerd met je **ademhaling** bezig te zijn en je ook echt alleen maar daarop te focussen. Probeer al het andere om je heen buiten te sluiten. Deze trance maakt dat je de pijn als het ware wegpuft, waardoor de ontsluitingsweeën draaglijker worden en de bevalling in haar geheel soepeler zal verlopen. **Probeer in ieder geval niet je te verzetten tegen de pijn en niet bewust bezig te zijn met de pijn**, want dat zal waarschijnlijk het tegenovergestelde effect hebben. Focus je echt alleen op het in- en uitademen.

Hulpmiddelen

Persen gaat niet altijd zonder slag of stoot. Soms kan iemand nog zo'n perstalent hebben, maar zijn er toch hulpmiddelen nodig, bijvoorbeeld omdat de baby in nood is en er snel gehandeld moet worden. Er zijn dan verschillende hulpmogelijkheden. Te beginnen met de **vacuümpomp** (die akelig veel weg heeft van een ontstopper, qua looks

Beste Jan,

Lijkt het erop dat de bevalling gaat beginnen? Zorg er in eerste instantie voor dat je ruim van tevoren alle benodigde telefoonnummers bij de hand hebt (van de verloskundige, het ziekenhuis of familie die ingezet moet worden om op kinderen, hond, kat, cavia of wandelende tak te passen). Zijn de weeën begonnen, dan kun jij ze timen. Je begint te timen bij het begin van een wee en stopt als hij weer weg is. De duur van de wee schrijf je op een papiertje, net als de tijd die tussen de weeën zit. Zo krijg je een mooi overzicht van hoe lang ze duren en hoeveel tijd ertussen zit.
Wanneer dit jullie eerste bevalling is, zou het zomaar kunnen dat jullie denken dat de weeën zijn begonnen en dat het vals alarm blijkt te zijn. Dat kan de besten overkomen. Beter te vroeg, dan te laat. Bij twijfel natuurlijk altijd bellen met de verloskundige of gynaecoloog.
Is er om de vijf minuten een pijnlijke wee die ongeveer een minuut aanhoudt, dan is het tijd om de verloskundige te bellen.
En zoals gezegd: er zijn apps die je hierin kunnen begeleiden – mocht je door de zenuwen even niet meer weten wat te doen. Als je ziet dat je vrouw het echt zwaar heeft, dan neem je de klok gewoon wat minder nauw en bel je sowieso. Dat geldt trouwens ook voor het geval dat de vliezen zijn gebroken en er in het vruchtwater bruin-groenige vlokjes zitten. Dat kan betekenen dat je baby in het vruchtwater gepoept heeft en dan zal de verloskundige je naar het ziekenhuis verwijzen. Je baby moet nu zo snel mogelijk geboren worden, o.a. wegens infectiegevaar. Hoe dan ook, je bent nu bijna papa!

dan, qua formaat is hij gelukkig iets kleiner). Deze wordt gebruikt als je baby niet snel genoeg door het geboortekanaal komt en de baby het daardoor benauwd kan krijgen. Het werkt als volgt: de pomp wordt op het hoofdje van de baby geplaatst, wordt vacuüm gezogen en de baby wordt dan vervolgens voorzichtig uit je getrokken. Van tevoren is niet te voorspellen of jouw bevalling een vacuümpomp vereist. Dus misschien moet je je maar niet té veel verdiepen in dit fenomeen. Veel bevallingen hebben helemaal geen hulpattributen nodig.

Een variant op de vacuümpomp is de **tang**, maar deze wordt minder vaak gebruikt dan de vacuümpomp. Het effect en gebruik zijn nagenoeg gelijk aan die van de pomp.

En dan **inknippen**. Ja, knippen ja. Met een echte schaar, zodat de weg vrijgemaakt wordt voor je baby. Dit doet de arts of verloskundige alleen wanneer dat nodig is. Het goede nieuws: je voelt er weinig van.

Ook zonder inknippen is de kans aanwezig dat je onderkantje er tijdens de bevalling niet zonder (kleer)scheuren van afkomt. Medische naam: een **ruptuur**. Bijna iedere aanstaande moeder gruwelt bij deze gedachte – begrijpelijk – maar in de meeste gevallen zul je er weinig van merken.
Even tussen jou en ons: simpel gezegd is bij een ruptuur de huid en het weefsel tussen je onderkantje en je achterkantje in meer of mindere mate ingescheurd.
Zonder je de stuipen op het lijf te willen jagen, het kan nog iets drastischer: je kringspier kan gedeeltelijk of geheel (totaalruptuur) inscheuren. En dat is op z'n zachtst gezegd niet prettig, maar gelukkig eerder uitzondering dan regel.

Ben je gewoon een beetje ingescheurd, dan word je meteen na de bevalling onder verdoving en ter plekke gehecht, zodat alles weer keurig op z'n plaats zit. In de meeste gevallen zijn het oplosbare hechtingen en hoeven ze daardoor niet na acht of zoveel dagen weer aan je onderkantje te zitten. Is er sprake van een ingescheurde kringspier, dan zul je vrijwel direct operatief gehecht moeten worden.
Je krijgt misschien alleen al bij het idee zweetaanvallen, maar een voorspoedig herstel zit er absoluut in, zodat je weer zonder angst voor lekkages een sprintje naar de bus kunt trekken.

Als laatste nog even iets anders, het móet namelijk gezegd zijn. Bereid je partner ook maar vast voor (of misschien juist liever niet, dat kun je zelf het beste inschatten) op het feit dat die lucht die hij op een bepaald moment tijdens de bevalling eventueel ruikt, niet de gynaecoloog was die er eentje heeft laten vliegen van de spanning. Nee, dat ben jij. Tijdens de

Beste Jan,

Vrienden en familie zullen na de bevalling vragen hoe alles is verlopen. Het is in ieders belang om niet elk detail te benoemen. Laat verhalen over inscheuren, hechtingen of poepen tijdens de bevalling maar aan haarzelf over. Je zult je misschien verbazen over hoe open ze soms is over bepaalde details, maar als puntje bij paaltje komt blijft het 'haar' bevalling en zal ze het gek genoeg niet waarderen als een ander met haar ervaringen te koop loopt. Ook niet als jij dat bent.

persweeën ben je namelijk immens hard aan het persen om de baby eruit te krijgen en in negen van de tien gevallen komt er dan ook echt wat ontlasting mee. Gelukkig gaat de verloskundige of gynaecoloog hier erg discreet mee om en veegt ze het meestal weg voordat je partner iets kan zien. Overigens is niet gezegd dat dit jou zal overkomen, hoor. En wil je dit gênante moment voorkomen, informeer dan van tevoren naar het gebruik van een **klysma**.
Poepen tijdens de bevalling heeft trouwens een functie: het voorkomt dat je de eerste dagen na de bevalling voor '*number two*' naar de wc moet en dát scheelt een hoop(je).

Heb je alles achter de rug, dan zul je op grootse wijze beloond worden. Wat een fantastisch, euforisch gevoel als je je baby voor het eerst hoort, ruikt, voelt en ziet!

Ingeleide bevalling

Soms wordt ervoor gekozen de bevalling niet af te wachten, maar de natuur een handje te helpen en de bevalling kunstmatig op te wekken. De reden hiervoor is in de meeste gevallen van medische aard; in uitzonderlijke gevallen wordt de wens van de ouders ingewilligd. Goed om te weten is dat in Nederland vanaf 41 weken zwangerschap de bevalling opgewekt mag worden zonder dat er een medische reden hoeft te zijn. Dus ben je het wachten zat, wees mondig en trek aan de bel.
Hoe gaat het inleiden in zijn werk? Inleiden gebeurt altijd in een ziekenhuis, meestal op afspraak. Mocht je nog geen ontsluiting hebben – dat wil zeggen dat de baarmoedermond nog niet 'rijp' is – dan zal een arts of verloskundige een gel, veter, ballonnetje of pil bij je inbrengen die een hormoon afscheidt, waardoor de ontsluiting op gang gebracht wordt. Dit betekent overigens niet dat je ook meteen weeën zult krijgen. Schrik niet: dit proces kan even duren, een paar uur tot drie dagen (met een beetje pech zelfs nóg langer), dus neem een goed boek of tijdschriften mee en iets lekkers (ziekenhuizen staan meestal niet bekend om hun lekkere eten).

Is de ontsluiting op gang gekomen en heb je twee centimeter bereikt, dan kunnen de vliezen gebroken worden. Dit kan de weeën opwekken, maar meestal moeten vrouwen toch nog wat extra geduld hebben. Het is mogelijk de ontsluitingsweeën op gang te brengen door een weeënopwekkend infuus. Dit infuus kan helaas voor heftige en pijnlijke weeën zorgen. Mocht de pijn ondraaglijk worden of mocht je te vermoeid zijn om de pijn te kunnen verdragen, dan kan een ruggenprik de oplossing zijn. Als de arts je geen ruggenprik aanbiedt (of een andere vorm van pijnstilling), dan kun je er zoals gezegd zelf om vragen. Het verdere verloop van de bevalling zal niet veel verschillen van een natuurlijk op gang gekomen bevalling, met hetzelfde resultaat: jullie baby!

Keizersnede

Weet je al dat je een keizersnede krijgt, bijvoorbeeld omdat je baby in een stuit ligt of om welke andere medische reden dan ook? Bekijk het van de zonnige kant: je hebt geen schade aan je onderkantje en je krijgt hopelijk voorlopig geen aambeien, je hoeft niet uren weeën weg te puffen en de datum is meestal al bekend.
De minder zonnige kant: het is toch een buikoperatie met een herstelperiode van zes weken, je mag in deze herstelperiode niet te zwaar, of liever gezegd niks tillen, behalve je eigen baby (dus ook geen boodschappen of stofzuiger, gelukkig).

De keizersnede zelf gaat ongeveer als volgt. Je wordt op een bed de operatiekamer in gereden met een groen kapje op je hoofd en een blauw 'jurkje' aan. Eenmaal op de operatietafel wordt er ongeveer ter hoogte van je borst een scherm gemaakt, zodat jij en je partner niet vol mee kunnen genieten. Als je partner dit wel wil, moet hij dat vooral doen. Hij kan zelf het beste inschatten wat hij aankan en wat niet, maar wees gewaarschuwd: wekelijks een doktersserie kijken biedt geen garantie voor het succesvol aanschouwen van deze operatie. De ruggenprik wordt gezet en daarna gaat alles redelijk snel. Er wordt een incisie (ofwel snee) gemaakt van tien tot vijftien centimeter net boven je schaambeen. Dit wordt, als het goed is, later een net littekentje dat niet boven je onderbroek of bikinibroekje uit komt (ligt er natuurlijk aan wat voor broekjes je draagt). Vervolgens tilt de arts je baby uit je buik. Helaas wordt je baby niet op je buik gelegd na de geboorte, maar aan de kinderarts overhandigd. Die neemt de baby in een couveuse mee, omdat de operatiekamer te koud is voor een pasgeboren baby. Hij zal natuurlijk even aan je getoond worden, maar jij ligt op de operatietafel en zult eerst netjes gehecht worden. Daarna word je naar de recovery gebracht, ofwel de uitslaapkamer. Dit is heel erg ongezellig, maar gelukkig is je partner wel de hele tijd bij jullie baby. Meestal mag je na een halfuur of een uur naar de kraamafdeling en worden jij, je partner én jullie baby herenigd.

Vraag of je partner wacht met bezoek te ontvangen totdat jij erbij bent. Zo jammer als je achteraf op de foto moet zien hoe opa en oma hun kleinkind voor het eerst vasthouden!

Veel moeders denken dat ze na het krijgen van een keizersnede de eventuele zwangerschappen hierna ook met een keizersnede zullen moeten bevallen. Gelukkig is dat niet waar: het grootste gedeelte vrouwen bevalt bij de volgende baby op de 'normale' wijze.

Denk eraan, je bent verdoofd geweest. Als dit gaat uitwerken, zal de pijn van de wond voelbaar worden. Gelukkig krijg je **paracetamol** en misschien zelfs een beetje morfine direct na de operatie om de pijn te verlichten. De eerste dagen zul je moeilijker kunnen bewegen en daarom houd je de **blaaskatheter.** Pas als je een beetje rechtop kunt lopen en na het verwijderen van de katheter zelfstandig naar de wc bent geweest (en ook gepoept hebt), mogen jullie samen naar huis.

Mocht je je afvragen waar de naam 'keizersnede' (*sectio caesarea*) vandaan komt, daar bestaan verschillende theorieën over:

- Julius Ceasar zou zo geboren zijn (maar dit zou niet kunnen, omdat zijn moeder destijds niet bij de geboorte is overleden en dat was onmogelijk in die tijd, 100 v. Chr.)
- 'Caesare' betekent 'snijden' in het Latijn. Het lijkt waarschijnlijker dat de term hiervandaan komt.

Soms krijg je na de **keizersnede** een '**schoorsteentje**': er wordt een langwerpig iets in je achterkantje gestopt, waardoor het overtollige gas eruit kan. Mocht het nog niet gelukt zijn, dan kun je hopelijk hierna wél naar de wc.

Wanneer je een keizersnede hebt gehad en graag borstvoeding wilt geven, dan kan het voorkomen dat het even duurt voordat de melkproductie op gang komt. Hopelijk voor jou valt het mee en heb je al snel borsten als ballonnen. Zo niet, dan hebben we tips om de productie op gang te brengen in het hoofdstuk over borstvoeding. Als het echt niet lukt, ook niet na al die tips, bestaan er gelukkig ook nog middeltjes, zoals bijvoorbeeld Domperidon. Overleg voordat je dit neemt altijd eerst met de kraamhulp, de huisarts of het consultatiebureau.

Helaas is het in Nederland zo dat als je een aantal dagen in het ziekenhuis hebt gelegen (niet zonder reden!), deze dagen worden afgetrokken van je kraamzorg. Dus als je acht dagen tegoed had en je hebt vier dagen in het ziekenhuis gelegen, heb je er nu nog maar vier over. Wij raden je dan ook aan om je partner, moeder, zusje of vriendin daarna in te schakelen als dat mogelijk is en om alle hulp die verder aangeboden wordt dankbaar aan te nemen, want je zult het nodig hebben.

De meningen over het herstel zijn verdeeld. Sommige vrouwen vinden de keizersnede heel goed te doen, maar andere geven de voorkeur aan een natuurlijke bevalling, zelfs in het geval van knippen, scheuren en vacuümpomp.

Heb jij vragen die je een medisch specialist niet durft te stellen? Wij BMM'ers vragen gynaecoloog Tycho van Meer het hemd van het lijf! Met regelmaat lichten we een vraag uit op onze Facebook-pagina. Heb jij ook een vraag? Deel hem met ons op Facebook of op Twitter via @BuskruitMuisjes of #BMM!

Beste Jan,

Mocht je het stuk over de keizersnede gelezen hebben, dan denk jij in ieder geval niet meer – zoals veel andere mensen – dat een keizersnede wel meevalt. Toegegeven, haar onderkantje (voor uitleg zie pagina 21) komt er dan wel zonder schade van af; een keizersnede is echter nogal een zware ingreep en je vrouw mag dan ook de eerste zes weken echt niets tillen, behalve jullie baby. Da's nou jammer; boodschappen doen, klusjes in huis: het zal in ieder geval de eerste maand niet op haar neerkomen.

HET IS GELUKT!

Apgartest, nageboorte, je onderkantje

Zodra je baby ter wereld is gekomen, zal meteen in de eerste minuut de **apgarscore** gedaan worden om te kijken of hij goed reageert. De apgarscore is een test waarbij wordt gekeken naar ademhaling, pols, spierspanning, kleur en reactie op prikkels. Je baby kan nul, één of twee punten per onderdeel scoren. De meeste baby's scoren tussen de zeven en de tien punten, dus geen zorgen als je baby niet meteen zijn eerste tien scoort. Hij krijgt een herkansing na vijf minuten en vervolgens weer na tien minuten. Bij een uiteindelijke slechte score kan je baby alsnog kerngezond zijn en een goede score wil niet meteen zeggen dat je baby per definitie gezond is.
Ook zal je baby – als jij borstvoeding wilt geven – vrij snel na de bevalling aan de borst worden gelegd. In de meeste gevallen is hij meteen in staat zelf van de borst te drinken. Het aan de borst leggen heeft behalve voeden nog een extra functie. Als je baby van de borst drinkt, komt er een hormoon vrij, waardoor de baarmoeder samentrekt en de **placenta** loslaat. Want ja, dat is ook nog eens een kleine bevalling op zich: **de nageboorte**. De nageboorte moet binnen een uur plaatsvinden. Duurt deze langer, dan kun je te veel bloed verliezen. De verloskundige kan de bevalling van de nageboorte op verschillende manieren stimuleren: door oxytocine te geven met een prik in het been of een infuus, door de blaas te legen en door op de buik te drukken. Ook jij kunt helpen door nog een paar keer goed te persen. Komt de nageboorte niet op gang, dan zal de placenta onder narcose operatief verwijderd moeten worden.

Nadat je je baby uitgebreid hebt kunnen knuffelen en bewonderen, is het de hoogste tijd je onderkantje, indien nodig, weer op orde te brengen. Zoals gezegd: afhankelijk van de schade zal de arts korte of langere tijd met je bezig zijn om de geleden schade te herstellen. Daar voel je nauwelijks iets van. Afgezien van de verdoving giert de adrenaline door je lichaam, dus schaamte en pijn verdwijnen volledig naar de achtergrond. Gênanter dan de bevalling kan het trouwens toch al niet meer worden.

Zijn ze klaar met je, dan mag je onder een welverdiende douche. Zorg ervoor dat er altijd iemand bij je is als je onder de douche staat. Door het bloedverlies kun je duizelig worden en in combinatie met een warme douche, zou je zomaar kunnen flauwvallen. Maar o, wat voelt het goed om gedoucht in schone kleren te kunnen stappen.

Beste Jan,

Waarschijnlijk schiet na de bevalling even de alom bekende onoriginele grap door je hoofd dat een steekje extra tijdens het hechten best wenselijk is, maar het is voor zowel jou als je vrouw te hopen dat dit niet gebeurt. In tegenstelling tot wat je zult denken, zal het jullie seksleven juist níet ten goede komen. En met een beetje pech moet je vrouw na een paar maanden zelfs terug voor een hersteloperatie om de boel weer wat 'toegankelijker' te maken. Dus slik hem even in mocht ie op het puntje van je tong liggen.

Mochten je schoonouders op de gang staan te trappelen, vraag je partner of arts ze nog even te laten wachten met binnenkomen, totdat jij er weer normaal bij zit.

Nu zal de verloskundige alleen nog kijken of je conditie goed genoeg is om naar huis te vertrekken. Je bloeddruk wordt gemeten, je temperatuur wordt gecheckt, je baby wordt nog een keer aangelegd en bij voorkeur laten ze je met een lege blaas naar huis gaan. Nog een laatste blik op je onderkantje en dan… mogen jullie naar huis.
Als dit je tweede, derde of zoveelste baby is, zul je ernaar uitkijken om lekker naar huis te gaan. Maar bij je eerste baby zul je je misschien afvragen of jullie het samen wel gaan redden zo'n eerste dag of nacht. In principe werkt het als volgt. Ben je bevallen en mag je in de loop van de middag het ziekenhuis verlaten, dan is de kans groot dat er diezelfde dag nog een kraamhulp komt om jullie te helpen met jullie baby, wat een geruststellende gedachte is. Maar als je in het ziekenhuis bevalt en pas later in de middag uit het ziekenhuis ontslagen wordt, is de kans groot dat er die dag geen kraamhulp meer komt. Alleen thuis zijn met je pasgeboren baby kan jullie best onzeker maken, ook al zal de verpleegkundige of gynaecoloog in het ziekenhuis je niet naar huis sturen als hij of zij er niet zeker van is dat zowel moeder als kind in blakende gezondheid verkeren. Check dus even bij de kraamzorg wat hun regels zijn en tot welk tijdstip er kraamhulp komt. Valt dat tegen, probeer de verpleegkundige er dan vooral van te overtuigen dat het echt beter is als jullie nog een nachtje blijven. De situatie een beetje aandikken kan natuurlijk altijd. Bij een eerste baby willen ze nog weleens overstag gaan.

Stamcellen bewaren

Wist je dat je tegenwoordig de stamcellen van je baby kunt (laten) bewaren? Mocht je je afvragen waarom iemand dat in vredesnaam zou willen doen: stamcellen zijn de bouwstenen van je baby. In de placenta en in de navelstreng zitten nog ongebruikte stamcellen, die je hopelijk nooit nodig zult hebben. Maar stel dat je baby ooit een ernstige aandoening krijgt of een donortransplantatie moet ondergaan, dan kunnen de stamcellen gebruikt worden om de 'slechte' bloedcellen te vervangen, bijvoorbeeld als hij behandeld moet worden voor leukemie.
Uit navraag is gebleken dat het nut van stamcellen bewaren nog niet is aangetoond en ook niet elk ziekenhuis is met dit fenomeen (al) bekend. Mocht je hier interesse in hebben, vraag dit dan ruim voor de bevalling na bij je verloskundige of gynaecoloog of kijk op www.stamcelbanknederland.nl.

En mocht je toch – ondanks alles – naar huis gestuurd worden zonder dat er een kraamhulp beschikbaar is, geloof ons, dan redden jullie het ook. Denk maar zo: als je baby zich met over elkaar gevouwen hersenpan uit het geboortekanaal heeft weten te bevrijden, dan zal hij die paar uur zonder kraamhulp, maar mét liefdevolle zorg van zijn kersverse ouders ook wel overleven.

To do na de bevalling:

- √ Bel de kraamzorg om te melden dat de baby er is
- √ Bel de verzekering om te melden dat de baby er is
- √ Bel de drukker om de geboorte – de datum en de definitieve naam – door te geven
- √ Zorg dat jij of je partner binnen drie werkdagen aangifte van de geboorte doet bij het gemeentehuis

Beste Jan,

Weleens gehoord van baargoud?
Baargoud is een cadeautje voor je vrouw als dank voor het feit dat ze negen maanden lang jullie baby heeft gedragen. Je kunt het ook zien als een duwtje in de goede richting om de zwangerschapshormonen niet meer als excuus te gebruiken voor een slecht humeur. Hoe dan ook, je kunt het letterlijk nemen – daar wordt iedere vrouw natuurlijk blij van – maar uiteindelijk gaat het natuurlijk gewoon om het gebaar.

Ik had mij zeer verheugd op de bevalling. Niet zozeer op het fysieke, maar meer op het feit dat ik zeker wist dat ik iemand zou gaan ontmoeten die belangrijker zou worden dan wie dan ook. Het gaat verder dan vriendschap, liefde en verwantschap en je weet dat die persoon er op die dag ineens is... Dat is zo'n gek idee. Ook sprak ik er met vrienden over – aanstaande vaders. Wat nou als je niks voelt bij de geboorte? Angst. Maar ik voelde veel, heel veel. De ontmoeting emotioneerde mij zeer. Onze eerste en mooiste dochter ooit: Bobbie. Eerst werd ze bij mijn vriendin gelegd, daarna kreeg ik haar in de armen, omdat de artsen mijn vriendin onderzochten na een heel lange bevalling. Een heftige ervaring zo'n bevalling, die we bijna vergeten zijn, omdat deze in het niet viel bij de komst van Bobbie. Ik lag met haar in mijn armen, omschreef het huis waar ze zou komen te wonen, legde uit wie mijn vrienden waren, van welke muziek papa houdt, alles. En ik ben nog lang niet klaar, maar verheug me erg op het moment dat ze mij iets gaat vertellen.

Frank Evenblij

Beste Jan,

En dan is daar het moment dat je je baby gaat aangeven bij de burgerlijke stand! Heel belangrijk, want dit is het juridisch bewijs dat hij echt bestaat. Zou jammer zijn als je hiermee te laat bent, omdat je dan kans hebt dat je een boete krijgt en daar had je dan beter zijn eerste voetbalshirt van kunnen kopen, toch?

Hoe werkt het ?

- Je moet je baby binnen drie werkdagen na de geboorte aangegeven hebben (geboortedag telt niet mee).
- In principe moet jij – de vader – de baby aangeven. Ben je zelf niet bij de geboorte aanwezig geweest, dan moet iemand anders die wel aanwezig is geweest bij de geboorte de aangifte doen.
- En dat doe je in het gemeentehuis in de plaats waar je baby geboren is. Dat is dus niet per definitie jullie woonplaats. Stel: je baby is in het ziekenhuis in een nabijgelegen dorp of stad geboren, dan zul je je baby ook daar moeten aangeven. Is je baby in het buitenland geboren, dan zul je daar bij de lokale autoriteit aangifte moeten doen. In sommige gemeenten hoef je niet per se zelf naar het gemeentehuis, maar kun je al digitaal aangifte van de geboorte doen. Check even bij de betreffende gemeente of dit mogelijk is.
- Neem voor alle zekerheid de namen en de spelling van de namen nog even door met je vrouw om te voorkomen dat in het paspoort van jullie kind iets anders komt te staan. Je zult niet de eerste zijn die zich vergist. Het zijn emotionele tijden zullen we maar zeggen. Neem je eigen paspoort en dat van je vrouw mee, want ze willen het volgende weten:
  - voornaam/voornamen en achternaam van je baby
  - het geslacht
  - de geboorteplaats
  - de geboortedag en het geboortetijdstip van je baby
  - voornaam en achternaam van de ouders
  - de plaats en dag van de geboorte van de ouders

NA DE BEVALLING

DE KRAAMTIJD

Kraamzorg

Lang leve de kraamzorg! Zeker in die eerste paar onzekere dagen na de bevalling is het zo fijn om iemand in de buurt te hebben die alles weet over pasgeboren baby's. De kraamhulp is er voor jou en je baby: zij zorgt ervoor dat jullie samen een goede start maken. Ze helpt je bij het borst- of flesvoeding geven, weet precies hoe vaak en hoe lang je borstvoeding moet geven en hoeveel een baby nodig heeft. Ze houdt de plas- en poepluiers in de gaten en ook het **gewicht** van je baby. Daarnaast zorgt ze ervoor dat jij zelf genoeg rust neemt en dat je de juiste dingen eet en drinkt. Ze houdt het gehele onderstel in de gaten, in overleg maakt ze schoon, doet ze de was, boodschappen of ze zorgt voor de eventuele andere kindjes. En met een beetje geluk kookt ze zelfs voor je gezin. Laten we hopen dat ze dat een beetje kan!

Elke dag zul je nieuwe dingen leren en aan het einde van de dag zal ze alles nog eens met je doornemen, zodat je met een gerust hart de nacht in gaat.

Kraamhulpen zijn opgeleide **vakmensen**, maar ze zijn natuurlijk niet allemaal identiek. Er bestaan ervaren kraamhulpen, wat luiere kraamhulpen, strenge kraamhulpen, kraamhulpen die superbehulpzaam zijn en je zelfs helpen bij het klaarmaken van de geboortekaartjes, en kraamhulpen van wie je vermoedt dat ze eigenlijk op zoek zijn naar een nieuwe beste vriendin.

Wat vervelend kan zijn – en helaas veel voorkomt – is dat je drie verschillende kraamhulpen binnen acht dagen tijd over de vloer krijgt. Ze hebben allemaal verschillende werkwijzen en ook moet je ze allemaal weer opnieuw wegwijs maken in je huis. Kom voor jezelf op als je je hieraan stoort.

We kunnen eindeloos vertellen over onze eigen kraamhulp-ervaringen, maar uiteindelijk moet je het zelf ervaren met je eigen kraamhulp. Het beste advies dat we je kunnen geven, is: ben je het ergens niet mee eens of heb je moeite met een bepaalde gang van zaken, spreek het dan uit. De kraamhulp zal per slot van rekening toch minstens vijf uur per dag om je heen zijn in een van de meest indrukwekkende periodes van je leven, dus het is belangrijk dat je je prettig voelt bij haar.

Maak een **lijstje** met wat je graag zou willen dat de kraamhulp doet, zodat je het maximale eruit haalt. Een bijkomend voordeel is dat de kraamhulp het zelf ook fijn vindt een lijstje bij de hand te hebben. En wanneer er verschillende kraamhulpen komen, kunnen ze zien wat de vorige al heeft afgevinkt.

De best bitchy kraamhulp!

Ik vraag me weleens af: hoe bedenken mensen het om met het hele gezin op kraambezoek te gaan, dan twee uur te blijven hangen en vervolgens te vragen of je ook iets te eten hebt voor hun kinderen? 'Nou nee, misschien even pizza bestellen?' (of: 'Ga gewoon weg'). Na strompelend beneden te zijn gekomen – dag twee na de bevalling – krijg je deze vraag. Mijn laptop ligt boven om het nummer van de pizzeria op te zoeken. 'Of ik die dan even kan pakken'.
Lang leve de strenge kraamhulp die het kraambezoek na twintig minuten weer buiten zet! Denk aan je rust en doe niet eigenwijs. Blijf echt één week in bed liggen en doe je oefeningen, anders betaal je later de rekening.

Danielle Oerlemans

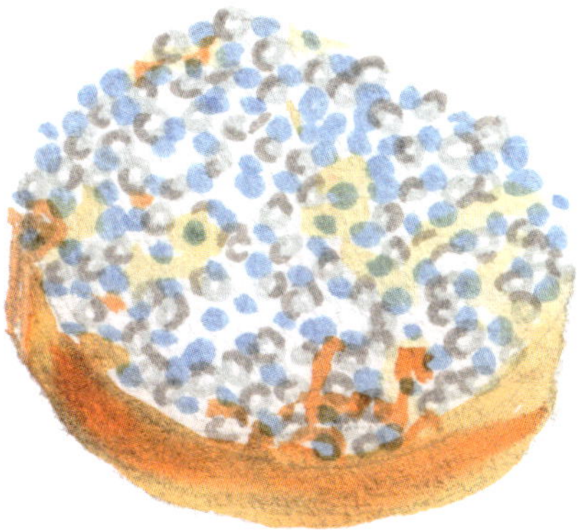

Je baby's eerste week

Zoals gezegd: de kraamhulp is er voor jou én voor je baby. Ze zal in het begin vooral kijken naar het gewicht, het aantal poep- en plasluiers, huilen, slaapgedrag, alertheid, de huidskleur, het navelstompje en de temperatuur. Dit alles houdt ze bij in een kraamboekje. Je zou kunnen overwegen om zelf een boekje te kopen of te maken waar je samen met haar alles in bijhoudt. Het is leuk en handig om na te lezen als je zwanger bent van je tweede baby en meestal zijn de bestaande kraamboekjes niet zo mooi.

Samengevat kijkt de kraamhulp naar het wel en wee van je baby en houdt zij dus ook de kleur in de gaten. Wanneer je baby tussen dag twee en dag vijf een beetje geel ziet – zijn huid en oogwit – is dat niet direct verontrustend. Wordt hij binnen de eerste 24 uur al geel of vindt zij of jijzelf dat de gele kleur wel heel sterk wordt, en gaat het gepaard met slaperigheid, slapjes zijn, minder goed drinken en minder poepluiers of juist onrustig zijn of heel hard en op hoge toon huilen, dan kan het zijn dat je baby last heeft van **geelzucht**. In dat geval zal de kraamhulp, of jijzelf, aandringen op een hielprik voor **bloedonderzoek.**

Over hielprikken gesproken: meestal komt er in de eerste week iemand langs om de **hielprik** bij je baby te doen. Bij de hielprik wordt er bloed afgenomen en dit wordt onderzocht op zeldzame aandoeningen. Mocht je baby een van deze aandoeningen hebben, dan word je hiervan binnen vier weken op de hoogte gebracht via de huisarts. Sommige baby's zetten een gigantische keel op tijdens het prikje, andere slapen zelfs gewoon door. Als je het hieltje van tevoren goed **warm wrijft** en dus de doorbloeding een beetje helpt, zal het prikje minder pijnlijk zijn. Mocht je na een week nog geen bezoek hebben gekregen hiervoor, dan raden wij je aan zelf even contact op te nemen met het RIVM (www.rivm.nl).

Binnen acht dagen na de geboorte komt een medewerker van het consultatiebureau bij jullie langs en wordt er een afspraak gemaakt om de **gehoortest** af te nemen bij je baby. Dit gebeurt bij jullie thuis of op het consultatiebureau. Er wordt gekeken of je baby goed genoeg hoort. Als de test mislukt, zegt dat nog niets. Sommige baby's moeten wel twee of drie keer terugkomen voor een herkansing. Je moet niet raar staan te kijken wanneer je baby na de geboorte opgezette tepeltjes heeft en er zelfs een beetje melk uit komt. Dit heet **heksenmelk** – vraag ons niet waarom – en is heel normaal, zowel bij meisjes als bij jongetjes. Een pasgeboren meisje kan zelfs een kleine **nepmenstruatie** hebben, dit gaat vanzelf weer over.

Het **navelstompje** is het gedeelte dat achterblijft na het doorknippen van de navelstreng. Dit wordt met een klemmetje afgekneld. In het begin kan het nog een klein beetje bloeden en ziet het er blauwpaars of rood uit. Daarna gaat het verschrompelen. Ja, dat ziet er net zo naar uit als het klinkt. Het 'riekt' zelfs een beetje. Je kunt er het beste zo min mogelijk aan zitten. Het is niet de bedoeling dat de huid eromheen rood wordt, dit kan namelijk duiden op een ontsteking. Vaak laat het stompje binnen acht dagen vanzelf los en kun je het weggooien of bewaren. Sommige kraamhulpen zweren bij **Wecesin-strooipoeder**, navel-

IT'S a BOY
IT'S a GIRL
BOY
GIRL

poeder van het merk Weleda. Dit poeder is verzorgend voor het naveltje en zorgt ervoor dat het naveltje sneller indroogt. Met één zo'n potje kun je de naveltjes van ongeveer een hele kraamafdeling verzorgen, zo weinig heb je maar nodig.

Kraamkwalen en kraamongemakken

De zwangerschap is achter de rug, de bevalling is voorbij, de kraamtijd is begonnen en hopelijk bevind je je op een **roze wolk**. Althans, dat zou mooi zijn, maar het is niet altijd zo vanzelfsprekend. Niet iedere kraamvrouw zit op een roze wolk en ook jij vraagt je misschien weleens af of dit nou zo geweldig is. Dit betekent echt niet meteen dat je niet van je baby houdt of dat je een depressie onder de leden hebt. Je bent nog steeds zwaar hormonaal en je leven is nogal op z'n kop gezet, dus daar kunnen dit soort gevoelens bij horen. Je hoeft je er niet voor te schamen!
De zwangerschap en de bevalling mogen dan tot het verleden behoren, **de kwaaltjes** helaas nog niet. Na de bevalling gaat er ook wat dat betreft opnieuw een wereld voor je open. Wij zouden ook liever de schone schijn willen ophouden en onze kraamkwalen niet met de wereld delen, maar ja, hoe kom jij er dan achter dat het normaal is dat je liters zweet, nauwelijks naar de wc durft vanwege 'iets' daaronder en ongewild en onbedoeld gas laat lopen? Dus hier wat informatie over wat je te wachten staat en belangrijker nog: hoe kun je ermee omgaan?

Naweeën, zweten en een puddingbuik

Dacht je met de bevalling ook de weeën achter je te hebben gelaten? We moeten je teleurstellen. Je baarmoeder krimpt na de bevalling in een aantal weken tijd weer terug naar de oorspronkelijke grootte. Het krimpen kan behoorlijke **naweeën** geven. Vooral bij een snelle bevalling kun je heftige naweeën krijgen. Het zal met name tijdens het aanleggen van je baby aan de borst opspelen en ook zul je bij elke volgende bevalling er telkens meer last van krijgen. Het enige wat helpt, is af en toe een paracetamolletje tegen de pijn. En wanneer je je houdt aan de juiste dosering, is dit in het geval van borstvoeding niet schadelijk voor de baby.

Bijna iedere vrouw houdt vroeg of laat tijdens haar zwangerschap **vocht** vast. Veel vrouwen zweten daarom de eerste dagen en nachten na de bevalling enorm. Het zweten is niet tegen te houden, maar we kunnen je wel wat tips geven voor hoe je het ongemak kunt beperken. Ten eerste, leg een **extra onderlaken** of een goede **molton** op je bed (het liefst een zonder plastic); zo blijft in ieder geval je matras gespaard. Je kunt ook de plastic matjes uit het kraampakket onder het onderlaken doen om zo veel mogelijk vocht op te vangen. Helaas maken die matjes wel veel geluid als je je omdraait en het plastic van deze matjes ventileert niet, dus maken ze de boel zo mogelijk nog plakkeriger. Het matras blijft gelukkig wel schoon en droog. Voldoende **katoenen shirtjes of pyjamatopjes** zijn ook een must; drie keer per dag van hemdje wisselen is heel gewoon die eerste dagen.

En dan die **buik**. Helaas is die verre van verdwenen. Hij voelt en beweegt als pudding. Je zult niet de eerste zijn die in deze fase opnieuw wordt gefeliciteerd met haar zwangerschap. Hier wat tips om je buik weer zo snel mogelijk *in shape* te krijgen:

- Draag vanaf het allereerste moment na de bevalling (een keizersnede of natuurlijke bevalling, dat maakt niet uit) dag én nacht een superstrak **buikcorrectietruitje, het ouderwetse sluitlaken** of een **buikband**. De strakke correctiehemdjes zijn verkrijgbaar bij o.a. HEMA, Wolford of online en je hebt ze in de kleuren zwart, wit, bruin en huidskleur. Het sluitlaken is te koop bij een thuiszorgwinkel. Een alternatief voor het sluitlaken is de Belly Bandit (ook online te koop), een band die je strak om je buik bindt. Het idee achter de correctietruitjes en de band is de rechte buikspieren, die tijdens de zwangerschap van elkaar wijken, weer snel bij elkaar terug te laten komen. Daarbij is het sowieso een prettig gevoel om je buik wat ondersteuning te geven (zowel lichamelijk als mentaal).

Natuurlijk is zo'n truitje of band geen wondermiddel, maar alle kleine beetjes helpen.

- Drink **vrouwenmantelthee**. Dit helpt bij de vochtafdrijving en zorgt voor een sneller samentrekkende baarmoeder, waardoor deze makkelijker zakt. Wanneer je baarmoeder zakt, is er ook weer meer ruimte voor de darmen om op hun normale plek terecht te komen. Vrouwenmantelthee kun je het beste in gedroogde-blaadjesvorm kopen, bij de reformzaak of natuurwinkel.
- Mocht je voornemens zijn om fanatiek je **buikspieren** te gaan trainen, doe dit dan ten minste zes weken na de bevalling. Voor die tijd kan trainen zonder professioneel advies schade aanrichten, en leiden tot bijvoorbeeld een navelbreuk.

Je onderkant

Je onderkant(je) is weer een onderwerp op zich. Ze heeft het bij een natuurlijke bevalling zwaar te verduren gehad. En dat is haar niet alleen aan te zien, qua gevoel kun je er ook niet omheen.

Ten eerste is daar die enorme **zwelling,** als gevolg van het persen, het oprekken, eventuele scheurtjes en de hechtingen. Om de zwelling te laten slinken, kun je het volgende doen:

- Vul een **boterhamzakje met appelstroop** en leg dit in de **diepvries**. Appelstroop bevriest niet, blijft dus lekker zacht en het zakje is flexibel; ideaal om in je onderbroek te leggen en de zwelling te helpen slinken. Een wat hardere variant hierop is een zak **diepvrieserwten** of een in water gedoopt **bevroren maandverband**. Wat betreft het laatste: doe er wel een plastic zakje omheen voordat je het in je onderbroek doet, in verband met de hygiëne. Alle drie zijn overigens ook te gebruiken in de strijd tegen aambeien.
- Moet je na een bevalling plassen, dan kan dat een branderig gevoel geven. Het helpt om tijdens het plassen met een kan of een fles wat lauwwarm water over je onderkantje mee te laten stromen. Wanneer je geplast hebt, is het aan te raden na te spoelen met **kamillethee** of **lauw water.** Dit helpt ontstekingen te voorkomen en is een stuk hygiënischer dan wc-papier, wat sowieso afgeraden wordt te gebruiken in dit stadium.
- Een tip van een heel andere orde voor die eerste paar keer dat je naar de wc moet: door bloedverlies kun je snel duizelig worden en soms zelfs **flauwvallen**. Doe daarom nooit de wc-deur op slot.
- Zorg ervoor dat je zo veel mogelijk op een **harde ondergrond** gaat zitten – bijvoorbeeld op een houten krukje – of leg desnoods een broodplank op je favoriete stoel. Een harde ondergrond geeft tegendruk aan de zwelling en voorkomt het doorbuigen van eventuele hechtingen.

Ten tweede is er **de wond** zelf. Ook die moet met zorg behandeld worden.

- **Spoel** de wond elke dag zachtjes **met de douchekop** schoon.
- Als je gaat zitten, doe dit dan niet voorzichtig schuivend, maar ga meteen **gericht zitten**. Dit voorkomt uitscheuren van de wond of irritaties rond de hechtingen.
- Mocht je onderkantje niet optimaal genezen of tegen een ontsteking aan zitten, dan kun je korte tijd in bad zitten met laag, circa vijftien centimeter, water gemengd met **sodazout of groene Biotex** (of zoveel water dat je onderkantje net ondergedompeld is). Je kunt hierbij de normale badtemperatuur aanhouden. Heb je geen bad, dan is een teiltje of babybadje ook goed, als je je billen maar kunt onderdompelen. Let wel op: echt badderen mag niet, omdat je dan – vanwege de open wond – weer meer kans hebt op (inwendige) ontstekingen. Sodazout en Biotex ontsmetten, daarom is het op deze manier wel even toegestaan. Het is verstandig altijd eerst te overleggen met de kraamhulp voordat je in een soda- of Biotex-badje stapt.
- Tot slot (en deze tip is bedoeld voor als je zeker weet dat je alleen thuis bent en je niet elk moment het voetbalteam van je partner kunt verwachten): ga af en toe naakt met je benen wijd en de ramen open op bed liggen. **Zuurstof** heelt. Zorg er daarbij wel voor dat je borsten bedekt zijn, want als die op de tocht liggen, kun je een borstontsteking krijgen. Leg ter bescherming even een handdoek of plastic matje uit het kraampakket op je matras om eventuele lekkages op te vangen.

Bloedverlies

Schrik niet wanneer je in die eerste paar dagen, of na een aantal dagen in bed liggen, na het overeind komen een of meerdere **bloedstolsels** (onder de douche) verliest. Stolsels die overigens een behoorlijke afmeting kunnen aannemen. Niets aan de hand. Dat wil zeggen: zolang je maar niet in straaltjes blijft doorbloeden; druppelsgewijs bloed verliezen is wel normaal en dit kan zelfs zes weken aanhouden. Na een paar dagen moeten de stolsels verdwijnen en zal het bloeden minder worden. Mocht dat niet het geval zijn, probeer de stolsels dan op te vangen of te bewaren. Zeer onsmakelijk, maar laat ze aan de kraamhulp zien: het zou kunnen duiden op baarmoedercomplicaties.

- Blijven de bloedstolsels komen, ook na een paar dagen na de bevalling?
- Heb je koorts?
- Heb je buikpijn?
- Neemt het bloedverlies toe?

➔ Dan is het verstandig contact op te nemen met de huisarts of verloskundige.

Zorg ervoor dat je goed **afsluitbare zakken of geurende luierzakjes** in de prullenbak in de badkamer en wc hebt. Laat deze elke dag vervangen, zodat je partner en het kraambezoek niet hoeven mee te genieten van de maandverbanden met inhoud.

Goede hygiëne is erg belangrijk om ontstekingen te voorkomen. Zorg ervoor dat je wc elke dag met chloor schoongemaakt wordt: dat is een van de belangrijkste taken van een kraamhulp. Mocht je meerdere wc's hebben, laat het bezoek dan van de ene wc gebruikmaken en jij van de andere. Ga zolang je nog bloed verliest niet badderen of zwemmen en gebruik geen tampons zes tot acht weken na de bevalling. Alleen maandverband is goed en om precies te zijn de **Kotex Night-time-maandverband** in de zwarte verpakking. Dit maandverband bestaat uit katoen en omdat er geen plastic in verwerkt is, is het veel minder broeierig dan andere maandverbanden.

Beste Jan,
Dat lesje maandverband zullen we je besparen. Je vrouw of jullie kraamhulp gaat je na de geboorte waarschijnlijk naar de apotheek of drogist sturen voor een pak Kotex. Schrik niet van alle soorten en maten. Onthoud wat ons betreft één ding: de kleine, dunne pakjes kun je laten staan; hoe groter de verpakking en hoe zachter de inhoud, hoe groter de kans op een succesvolle aankoop.

De eerste grote boodschap

De eerste keer naar de wc is net als naar de sportschool gaan: je ziet ertegen op, maar uiteindelijk zal het meevallen. Over het algemeen geldt: hoe langer je wacht, hoe groter de kans dat het pijnlijk wordt, dus stel het niet te lang uit. Als het zover is, neem er dan in ieder geval de tijd voor en probeer zo min mogelijk kracht te zetten. Het beste kun je een vochtig washandje gebruiken om af te vegen. Geen vochtig wc-papier, want dat is chemisch en geparfumeerd en dat kan alleen maar kwaad. Mochten er al een paar dagen voorbij zijn gegaan zonder dat de stoelgang op gang is gekomen, dan zijn er een paar producten die je kunnen helpen: afgezien van de eerder omschreven voedingstips tegen obstipatie, zou je ook **sennepeulenthee** (verkrijgbaar bij de reformzaak) of **Roosvicee Laxo** kunnen drinken, **Activia-yoghurtjes** met pruimensmaak kunnen eten of beter nog: een uurtje in water **gewelde échte pruimen.**

Geef je borstvoeding, bedenk dan wel dat alles wat jij eet, via de moedermelk gedeeltelijk bij je baby terechtkomt. De kans is groot dat het ook op zijn darmen zal doorwerken en dat is niet bevorderlijk voor de rust. Via de huisarts kun je ook **Movicolon** of een ander laxeermiddel voorgeschreven krijgen; dit helpt de stoelgang en kan geen kwaad tijdens de borstvoeding. Eet in ieder geval geen stoppende producten zoals witbrood, witte rijst, bananen en toastjes.

Ben je na de bevalling echt heel bang om naar de wc te gaan? Vraag de verloskundige of gynaecoloog om een klysma. Door een klysma in te brengen, is deze tweede bevalling een stuk aangenamer.

Trosje aambeien

Nog een reden om niet naar de wc-bezoekjes uit te kijken: aambeien. Zijn ze niet al tijdens de zwangerschap ontstaan, dan kan het voorkomen dat je niet alleen bevalt van een baby, maar er tijdens het persen zomaar een trosje aambeien als bonus bij krijgt. Voor aambeien gelden dezelfde regels als omschreven voor obstipatie: stel wc-bezoek niet uit, neem de tijd, zet geen of weinig kracht, let op je voeding en drink veel water. Als je echt té veel pijn hebt, vraag dan de huisarts om **lidocaïnezalf** voor te schrijven. Die zalf verdooft de aambeien een beetje en is soms noodzakelijk om naar de wc te kunnen of zelfs om te kunnen zitten. Als je erg last hebt van aambeien, is zo veel mogelijk platliggen het beste. En zoals eerder besproken: het **zakje appelstroop of diepvrieserwten of het diepgevroren maandverband** helpen ook in geval van aambeien. Zorg er dus voor dat er die eerste week standaard een stuk of zes in de vriezer liggen. Ook een goede aambeienzalf is **Curanol**; die zorgt er ook voor dat de aambeien slinken. Een ander middel is **Hemoclin**: zie www.hemoclin.nl voor ongemakken aan je achterkantje.

Mochten aambeienzalfjes en andere tips niet werken, dan is daar nog het zogenaamde '**knolletje**'. Het gaat om de wortel van een helmkruidplantje, te koop bij de reformzaak, die je in een linnen zakje moet naaien. Dit zakje moet je vervolgens op je lichaam dragen. Een handige plek is in je beha, of je kunt een knolletje aan een touwtje vastmaken en om je nek hangen.

Aanraders bij obstipatie en aambeien

- √ Start de dag met een glas lauw water of koffie
- √ Drink gedurende de dag water, water en nog eens water, sennepeulenthee of Roosvicee Laxo
- √ Eet vezelrijk voedsel, zoals bijvoorbeeld fruit, muesli, volkorenproducten, ontbijtkoek, en vul dit aan met lijnzaad
- √ Eet producten als vijgen, gewelde pruimen of rozijnen
- √ Blijf in beweging
- √ Regels voor wc-bezoek: neem de tijd, pers niet en gebruik een vochtig washandje om af te vegen
- √ Gebruik een 'knolletje'

Afraders bij obstipatie en aambeien

- √ Witbrood, droge toastjes, bananen en rijst
- √ Venkelthee
- √ Wachten met naar de wc gaan
- √ Persen bij wc-bezoek
- √ Te weinig water drinken
- √ IJzerpillen
- √ Weinig bewegen

IJzer

Heb je veel bloed verloren tijdens en na de bevalling en voel je je af en toe een beetje duizelig? Dat kan duiden op ijzertekort. Boterhammen met **appelstroop**, **rood vlees zoals rookvlees en biefstuk** – ja, het mag weer! – zijn voedingsmiddelen die ijzer bevatten, net als **spinazie** en **andijvie**. En ijzer heb je nodig om aan te sterken. Je kunt ook **Floradix** kopen, een natuurlijk ijzersupplement waar je van opknapt. Denk er wel aan dat je van ijzerrijke voeding juist weer last van obstipatie kunt krijgen.

Darmen en stuitje

Met het krimpen van de baarmoeder zullen ook de darmen weer hun oude plaats opzoeken, wat darmgerommel met zich meebrengt. Door de bevalling zijn bovendien de spieren en de zenuwen rondom je annie* opgerekt, wat **winderigheid** kan veroorzaken. En juist omdat alles nogal opgerekt is ‘daaronder’, zul je het soms niet eens in de gaten hebben als er eentje ontsnapt. Hopelijk je omgeving ook niet.

Probeer rustig te eten, vermijd **koolsoorten, bonen** en **kauwgum**, drink geen **koolzuurhoudende dranken**, drink gecontroleerd met kleine slokjes – dus niet een glas in één keer achteroverslaan met happen lucht erbij – en eet **niet te vet**. Mocht dit alles niet baten, dan hebben ze bij de apotheek ook middeltjes tegen dit gênante kwaaltje. Geef daarbij aan of je borstvoeding geeft; sommige medicijnen gaan daar namelijk niet mee samen.

Nog één ding: door het harde persen tijdens de bevalling, of door gebruik van een vacuümpomp, kan het gebeuren dat je je **stuitje kneust of dat het verschuift**. Dit is behoorlijk pijnlijk. Je kunt wachten tot het vanzelf overgaat, maar omdat niet precies te zeggen is hoeveel tijd zoiets nodig heeft, kun je ook zelf stappen ondernemen. Ga naar de huisarts of schakel een **osteopaat** in, die het verschoven stuitje weer recht zou kunnen zetten.

Kraamtranen

Zo rond de vierde dag na de bevalling begin je spontaan te grienen en je hebt geen idee waarom. Je hormoonpeil zakt als een baksteen naar beneden, de stuwing komt op gang en de kloven zijn in je tepels gesprongen. Soms huil je van geluk, soms van verdriet, soms omdat je je ineens realiseert wat voor een zware verantwoordelijkheid er nu op je rust, en soms omdat je partner zijn sokken naast de wasmand heeft gegooid of omdat je tandpasta bijna op is. Wees gerust: het zijn de hormonen. Verzet je er niet tegen en laat de tranen lekker stromen; het gaat vanzelf weer over. Laat je ook goed verwennen en misschien moet je het kraambezoek dat voor vandaag gepland stond maar even (laten) afbellen. En als je je vervelend en verdrietig blijft voelen, praat er dan over met de kraamhulp.

Moet jij helemaal niet huilen? Ook helemaal niet raar. Er zijn genoeg vrouwen die net als jij ook geen traantje hebben gelaten; dat wil niet zeggen dat er iets mis is met je.

** annie = anus*

Beste Jan,

Barst je vrouw regelmatig in huilen uit? Heb jij het gevoel dat er weinig aan de hand is? Dat kan kloppen. En de kans is inderdaad groot dat er ook daadwerkelijk niets aan de hand is. Dit noemen ze kraamtranen. Laat het maar gebeuren, over het algemeen duurt het maar een dag, hooguit twee. Heb je het idee dat de huilbuien chronische vormen aan beginnen te nemen, praat er dan over met je vrouw en overleg met de kraamhulp of huisarts om samen een oplossing te zoeken.

Kraambezoek

Wanneer je een beetje bent bijgekomen van de bevalling, zit je waarschijnlijk boordevol **energie**. Je bent in de wolken en iedereen is welkom. Natuurlijk ben je heel erg blij, maar de eerste paar dagen giert de adrenaline door je lichaam, om over de hormonen niet te spreken. Als je nu te veel hooi op je vork neemt, betaal je later de rekening. Neem jezelf dus in bescherming, luister goed naar de kraamhulp en neem **rust** nu zij er nog is.

Dit gezegd hebbende, begrijpen wij natuurlijk ook wel dat je toch niet kunt wachten met het showen van je baby, dus het kraambezoek kan beginnen! We hebben het eerder al even over de mogelijkheid van een **kraamborrel** gehad: een goede manier om het de eerste weken qua bezoek heel rustig aan te doen en op het moment dat je je sterker voelt, al je vrienden en familie in één keer tegelijk uit te nodigen. Gaat je voorkeur toch uit naar **dagelijkse kraambezoeken**, voel je dan niet bezwaard het bezoek na een halfuurtje weer weg te sturen, zeker de eerste weken. Jij en je baby moeten namelijk nog bijkomen van de door jullie geleverde topprestatie. Het is natuurlijk helemaal aan jou; het is alleen moeilijk om je verstand te volgen waar emotie, adrenaline en hormonen zo overheersen. Als je het zelf moeilijk vindt om nee te zeggen, vraag dan aan je partner of kraamhulp het bezoek te regelen; niet te veel op een dag en zeker niet met allemaal kleine kinderen erbij. Dit klinkt behoorlijk ongezellig, maar meestal kom je er pas achter dat het allemaal toch wat te veel is geweest als het te laat is; de borstvoeding loopt niet (meer) zo goed en/of je baby huilt meer, slaapt te veel of juist te weinig, waardoor een lekker rustig schema voor jullie tweeën weer wat langer op zich laat wachten.

Wat je ook doet, zorg er in ieder geval voor dat je meer dan voldoende **beschuit, muisjes, boter, koffie** en **thee** in huis hebt. Je zult het nodig hebben. Een leuke bijkomstigheid: de anijs van de muisjes is bevorderlijk voor de moedermelkproductie én helpt tegen krampjes bij je baby. Dus eet vooral lekker mee met het bezoek.

Maak een speciaal kraamcadeauboekje, waarin je opschrijft van wie je wat hebt gekregen. Dit weet je over een paar weken meestal niet meer. Krijg je dingen dubbel? Leg het in de cadeaula, dat komt wel weer een keertje van pas!

Hygiëne

Heel belangrijk: laat bezoek bij binnenkomst altijd meteen zijn handen wassen. Een pasgeboren baby is nog niet opgewassen tegen al die verschillende bacteriën die het bezoek met zich meebrengt. Komt er toevallig bezoek met een **koortslip**, wees dan extra voorzichtig. Een koortslip komt van een besmettelijke herpesinfectie en kan heel erg gevaarlijk – soms zelfs dodelijk – zijn voor een pasgeboren baby, vandaar ook wel de naam ***kiss of death***! Dus iemand met een koortslip laat je niet je baby vasthouden, laat staan knuffelen of zoenen.

Heb je **zelf** last van een koortslip, dan heeft je baby in de baarmoeder mogelijk wel al via jou antistoffen gekregen, maar is er nog steeds kans op infectie. Meld het direct bij de verloskundige of kraamhulp.

Kraamcadeautjes

Kraambezoek neemt vaak een kraamcadeautje mee. Een bedankje achteraf wordt altijd enorm op prijs gesteld, maar met al die cadeautjes en al dat bezoek is het vaak lastig te onthouden wie wat aan jullie heeft gegeven. Gebruik hiervoor de adressenlijst of een notitieblokje als **geheugensteuntje.** Zodra het bezoek weg is, schrijf je meteen op wat ze gegeven hebben, dan kun je na een week of zes (of wanneer je de draad van het gewone leven weer hebt opgepakt en er tijd voor denkt te hebben) een bedankkaartje sturen, met eventueel een leuke foto van je baby erbij.

Beste Jan,

Jij als trotse vader vindt het bezoek natuurlijk ook erg gezellig, maar misschien kun je de leiding nemen over het kraambezoek en ervoor zorgen dat:

- Er niet te veel bezoek tegelijk komt
- Er niet te veel verschillend bezoek op één dag komt
- Bezoek niet te lang blijft (een halfuurtje is lang genoeg, ook al is het nog zo gezellig)
- Als je vrouw borstvoeding moet geven, ze dat dan ook in alle rust kan doen en de klassenmoeder van je andere kind of de buurman niet ineens in jullie slaapkamer verschijnt
- Bij je eigen familie of beste vrienden zal het waarschijnlijk geen probleem zijn, maar sommige bezoekers – waar je het niet van verwacht – nemen vaak hun voltallige gezin mee, inclusief kleine kinderen. En die kleine kinderen van anderen, hoe lief ze ook mogen zijn, zijn vaak net dat wat de kramende moeder even niet trekt. Probeer dan op een aardige manier ietwat te overdrijven over de (oververmoeide) staat van je vrouw om dit bezoek zo kort mogelijk te laten duren

Tot zover de kraamtijd. Rest ons alleen nog te zeggen dat je in de komende periode wel je lichaam goed in de gaten moet houden. Doordat de hormonen door je lijf gieren, je weinig slaap krijgt en vooral veel met je baby bezig bent, vergeet je jezelf misschien. Als je last hebt van heupen, bekken, baarmoeder of niet thuis te brengen pijntjes in je onderkantje of achterkantje, of je kunt helemaal niet genieten van je baby en voelt je down, bel dan toch even de verloskundige of de huisarts. Jij en je lijf moeten nog langer mee, en bijvoorbeeld een **baarmoederverzakking** of **postnatale depressie** zal je natuurlijk niet verder helpen.

Beste Jan,

Mocht je na de geboorte een paar dagen vrij willen nemen, dan kun je dat het beste doen als de kraamhulp bijna vertrekt of net is vertrokken, dat is meestal de tweede week na de bevalling. Juist dan staat je partner er alleen voor en kan ze jouw hulp goed gebruiken

Als de kraamhulp vertrokken is…

Mocht de kraamhulp al vertrokken zijn en weten jullie het echt even niet meer, dan is er altijd nog – 24 uur per dag – de **kraamlijn** (informeer naar dit nummer bij de kraamhulp, want dit verschilt per kraamzorg). Zij kunnen al jouw vragen beantwoorden. Als je er tegen de tijd dat de kraamhulp gaat vertrekken zelf nog niet klaar voor bent om het zonder haar hulp te doen, dan is het vaak mogelijk om haar tegen betaling langer te laten blijven. Dit wordt meestal niet vergoed, dus check wel even bij de verzekering.

Als de kraamzorg afgelopen is en je partner van plan is een paar dagen **vrij te nemen**, kan hij dat het beste nu doen. Wanneer de kraamhulp er nog is, heb je genoeg aan haar hulp en loopt je partner misschien alleen maar in de weg. Als hij iets later vrij neemt, sta jij er tenminste niet meteen helemaal alleen voor als ze weg is.

Voor het eerst naar buiten…

Sta je te trappelen om naar buiten te gaan? Je baby mag pas voor het eerst naar buiten als hij weer op zijn oude gewicht is. Houd daar dus rekening mee en vraag het anders aan de kraamhulp voordat ze vertrekt.

'Vertrouw op je moedergevoel,' had de kraamhulp glimlachend gezegd toen ze voor het laatst bij me was. Zij beweerde dat een moeder aan het huiltje van haar kind kan horen wat er aan de hand is: honger, kou, een vieze luier, pijn of eenzaamheid. Helaas bleef ik alleen maar gehuil horen – klaaglijk geloei dat aanzwol en weer afnam, jammerend kabbelde en tot hysterische hoogten klom. Waar was dat moederinstinct nu ik het nodig had?

Mijn baby was drie weken oud en nu al vond ik mezelf als moeder tekortschieten. Zo verbonden als ik me met haar voelde toen ze nog in mijn buik zat, ik liefdevol tegen haar praatte en haar naar mijn hand toe voelde bewegen; zo vervreemd voelde ik me nu van dit wezentje met haar geheimzinnige wensen en behoeften. Ik had verwacht dat er na die negen maanden innige verbondenheid direct een enorme verstandhouding tussen ons zou bestaan. In plaats daarvan zat ik met een meisje in mijn armen dat ik moest leren kennen en met wie ik geduld moest hebben.

Net toen de twijfels en paniekgevoelens groteske vormen aannamen, was er een moment dat ik haar wist te 'lezen', dat het me lukte haar te troosten zonder haar de borst te geven, haar in slaap zong en een piepklein glimlachje wist te ontlokken door haar in de lucht te zwiepen of kleine kusjes te geven. Heel even voelde ik dan de zekerheid dat dit me ging lukken.

Ik begreep dat ik niet zozeer geduld met háár moest hebben, maar met mezelf. Ik moest mezelf de tijd gunnen om van een vrouw een moeder te worden.

Mijn roze wolk had een paar zwarte vlokjes, beken ik hier eerlijk. Ik vond het geweldig en overweldigend tegelijk en euforie en uitputting wisselden elkaar af.

Een paar weken na de bevalling, toen ik mezelf al helemaal hersteld had verklaard en van alles ondernam, was mijn lichaam eigenlijk nog niet de oude. En mijn geest ook niet. Zolang ik geen tegenslag ondervond kwam ik de dag goed door, maar er hoefde maar iets tegen te zitten of ik was in paniek. Mijn geest was nog niet tot rust gekomen en mijn lijf had nog geen nieuw evenwicht bereikt. Ik liep op de zaken vooruit. Ik had mezelf geen tijd gegund om aan de nieuwe situatie te wennen en verkeerde in een voortdurende staat van alertheid.

Ik nam gas terug en nam mezelf voor om, als Linde even sliep of mijn vriend voor haar zorgde, niet op een gejaagde manier de tijd in te vullen met schrijven, telefoneren, de vaatwasser inruimen en mails beantwoorden, maar rustig te gaan zitten met een boekje of buiten te gaan wandelen. Ik moest 'landen' in mijn post-zwangerschapslichaam en mijn nieuwe leven.

'Eigenlijk zou jij je even moeten gaan vervelen,' zei een goede vriendin, 'dat zou goed voor je zijn.' Ik begreep wat ze bedoelde: af en toe niets omhanden hebben en een beetje voor je uit staren is bijzonder goed voor je gemoed. Een geest die steeds in de actiestand staat, kan zich op een gegeven moment niet meer ontspannen, net zoals een elastiekje dat steeds wordt opgerekt, niet meer terug wil. 'Iets' moet met 'niets' worden afgewisseld. Alleen vanuit het niets kun je oude dingen afvoeren en nieuwe dingen verwelkomen. Ik realiseerde me dat ik al weken niet had gemediteerd. Het is ironisch: mediteren doe je vooral als je tijd hebt en veel minder als je druk en gespannen bent en het juist zo hard nodig hebt.

Toen besloot ik de kraamperiode maar als inwerktijd te zien, zoals je die bij een nieuwe baan hebt. Het voelde weliswaar als inwerken bij een ruimtevaartstation waar iedereen Russisch sprak, maar na een tijdje begon ik steeds meer te ontspannen in het moederschap. Ik herinner me een moment waarop ik met Linde op mijn buik in de draagzak op een bankje in het park zat, niet bezig was met of ze wakker zou worden, zou gaan huilen en wanneer ze weer gevoed moest worden, maar om me heen keek en de vogels hoorde fluiten. De eerste stap naar balans was gezet.

Uitputting is geen ramp. Even niet zo scherpzinnig zijn is geen ramp. Je haar niet kunnen wassen is geen ramp. Ik hield op met mijn best doen en dingen willen en ging meedeinen op het nieuwe ritme waarbij dag en nacht in elkaar overvloeiden in een eindeloze cirkel van luiers verschonen, borstvoeding geven, spelen, troosten, in slaap sussen, en weer opnieuw luiers verschonen. Om bij dit alles niet na te hoeven denken (alleen: welke borst is nu aan de beurt? Links of rechts?) was eigenlijk ook weleens fijn. Noem het meditatief. Een oefening in mindfulness, aanwezig zijn in het moment. Ik hield op met vechten en willen en was gewoon wat ik was: moe maar gelukkig.

Susan Smit (1974) is schrijfster van romans en non-fictie boeken over persoonlijke ontwikkeling. In haar boek *Zwanger met lichaam en ziel* beschrijft ze de spirituele kant van zwangerschap, geboorte en kraamtijd.

Wie doet er 't meest?

Na de geboorte van een baby'tje komt er in het gezin – naast veel blijdschap, vreugde en liefde voor dit kleine mensje – een hoop extra's bij kijken. Alleen al met de verzorging van je baby kun je een hele dag vullen en dan hebben we het nog niet over het kraambezoek dat soms een halve dag blijft hangen, de bezoekjes aan het consultatiebureau, de was, boodschappen en het verdere huishouden. Kortom, het is een hectische periode, met daarnaast vaak nog wat slaapgebrek. Jullie zullen niet de eersten zijn die ineens gaan kibbelen over niks. Dit is heel normaal en dit neemt ook weer af naarmate de rust een beetje terugkeert.
Een veelvoorkomende discussie gaat over wie nou het meest heeft gedaan en dat diegene dus nu echt wel even toe is aan een momentje voor zichzelf. Bedenk hierbij dat zowel jij als je partner een hele takenlijst erbij hebben gekregen sinds de geboorte van de baby en jullie dus allebei recht hebben op wat tijd voor jezelf. Probeer zo veel mogelijk de taken te verdelen en zinloze discussies te vermijden, vooral 's nachts; gun elkaar wat slaap, daar hebben jullie allebei wat aan.

Beste Jan,

Is die vrouw waar je ooit zo verliefd op bent geworden na de bevalling veranderd in een heks?
De schema's en regels vliegen je waarschijnlijk om de oren en het lijkt alsof ze over niets anders kan praten dan over jullie baby. Superirritant, maar het is nu omwille van de lieve vrede beter om even wat vaker tot tien te tellen. Wijt het aan slaapgebrek, die bezemsteel wordt snel genoeg weer in de kast geparkeerd. Tijdelijk dan...

En weer ongesteld...

Tja, aan die zwangerschap zaten ook wat voordelen, zo was je minimaal negen maanden niet ongesteld. En ben je bevallen, dan ben je met terugwerkende kracht en een beetje pech wekenlang chronisch ongesteld. Het kan best een tijdje duren om een regelmatige menstruatie terug te krijgen. Hoe lang dat duurt verschilt per persoon, maar heeft ook alles te maken met hormonen en het geven van borstvoeding. In principe kun je de eerste ongesteldheid verwachten rond een week of zes à acht na de bevalling, maar dit kan ook langer duren. Geef je volledige borstvoeding, dan kan de ongesteldheid uitblijven (maar vergis je niet: je bent wel vruchtbaar!). Ben je gestopt met borstvoeding geven en ben je nog steeds niet ongesteld? Overleg dan met de huisarts of het voor jou verstandig is om de cyclus weer op gang te brengen door met de pil te beginnen. Het maakt overigens niet uit of je op een gewone manier bent bevallen of via een keizersnede: je hormonen reageren op dezelfde manier.
In de meeste gevallen verloopt de ongesteldheid hetzelfde als voor je zwangerschap, maar er zijn ook vrouwen die de eerste paar keer (weer) enorm veel bijwerkingen hebben of meer bloed verliezen dan voor de zwangerschap. Dit is in principe helemaal niet gek, maar loopt het de spuigaten uit, bel dan de huisarts. Het is mogelijk dat er nog een placentarest in de baarmoeder is achtergebleven en als dat zo is, kun je er maar beter snel bij zijn.
Tampons mag je zes tot acht weken na de bevalling weer gewoon gebruiken, al is de kans groot dat je maatje mini moeten inruilen voor een super(plus). Bovendien, die mini's vallen er soms bij een keertje hard niezen al uit of beschermen je hooguit een halfuur...

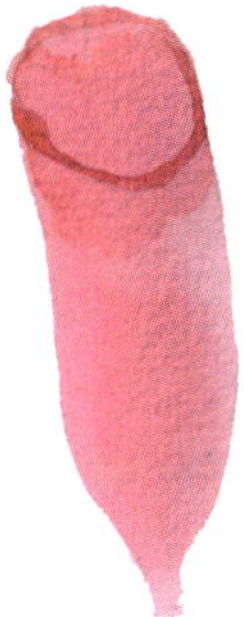
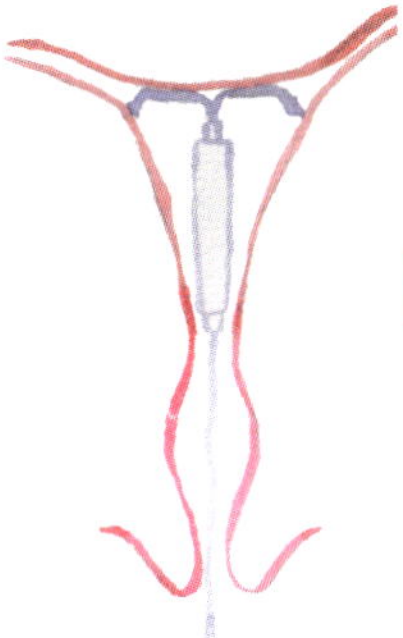
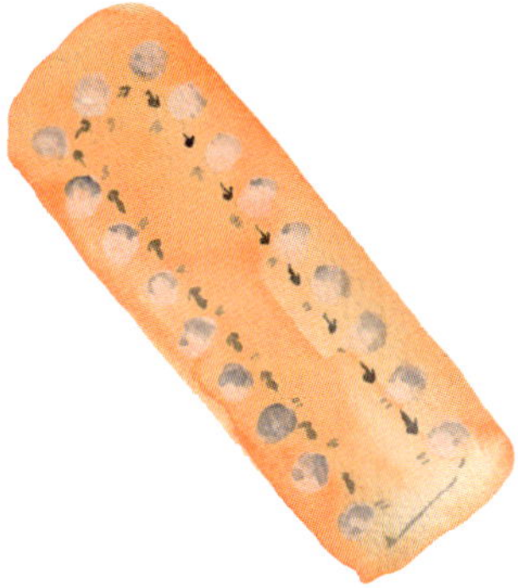

De eerste keer…

We hebben meer intieme zaken met je besproken, dus de eerste keer seks na de bevalling kan ook niet genegeerd worden. Mocht je vinden dat dit onderwerp op een raar moment komt: er zijn vrouwen die binnen een jaar tijd twee keer zwanger raken. Dat wil zeggen dat er nog steeds vrouwen zijn die niet weten dat je gewoon vruchtbaar bent na de geboorte van je baby. En het geven van borstvoeding is verre van een voorbehoedsmiddel.

Wanneer doen jullie ‘het’ weer? Tja, dat is natuurlijk voor iedereen verschillend. Afhankelijk van de soort bevalling, mate van vermoeidheid, lichamelijke of juist mentale gesteldheid, een al dan niet gemakkelijke baby of echtelijke ruzies, zal de ene vrouw wat eerder *in the mood* zijn dan de andere. Als je borstvoeding geeft, ben je over het algemeen ook wat ‘droger’, dus heb je misschien ook wat minder zin. Maar verwacht ook niet dat je partner er meteen klaar voor is. Het is voor een partner per slot van rekening ook niet niks om in volle bewustzijn een bevalling te aanschouwen, ook al zien wij vrouwen dat meer als een kwestie van ‘jij stond erbij en keek ernaar’. En ja, ook al vinden vrouwen dat alleen zij het recht hebben om moe te zijn vanwege gebroken nachten door nachtvoedingen, ook hij is misschien licht – dat wel – vermoeid. Mocht je een sterke drang voelen of je partner van je af moeten slaan; sowieso is het verstandig om het de eerste drie weken te laten bij eraan denken of erover praten. Die tijd is namelijk nodig om de baarmoedermond weer te laten sluiten. Is je baarmoedermond nog niet geheel gesloten, dan is er kans op infectiegevaar. Artsen raden zelfs aan te wachten tot vier tot zes weken na de bevalling, in ieder geval tot het bloedverlies gestopt is en de anticonceptie is geregeld.

Ondanks het feit dat je misschien borstvoeding geeft, kun je **zwanger worden**. Bespreek daarom goed met je partner en gynaecoloog of verloskundige wat voor jou een goede oplossing kan zijn om een zwangerschap te voorkomen.

Beste Jan,

Het aanschouwen van een bevalling en die eerste paar weken met slapeloze nachten, een vrouw die alles beter weet, een blèrende baby die zich – soms letterlijk – tussen jullie in heeft gewurmd en borsten die ineens een heel ander doel dienen… zo had je het je waarschijnlijk niet voorgesteld. En dan maak je je misschien ook nog zorgen over je libido dat geen hoogtij viert? Het kan best even duren voordat je weer aan de eerste keer seks toe bent. Zij heeft ook zo haar issues ten aanzien van de seks. We kunnen je geruststellen: uiteindelijk komt alles goed. Beloofd!

Maar dan is het moment daar. En dan kan het best een beetje onwennig en spannend zijn. Je lichaam is nog niet de oude, maar dat moeten jij en je partner maar op de koop toe nemen. Mocht je borstvoeding geven, dan kunnen je borsten zelfs melk lekken. Dit zou je tegen kunnen gaan door van tevoren even te kolven of te voeden, maar we begrijpen dat dit de spontaniteit niet ten goede zal komen. De kans is in ieder geval groot dat dit niet de beste sessie ooit zal worden. Je zult hoogstwaarschijnlijk droog zijn de eerste paar keer. En misschien is het zelfs een beetje pijnlijk, voelt het nauw aan. Dat gaat allemaal weer over en glijmiddel kan uitkomst bieden. Blijft het pijnlijk, dan misschien toch maar even laten checken bij de gynaecoloog. De bedoeling is natuurlijk dat alles weer het oude, of zelfs beter wordt!

Beste Jan,

Nog een klein voortplantingslesje, mocht je vrouw er (nog) niet helemaal bij zijn met haar hoofd. Een vrouw is na de bevalling gewoon – misschien zelfs wel extra – vruchtbaar. Ook als ze volledige borstvoeding geeft. Denk daarom samen na over de anticonceptiemogelijkheden, mocht je over negen maanden niet weer een wieg je naast je bed willen hebben staan...
Wist je trouwens dat er voor de man ook verschillende opties zijn?

Nieuwe kleding

Goed, je bent die zwangerschapskleren nogal zat en hebt waarschijnlijk ontzettend veel zin om je normale kleren weer te dragen, maar dat voelt ook weer zo als een 'sardien-in-blik'. Eigenlijk wil je het liefst een nieuwe garderobe aanschaffen. Los van het feit of je budget het toelaat, willen wij zeggen: doe het niet, wacht nog even!
De grootste *waste of money* wordt gedaan door vrouwen die net bevallen zijn. Vol met hormonen rennen we naar de eerste de beste winkel om ons in een skinny jeans (maat XXL) of dat ene jurkje te hijsen. En omdat ons zelfbeeld behoorlijk gedeformeerd is, zijn we al gauw tevreden. *Little did we know...* Je bent namelijk nog helemaal niet op je oude gewicht of je bent het juist heel snel, maar dat kan dan weer betekenen dat je nog meer af gaat vallen door hormoonschommelingen of juist weer aan zult komen als je baby eenmaal doorslaapt en niet meer al je energie opvreet. Hoe dan ook, die kleding kun je aan een vriendin of zus doneren, want te snel aangeschafte kleren hebben een zeer korte houdbaarheidsdatum.
Houd nog heel even vol; als je een flinke tijd op hetzelfde gewicht zit en vooral als je weer een beetje de oude bent, dan kun je de kleren van voor de zwangerschap weer uit de kast halen of misschien toch een klein beetje **shoppen**. Neem het ervan, beloon je geduld; iemand moet het toch doen?

BORSTVOEDING GEVEN

Wel of niet?

Wel of geen borstvoeding geven is en blijft een gevoelig onderwerp, zo ook voor ons. Jij hebt vast ook allang gehoord dat borstvoeding de beste voeding is voor je baby. Met name de eerste weken na de geboorte zijn belangrijk, omdat je baby door de borstvoeding **antistoffen** binnenkrijgt. Toch is borstvoeding – om verschillende redenen – niet altijd voor iedereen weggelegd. Probeer je niet schuldig te voelen of te verantwoorden naar de buitenwereld als het geven van borstvoeding jou niet lukt of als je het gewoonweg niet wilt. Soms hebben wij weleens het gevoel dat het wel of niet geven van borstvoeding of de duur ervan een soort onderlinge wedstrijd wordt tussen moeders. Trek je niks aan van die borstvoedingsmaffia. Volg je eigen hart: iedere moeder doet het op haar eigen manier.

Voordelen van borstvoeding

- Borstvoeding is de **beste voeding** die een moeder haar baby kan geven. Zeker in het geval van erfelijke belasting op het gebied van allergieën of eczeem is het verstandig, want je baby krijgt op deze manier antistoffen binnen.
- Ook wordt gezegd dat de **kans op overgewicht** bij kinderen op latere leeftijd kleiner is. Heel eerlijk gezegd vinden wij dit soort verhalen prachtig klinken, maar hebben we geen idee of we je de garantie kunnen geven op een slank kind zonder enige vorm van eczeem, als je borstvoeding geeft.
- Borstvoeding is **gratis** en heb je **altijd bij de hand**, thuis en onderweg. Zorg er wel voor dat je altijd een grote doek of sjaal bij je hebt, voor het geval je in een openbare ruimte bent en je baby honger heeft. Het is niet zo prettig als mensen met je mee kunnen kijken; niet alleen voor jou, maar ook voor de omgeving. Er zijn genoeg mensen die er geen problemen mee hebben, maar

evenveel mensen weten niet waar ze moeten kijken als zo'n gigantische borst tevoorschijn wordt gehaald op het terras.

- Borstvoeding heeft altijd de **juiste temperatuur**, je hoeft dus 's nachts niet je bed uit om een flesje warm te maken en ook in een café, winkel of vliegtuig hoef je niemand in te schakelen om de melk voor je op te warmen: lekker makkelijk. Het is ons weleens overkomen dat we met onze hongerige, soms krijsende baby op een vol terras zaten te wachten op het opwarmen van het flesje; hoe vervelend als die schat van een ober – niet ouder dan 23 – met een gloeiend hete fles terugkwam.
- Borstvoeding mag zo **vaak** gegeven worden als je wilt, in tegenstelling tot flesvoeding. Dat is een voordeel – we komen verderop in het hoofdstuk terug op dit onderwerp – om jou en je baby in een ritme te krijgen en eventuele krampjes van je baby te verminderen.
- In principe hoeft een baby na de borstvoeding niet te **boeren,** omdat er geen lucht bij de voeding komt. Natuurlijk kan het gebeuren dat er toch wat lucht bij is gekomen en er een boertje dwarszit. Maar in theorie hoeft het niet. Wel zo lekker als hij in slaap is gevallen tijdens het voeden en je hem meteen kunt wegleggen.
- Bij borstvoeding krijgt je baby precies binnen waar hij behoefte aan heeft. **Het aanbod** wordt door Moeder Natuur afgestemd op **de vraag** van je baby. De kraamhulp of verpleegster en later het consultatiebureau houden goed in de gaten of je baby voldoende groeit. Mocht je je hier zorgen over maken: bij het consultatiebureau kun je bijna dagelijks op het inloopspreekuur terecht om je baby te wegen.
- Door het geven van borstvoeding **krimpt de baarmoeder sneller** en zal je buik hopelijk dus sneller weer als vanouds worden. De kans is groot dat niet alleen je buik sneller plat wordt, maar dat je de overtollige kilootjes die je aan de zwangerschap hebt overgehouden, ook sneller kwijtraakt. Laat dit je echter niet in de waan brengen dat je er verder niets voor hoeft te doen; soms kost het bloed, zweet en tranen om je oude figuur weer terug te krijgen.
- Het geven van borstvoeding schijnt bij te dragen aan de **spraakontwikkeling** van je baby, dus minder kans – let op, wij geven je geen garantie – op een slisser of stotteraar op latere leeftijd.
- Wat wel zeker is: in borstvoeding kan **geen fabrieksfoutje** zitten, het is altijd goed. Dat wil zeggen: mits je je aan de regels houdt van wat je wel en niet mag eten, drinken en roken.
- Er wordt beweerd dat het geven van borstvoeding een hoop **gezondheidsvoordelen voor de moeder** heeft op de langere termijn. Denk hierbij aan borst- en eierstokkanker. Daar willen en kunnen wij als niet-medici echter niet veel zinnigs over zeggen. Mocht je hier geïnteresseerd in zijn, vraag er dan naar bij de kraamhulp, lactatiedeskundige of arts.
- En *last, but not least*: veel vrouwen vinden het geven van borstvoeding een heerlijk, **intiem moment** samen met hun baby.

Als je al kleine kinderen hebt, dan is de kans groot dat zij een of ander virus mee naar huis nemen. Ook al geef je borstvoeding, probeer toch te voorkomen dat ze met een druipende snottebel in het gezicht van je baby gaan hangen. Met name bij een baby jonger dan drie maanden moet je proberen te voorkomen dat hij verkouden wordt. Is hij nu toch al verkouden geworden, dan wordt sterk aangeraden naar de huisarts te gaan.

Nadelen van borstvoeding

Er zijn dus genoeg voordelen, maar borstvoeding is niet altijd alleen maar leuk en kan ook voor de nodige problemen zorgen. Vaak vooral voor de moeder. Hier wat nadelen op een rij:

- In het begin kan het lastig zijn de borstvoeding onder de knie te krijgen. Sommige moeders krijgen last van **tepelkloven, stuwing of lekkende borsten** en zijn onzeker over de hoeveelheid of de kwaliteit van de borstvoeding, om niet te spreken van onzekerheid over de manier van aanleggen aan de borst.
- Als voedende mama moet je nog steeds **rekening houden met wat je eet**. De baby kan, zeker in de eerste drie maanden, (meer) krampjes krijgen wanneer je als moeder bepaalde dingen eet of drinkt. Vermijd daarom scherp of gekruid eten, light dranken, kool, bruine bonen, (te veel) koffie, alcohol en sigaretten. En dat terwijl jij na negen maanden geheelonthouding misschien juist zo uitkeek naar die eerste sigaret of dat glas wijn. Helaas, dat glas moet je inderdaad ook nog even laten staan, want ook alcohol krijgt je baby binnen via de borstvoeding.
- Zoals gezegd kan het vervelend zijn om in een **openbare ruimte** te moeten voeden of thuis met bezoek erbij. Wanneer je je niet op je gemak voelt – en zelfs als je je wel op je gemak voelt – kan het zijn dat je met veel drukte om je heen minder melk produceert. Maak je geen zorgen, terug in je vertrouwde omgeving is het vaak zo weer opgelost.
- Wat ook kan gebeuren: het lukt gewoon niet, of je hebt **niet voldoende melkproductie**. Dit heeft niets te maken met kleine of juist grote borsten; die kleintjes doen net zo goed hun werk als de grotere cupmaten.
- Zonder te kolven kun je **borstvoeding niet** even **uitbesteden**, terwijl het zó fijn is – juist in de avond – de voeding af en toe aan iemand anders over te dragen.
- Bij sommige vrouwen voelt het alsof de **energie** tijdens de borstvoeding letterlijk uit hen wordt gezogen, waardoor ze bijna niet meer aan andere dingen toekomen of minder snel herstellen van de bevalling.
- Als je weer aan het werk moet, vergt borstvoeding daarnaast behoorlijk wat **organisatievermogen.** Denk aan kolven, koel houden, opwarmen. Daarbij komt dat nog niet alle bedrijven geschikte ruimtes hebben om te kolven, waardoor je zomaar kunt belanden in het archief als enige mogelijke plek om in alle privacy je kostbare melk te kolven. Belachelijk natuurlijk, maar houd hier wel rekening mee. Mocht je werkgever moeilijk doen: hij is verplicht je te laten kolven onder werktijd in een aparte ruimte. Wij maken in ieder geval de spreekwoordelijke buiging als je, eenmaal aan het werk, nog steeds volledige borstvoeding geeft.
- De zogenaamde **zwangerschapshormonen** blijven in je lichaam zitten. Sommige vrouwen vinden dit niet prettig, omdat ze hierdoor emotioneel of prikkelbaar blijven en niet te vergeten vergeetachtig. Je zult niet de enige zijn die haar tas aan de fiets laat hangen met alles erin, of bij de groenteboer niet meer op woorden zoals 'wortel' of 'bloemkool' kan komen.
- Voor vrouwen die een **borstvergroting of –verkleining** hebben gehad, kan het extra lastig zijn – maar niet onmogelijk – om borstvoeding te geven. Een uitgelezen situatie om een ervaren lactatiedeskundige erbij te halen om niet alleen te moeten experimenteren.

Borstvoeding zou het worden, die keuze had ik snel gemaakt. Het is goed voor het immuunsysteem en ik denk ook zeker dat je het in ieder geval kunt proberen. Maar eerlijk is eerlijk, het brengt ook wel wat onzekerheden met zich mee. Wat als de melkproductie niet op gang komt? Toen het eenmaal zover was, ging alles gelukkig heel goed. Ik had Brigitte, mijn fantastische kraamhulp. Zij heeft me zo fijn begeleid. Ze pakte gewoon mijn borst, en Lola-Lily's hoofdje en legde haar zo aan. Liefdevol, maar resoluut. En vooral je rust nemen. Ook als je mensen over de vloer hebt: trek je terug en neem de tijd voor jezelf en je kindje.

Het liefst wilde ik na drie maanden nog niet volledig stoppen met borstvoeding. Overdag een flesje geven en dan 's avonds borstvoeden, dat leek me een goede combinatie. Maar ik had zóveel productie dat ik de hele straat wel kon voeden! Dat klinkt misschien grappig, en voor sommigen misschien zelfs als een luxe, maar zo voelde het helaas niet altijd; vaak was het pijnlijk. En dat was voor mij het teken dat het misschien beter was om het af te bouwen.

Het kan ook nog gebeuren dat borstvoeding geven gewoon niet lukt. Of je hebt zo'n druk en onregelmatig bestaan dat het gewoon niet in je leven past. Mijn moeder kon mij en mijn broertje bijvoorbeeld geen borstvoeding geven. Gelukkig heeft zij zich daar destijds gevoelsmatig makkelijk bij neer kunnen leggen. Wij zijn gezond en dus kennelijk niets tekortgekomen! Met deze gedachte in mijn achterhoofd ben ik zonder stress mijn borstvoedingsperiode in gegaan. Bovendien gaf het mij ook een goed gevoel dat er tegenwoordig zulke mooie kunstvoedingsproducten bestaan, mocht het niet lukken.

Hoe dan ook, ik geloof dat je moet doen wat goed voelt. Jij bent dan relaxed, je kindje is relaxed en dan zie je wel hoe het loopt. Sowieso moet je durven vertrouwen op je gevoel; ga uit van je moederinstinct, ook al ben je soms onzeker. Natuurlijk kan ik soms nog twijfelen over bepaalde dingen, maar als ik dan naar Lola-Lily kijk en ze is vrolijk, ze eet goed en groeit, dan gaat alles zoals het hoort en dan ben ik een heel trotse moeder!

Nicolette van Dam

Onthoud dat borstvoeding ook in **combinatie** met **kunstvoeding** kan worden gegeven.
Ook kun je met borstvoeding op elk gewenst moment stoppen of minderen (zie de afbouwtips verderop in dit hoofdstuk). Dus geef het een kans: **elke druppel** die je baby binnenkrijgt, is meegenomen.

De eerste slokjes

Meestal wordt je baby na de geboorte vrijwel meteen aan je borst gelegd en begint hij uit zichzelf te drinken (tenzij je dit niet wilt natuurlijk). Alhoewel er aanvankelijk nog nauwelijks melk uit je borsten komt, is dit toch een belangrijk moment: baby's worden geboren met een zuigreflex en hiermee brengen ze de melkproductie bij de moeder op gang. Vraag wel aan de verpleegster of kraamhulp of je baby goed is aangelegd: een goed begin is het halve werk. Soms ben je door de adrenaline of de pijnstilling van de bevalling nog half verdoofd en voel je niet dat je baby door het zuigen een pijnlijk scheurtje in de tepel maakt, ook wel een **tepelkloof** genoemd – waarover straks meer.

Zet voordat je gaat voeden of kolven een groot glas water klaar. Van beide krijg je enorme dorst en water drinken is ook weer goed voor de aanmaak van nieuwe melk en gaat uitdroging tegen.

De **eerste paar dagen** na de bevalling heeft je baby misschien nog niet zoveel behoefte aan voeding. Sommige baby's zijn een beetje misselijk na de bevalling, hebben zelf voldoende reserves of ze zijn gewoon erg moe. Dit komt eigenlijk goed uit, want het kan even duren voordat alles op gang is gekomen en jij precies weet hoe je je baby moet aanleggen aan de borst. Let wel op dat hij niet te veel afvalt (zie pagina 95).

Melktoevoer stimuleren

Ondanks het feit dat je baby in de eerste paar dagen misschien weinig behoefte heeft om te drinken, is het wel belangrijk hem **vaak aan te leggen**. Elke druppel is in het eerste begin meegenomen en elke zuigbeweging die je baby maakt, is een aansporing voor de melktoevoer.

Mochten jij en je baby in het ziekenhuis moeten blijven en je baby kan niet aan de borst drinken de eerste tijd na de geboorte, vergeet dan niet binnen enkele uren te kolven, zodat de borstvoeding wel op gang komt.

Voor de eerste week is het aan te raden Moeder Natuur een beetje te helpen door moedermelk uit de borsten te **kolven**: hierbij wordt met behulp van een hand- of elektrisch apparaat melk verkregen uit de borst. Met kolven kun je al op de eerste, tweede of derde dag na de geboorte beginnen. Twee keer per dag tien minuten per borst is al genoeg. In het begin zal er nog niet veel melk uit komen, maar ook met kolven wordt de productie van melk gestimuleerd. Dit kolven is alleen bedoeld om de borstvoeding goed op gang te krijgen en daarmee de kans te vergroten dat jij de borstvoeding gaat doorzetten.

Heb je al voldoende melk, dan kun je het kolven absoluut overslaan om overproductie te voorkomen. Verderop gaan we dieper in op het onderwerp kolven.

Kolf liever in de ochtend of na een middagslaapje. Dan ben je uitgerust na wat slaap en heb je vaak nog voldoende energie om te kolven na de voeding. Ook is de **kwaliteit** van de melk in de ochtend beter dan in de middag of avond. De energie die jij op een dag verbruikt, gaat ten koste van de kwaliteit van de borstvoeding. Zo is de (ochtend)melk die je hebt gekolfd lekker dik en zwaar, waardoor je baby'tje er langer voldaan door zal zijn.

Het is handig om eerst je baby met de ene borst te voeden en daarna de andere borst te kolven. Zo kan je baby aan zijn drinkbehoefte voldoen en is de melk niet 'opgeraakt' door het kolven.

Let op: kolven in de eerste dagen na de bevalling is **geen vervanging** van de gewone borstvoeding, maar een aanvulling erop. Net dat extra beetje kan zorgen dat de voeding lekker gaat lopen en je borsten goed gaan produceren.

Alle beetjes melk die je in de eerste dagen met het kolven verzamelt, kun je bewaren en op een later moment met een plastic lepeltje, pipetje (als het nog heel weinig is) of flesje al aan je baby geven. Dus eigenlijk sla je hiermee twee vliegen in één klap: je brengt de melkproductie lekker op gang en je bouwt wat reserves op!

Dit laatste verkleint de kans dat je baby moet worden **bijgevoed** met kunstvoeding, wat door sommige – lang niet alle – artsen en consultatiebureaus in geval van allergieën in de familie wordt afgeraden. Drinkt je baby genoeg melk uit de borst, vries dan de gekolfde melk in voor een later moment. Mocht je nauwelijks borstvoeding hebben en wil je baby niet aan de borst drinken en is hij ook nog eens erg klein, dan is het raadzaam om bij te voeden. Ook dit doe je na overleg met de huisarts of het consultatiebureau.

Heb je moeite met het **aanleggen** van je baby aan de borst?
Dan is het ook handig om voordat je je baby gaat aanleggen alvast een minuut te kolven. Hierdoor wordt de tepel hard en is het makkelijker om je baby aan te leggen. De tepels ruiken en smaken bovendien naar melk, waardoor je baby fanatieker zal gaan drinken.

Is de borstvoeding op gang gekomen en krijgt hij voldoende voeding binnen, dan zijn het kolven en het bijvoeden overbodig.
Of je baby voldoende voeding binnenkrijgt, weet je door hem elke ochtend op hetzelfde tijdstip te wegen om te zien of hij is aangekomen. Je hebt hier speciale weegschalen voor. Overleg je overweging om je baby te wegen wel even met de kraamhulp. Het kan namelijk ook onzeker maken, zonder dat daar een gegronde reden voor is. Een goede indicatie is een tevreden en alerte baby die regelmatig een plasluier heeft.

Tepelverwarring

Drinken uit een flesje is voor een baby een stuk gemakkelijker dan drinken aan de borst: het kost minder moeite, doordat het een stuk gemakkelijker zuigt. Lukt het aan de borst nog niet zo goed, maar wil je tegelijkertijd geen grote voorkeur voor de fles ontwikkelen, voed je baby dan bij met een lepeltje. Zo voorkom je dat hij op den duur de borst weigert.

Heb ik wel genoeg melk?

Iedere moeder die borstvoeding geeft, heeft weleens een onzeker momentje. Zit er wel genoeg melk in mijn borsten, geef ik te veel voeding, te weinig, te kort, te lang, te snel, is het magere melk of slagroomkwaliteit? Het is heel normaal dat je deze onzekere gevoelens hebt. Je weet, in tegenstelling tot bij flesvoeding, nooit helemaal precies hoeveel je baby binnen heeft gekregen en of deze hoeveelheid voor jouw baby voldoende is. Ook worden veel moeders onzeker van de adviezen om **één of juist twee borst(en)** per keer aan te bieden.
Ook hierbij geldt dat je vooral moet doen waar jij je prettig bij voelt. Laat je baby drinken totdat hij genoeg heeft gehad. Dat klinkt natuurlijk makkelijker dan dat het in de praktijk is, maar door goed naar je baby te kijken, zie je aan zijn kaakje of hij daadwerkelijk nog slokjes neemt als hij **slikbewegingen** maakt. En als je goed luistert, hoor je hem ook slikken. Heeft hij genoeg aan één borst, dan is één borst blijkbaar ook echt genoeg. Heb je het idee dat hij nog meer wil en de ene borst voelt leeg aan, dan kun je proberen hem uit de andere borst te laten drinken. Sommige kraamhulpen adviseren om de ene borst helemaal leeg te laten drinken, daarna zijn luiertje te verschonen zodat hij goed wakker wordt, en eventueel een tweede borst als 'toetje'* aan te bieden. Hiermee wordt bedoeld: heeft hij nog zin, dan mag hij nog een beetje, en is hij voldaan, dan is dat ook goed.
Het enige wat echt belangrijk is, is dat hij een **hele voeding** in één keer binnenkrijgt waar hij het een paar uur op kan doen, en natuurlijk dat hij **goed groeit**.

Je baby zal zeer waarschijnlijk een beetje gewicht verliezen in de eerste paar dagen, omdat de borstvoeding nog niet helemaal op gang is gekomen. In totaal mag hij na de bevalling **maximaal tien procent** van zijn geboortegewicht verliezen en na twee weken moet hij weer op zijn geboortegewicht zijn.

** Ook zo'n woord dat veel door kraamhulpen wordt gebruikt. Misschien dat jij net als wij het woord 'toetje' meer met een ijsje of een bakje vla associeert in plaats van met borstvoeding.*

Woog je baby bij de geboorte bijvoorbeeld 3000 g, dan mag hij in totaal 10 procent, dus 300 g afvallen in de eerste week. Dus 3000 – 300 = 2700 g en daaronder mag hij niet komen. Je kraamhulp houdt dit nauwlettend in de gaten en mocht je baby meer afvallen, dan zal zij je hierin advies geven.

Gelukkig sta je er niet helemaal alleen voor, want zoals gezegd wordt je baby goed in de gaten gehouden door de kraamhulp of het ziekenhuis en later door het consultatiebureau.

Magere melk en volle yoghurt: voor- en achtermelk

Af en toe lijkt het geven van borstvoeding wel *rocket science*. Er bestaan verschillende theorieën en meningen over het geven van de borst. De een adviseert om altijd één borst te geven en die helemaal leeg te laten drinken, en de volgende voeding de andere borst te geven. De ander zegt weer dat het beter is om twee borsten per voeding aan te bieden.

Wat daarbij belangrijk is om te weten: de eerste melk die uit de borst komt, heet '**voormelk**' en is licht van kwaliteit. Zodra de baby wat gedronken heeft, komt hij bij de '**achtermelk**', die een stuk vetter en voedzamer is en daar zal je baby waarschijnlijk ook langer op slapen.

Als je twijfels hebt over de **gewichtstoename** van je baby en je vraagt je af of je baby wel voldoende melk binnenkrijgt, let er dan goed op dat je baby ook goed van de vette melk drinkt. Je kunt de eerste borst aanbieden, net zolang tot je baby niet meer wil. Je baby zal dan de borst loslaten. Je kunt een kleine pauze inlassen en nogmaals dezelfde borst aanbieden. Als de baby vaker zuigt dan slikt, dan is de borst redelijk leeg en kun je eventueel de tweede borst aanbieden. Wil de baby de tweede borst niet, dan kun je die bij de volgende voeding aanbieden.

Bij een **toeschietreflex** krijgen de borsten een drinksignaal. De melk wordt naar voren gestuwd en deze melk loopt of spuit de borst uit.
Ben je aan het kolven, dan zie je de melk in straaltjes uit je borst stromen. Ben je aan het voeden, dan gaat je baby opeens krachtiger zuigen en slikken. De snelle, korte zuigjes veranderen in ritmische, grote zuig- en slikbewegingen. De oortjes bewegen een beetje mee tijdens het drinken. Soms gaat de andere borst zelfs lekken. Sommige vrouwen herkennen de toeschietreflex aan een trekkerig of prikkelend gevoel in hun borst. Maar ook als je niks merkt, kun je een toeschietreflex hebben! Hoe langer je voedt, hoe minder duidelijk je de toeschietreflex zult voelen.

Als je erg veel melk hebt en een sterke toeschietreflex, dan kun je na het eerste toeschieten de baby even van de borst halen. De stroom melk vang je dan bijvoorbeeld op in een (hydrofiele) luier. Als er geen straaltjes melk meer uit je borst spuiten, dan kun je opnieuw aanleggen. Doordat de eerste, minder voedzame melk nu al uit de borst is, krijgt je baby meteen al wat **vettere melk** binnen. Laat hem aan deze kant drinken totdat hij loslaat of tot hij meer zuigt dan slikt. Ook kun je, voordat je gaat voeden, eerst een minuutje kolven. Zo komt de baby sneller bij de achtermelk (want de voormelk heb je eruit gekolfd). Bewaar wel altijd de melk die je hebt gekolfd, ook voormelk is voedzaam!

Leer je baby vast wennen aan een fles

Voor iemand die graag borstvoeding geeft, is het misschien vloeken in de kerk, maar uit eigen ervaring weten we hoe belangrijk het is om je baby aan het drinken uit een flesje te laten wennen.

Er zijn baby's die alleen maar uit de borst willen drinken. En de moeders komen hier soms pas achter wanneer ze voor het eerst de deur uit moeten of wanneer hun baby voor het eerst naar de crèche gaat. Niets zo vervelend als vol goede moed weer naar je werk willen gaan en een baby moeten achterlaten die weigert uit de fles te drinken. Begin daarom – wanneer de borstvoeding goed op gang is gekomen – met het geven van één flesje (gekolfde) melk per dag, om de baby op deze manier te laten wennen. Je kunt ervoor kiezen om de **laatste voeding** voor de nacht uit een flesje te geven (dus rond 23.00/24.00 uur). Vaak is de kwaliteit van de melk van de moeder aan het einde van de dag minder goed door moeheid. Deze melk kolf je dan bijvoorbeeld in de ochtend, want dan heb je een goeie, vette voeding te pakken. Een prettige bijkomstigheid is dat je partner deze laatste voeding met de fles kan geven en jij kunt uitrusten.

Waak er wel voor dat je baby niet alleen nog maar de fles wil, want uit een flesje drinken is voor veel baby's een stuk makkelijker. Ze hoeven minder moeite te doen om de melk binnen te krijgen.

Weigert je baby het flesje? Laat je partner het dan proberen. Het kan namelijk zijn dat je baby jou en je borsten ruikt, wat bij je partner niet het geval is. Wie weet werkt het!

Nog in het ziekenhuis

Mochten jij en je baby na de bevalling om bepaalde redenen de eerste dagen nog in het ziekenhuis liggen, geef dan duidelijk aan bij de verpleegafdeling of je volledige borstvoeding wilt geven of dat ze in geval van (te veel) **gewichtsverlies** je baby met kunstvoeding mogen bijvoeden. Op sommige kraamafdelingen geven ze je baby eigenhandig – dus zonder overleg! – kunstvoeding. Als je een kleine of premature baby hebt, is bijvoeding juist wenselijk, maar soms geven ze bijvoorbeeld 's nachts onder het mom van 'je lag zo lekker te slapen' wat kunstvoeding. Dit zul je niet altijd waarderen, zeker niet wanneer er allergieën in de familie zitten en je dus graag alleen maar borstvoeding wilt geven. Bespreek dit daarom van tevoren met de verpleging; ze kunnen ook jouw gekolfde melk geven, als jij een nachtje wilt doorslapen.
Bedenk wel dat door een borstvoeding over te slaan, de borstvoeding **minder snel op gang komt**.

In de eerste paar dagen na de bevalling kun je last hebben van **naweeën,** vooral wanneer de baby begint met drinken aan de borst. Goed nieuws: door deze naweeën krimpt de baarmoeder. Je mag **paracetamol** nemen, want dit kan geen kwaad bij borstvoeding; lees wel even de bijsluiter, o.a. voor de hoeveelheden.

Het is aan te raden om voor elke borstvoeding naar de wc te gaan. De baarmoeder trekt namelijk samen tijdens de borstvoeding en met een lege blaas krijgt de baarmoeder beter de kans haar oude vorm aan te nemen.

Als aanvulling op de moedermelk heeft je baby elke dag **vitamine D** en **K** nodig. Check het aantal druppels bij de kraamhulp, want dit advies kan jaarlijks veranderen. Deze druppels kun je met een plastic lepeltje geven of voorzichtig op het speentje druppelen.

Door je kind elke dag op hetzelfde tijdstip op een (baby)weegschaal te wegen, weet je of hij aankomt; dit is handig wanneer je niet zo zeker van je zaak bent en je je afvraagt of je wel genoeg melk produceert. Het kan ook juist onzeker maken; kijk liever of je baby tevreden is en regelmatig een plasluier heeft.

Na de bevalling naar huis

Bij thuiskomst na de bevalling staan jullie er gelukkig niet alleen voor. De **kraamhulp** houdt in de eerste week precies bij hoeveel je baby weegt en of hij voldoende melk binnenkrijgt. Zij zal de resultaten van dag tot dag met je bespreken. Wanneer de kraamhulp na een aantal dagen weer weggaat, kun je bij twijfel altijd naar het **inloopspreekuur** van het consultatiebureau gaan. Wanneer en waar dat precies is, kan verschillend zijn, maar in de eerste dagen na de geboorte neemt het consultatiebureau contact met je op en wordt dit allemaal met je doorgenomen.

Ritme in de borstvoeding

Ook wanneer de borstvoeding goed op gang is gekomen, heeft iedere moeder weleens haar twijfels bij het geven van borstvoeding. Maak ik wel genoeg melk aan, drinkt mijn baby voldoende? Heeft mijn baby kramp of honger? Moet ik één of twee borsten per keer aanbieden? Op dit soort vragen zul je zelf een antwoord moeten vinden, want iedereen is anders en iedere baby vindt andere dingen prettig, maar misschien heb je wat aan onze tips.

In principe mag je borstvoeding zo vaak geven als je wilt, maar of je hier goed aan doet is een tweede. Veel (pasgeboren) baby's vinden het heerlijk om bij hun moeder te drinken, maar het gevolg kan wel zijn dat hij door deze prettige bezigheid snel in slaap valt. Je baby heeft hierdoor niet genoeg melk binnengekregen en zal snel weer honger krijgen. Op deze manier kom je in een **vicieuze cirkel** terecht. Het is prettiger en rustiger om je baby **elke zoveel uur** een **volledige** voeding te geven – voor je baby, maar ook voor jou.

Houd de volgende punten goed in je achterhoofd:

- **De eerste twee weken** na de bevalling is het lastig om een ritme te volgen, begin daar dan ook nog niet aan. Zorg ervoor dat de **borstvoeding eerst goed op gang** is gekomen.
- Zorg ervoor dat je baby **altijd goed uitgerust** is als hij gaat drinken en dat jij voldoende eet en drinkt op een dag.
- Laat altijd één borst helemaal leegdrinken en als je baby behoefte aan meer heeft, geef hem dan je andere borst als 'toetje'.
- Het verteren van een volledige voeding kost de darmpjes tijd. Daarom is het prettig voor je baby om tussen elke voeding **minimaal tweeënhalf uur** te houden.
- Het geven van borstvoeding lukt alleen wanneer de moeder **ontspannen** is. Probeer je even terug te trekken en neem er de tijd voor.

  Let op: in dit boek gaan wij uit van een gezonde baby, met een normaal geboortegewicht. In andere gevallen raden wij je aan om advies aan de huisarts of het consultatiebureau te vragen!

Vanaf het moment dat je baby twee weken oud is, kun je proberen een **ritme** in de voeding te krijgen. We beginnen hier nu pas mee, omdat de eerste weken nodig zijn om de borstvoeding op gang te brengen en omdat na twee weken het 'echte' leven meestal gaat beginnen. De kraamhulp is weg, je partner gaat weer gewoon naar zijn werk en ja, nu komt het op jou aan.

In het begin zal het best lastig zijn om in een goed ritme te komen, want soms zal je gevoel of je omgeving een andere manier van aanpak kiezen. Je zult niet de eerste zijn die elke dag met frisse moed een andere manier van aanpak kiest, om vervolgens aan het einde van de dag toch weer te vervallen in onzekerheid.

Om je baby in een ritme te krijgen en om hem zo snel mogelijk 's nachts door te laten slapen, kun je eventueel een schema bijhouden: schrijf op hoe laat je hebt gevoed, hoe lang en welke borst(en) je hebt gebruikt.

Zeker in het begin, als je het nog niet aan je borsten kunt voelen, kun je nog weleens vergeten welke borst je als laatste gegeven hebt. Doe een elastiekje om je pols of een speldje aan je voedingsbeha, dan hoef je daar je hoofd niet over te breken.

Voeden op verzoek

Bij voeden op verzoek bepaalt de baby zelf wanneer hij drinkt. Dit kan bij zowel borst- als kunstvoeding. Bij borstvoeding zijn vrouwen geneigd om elke keer dat de baby huilt, dit voor honger aan te zien. Zo wordt de baby continu aangelegd, wat de moeder uitput – zij krijgt bijna geen kans om te rusten. Daarbij wordt door te voeden op verzoek de kans op pijntjes, zoals kloven, vergroot.
Wat ons betreft is een groot nadeel van op verzoek voeden dat je baby minder snel in een ritme komt, dus ook minder snel in het ritme van doorslapen.

Voeden op de klok

Voeden op de klok wil zeggen: jij bepaalt wanneer en hoeveel je baby krijgt. Dit is essentieel voor het creëren van een dag- en nachtritme en voor het zo snel mogelijk laten **doorslapen** van je baby.

Wat als je baby in slaap valt tijdens het voeden?

Sommige baby's vinden het sabbelen aan een tepel (of speen) zo vermoeiend dat ze soms gewoon in slaap vallen tijdens een voeding. Toch is het belangrijk zo veel mogelijk voeding binnen te krijgen; voor je baby, maar ook voor jou (denk aan je slaap!). Wat te doen als je baby wegdoezelt? Je pakt het in eerste instantie rustig aan: **wrijf onder zijn kinnetje** om een zuigreflex te bewerkstelligen. Wrijf in zijn nekje of prik met een vinger zachtjes net onder het kinnetje. Als dat niet werkt, trek je een sok uit, van je baby uiteraard. Misschien dat een koud voetje, al wrijvende, een beetje wakker maakt.
Mocht dat ook niet helpen, dan moet je wellicht op grovere maatregelen overstappen: houd zijn voetje even onder de koude kraan. Dat werkt over het algemeen altijd.
Ook een mogelijkheid: verschoon de luier. Deze handeling en kou op zijn blote lijfje zullen ervoor zorgen dat je baby wakker genoeg is om goed verder te drinken.

Vanaf twee weken: voeden om de drie uur

Je baby is nu twee weken oud en is als het goed is weer op zijn geboortegewicht of zwaarder. De grootste hectiek rondom de geboorte van jullie baby neemt een beetje af en jij bent hoogstwaarschijnlijk wel toe aan wat ritme in de dagen.
Het is van belang dat wanneer je gaat voeden, je baby een **volledige voeding** binnenkrijgt, dus hij moet echt honger hebben. Die honger creëer je door hem niet eerder te voeden dan de tijd die je met jezelf hebt afgesproken. Maak in de ochtend een aantekening van de begintijd van de eerste voeding van de dag. Je gaat uit van de begintijd plus drie uur. Dan pas mag je weer voeden, of eigenlijk: dan móét je weer voeden. Ook al ligt je baby lekker te slapen, het is van belang hem wakker te maken voor de voeding. Zo weet de baby precies waar hij aan toe is en zitten jullie binnen een paar dagen in het 'om-de-drie-uur'-ritme. Natuurlijk zijn jij en je baby geen robotten, dus geef jezelf een beetje speling van maximaal vijftien minuten om van het strakke schema af te wijken. Sta je een keer in de file of iets dergelijks, dan is dat natuurlijk geen ramp, maar over het algemeen is het voor jullie beiden van belang om je aan het schema te houden.
Ook zal je baby vaker en ook langere periodes wakker zijn. Het is prettig wanneer je baby deze wakkere uurtjes overdag heeft en niet in de nacht. Wanneer je baby na het drin-

ken en spelen – wat in de eerste paar weken natuurlijk nog niet veel op spelen lijkt – weer moe is, leg hem dan zo veel mogelijk in zijn eigen bedje. Zo krijgt je baby de rust die hij nodig heeft en zijn er geen onnodige geluiden of prikkels die zijn slaapje kunnen verstoren.

Sommige baby's kunnen na twee weken met gemak één of anderhalf uur achter elkaar wakker zijn!

In tegenstelling tot overdag: in de nacht tussen **24.00 en 7.00** uur maak je je baby nooit wakker voor een voeding en laat je je baby zelf 'komen'. Het doel is namelijk om je baby zo snel mogelijk van 24.00 tot 7.00 uur te laten slapen zonder dat hij voeding nodig heeft. Maar wat doe je als hij 's nachts wél wakker wordt?

- Houd de kamer waar de baby is altijd zo donker mogelijk, praat zo min mogelijk en vermijd televisie of andere geluiden en verschoon de luier alleen wanneer dit echt nodig is. Hij moet het verschil tussen dag en nacht gaan herkennen.
- Is je baby vóór 4.00 uur wakker geworden? Geef hem dan een volledige borstvoeding.
- Is je baby tussen 4.30 en 5.30 uur wakker geworden, geef hem dan een halve voeding, hij moet tenslotte om maximaal 7.00 uur weer een volledige voeding binnenkrijgen!
- Is je baby tussen 5.45 en 7.00 uur wakker geworden, geef hem dan een volledige borstvoeding.
- Hoe dan ook: tussen 6.00 en uiterlijk 7.00 uur moet je baby zijn ochtendvoeding hebben gekregen. Wanneer je je baby laat slapen, zal hij moeilijker in een goed ritme komen.

Een voedingsschema van een baby van twee à drie weken:

- 6.00 uur
- 9.00 uur
- 12.00 uur
- 15.00 uur
- 17.30/18.00 uur
- 20.30/21.00 uur
- 23.30/24.00 uur

Tussen 24.00 uur en 7.00 uur: alleen voeden wanneer je baby het aangeeft.

Zoals je kunt zien, wijkt het om-de-drie-uur-schema een beetje af rond 17.30/18.00 uur. Waarom mag je je baby nu wel eerder voeden? Dit tijdstip is het zogenaamde **'spitsuur'** voor moeders. Op dit tijdstip komt meestal alles tegelijk: koken, badje, eten et cetera; zeker als je meer kinderen hebt dan alleen je baby.

Je baby is na een hele dag een beetje moe en hangerig, maar ook de moeder is vaak nogal uitgeput na een hele dag zorgen, voeden en kraambezoek ontvangen. Helaas is de **kwaliteit** van de melk afhankelijk van het gestel van de moeder. Ben je moe, dan zal de kwaliteit van de melk ook minder zijn, waardoor je baby misschien minder voldaan is na een voeding en dus eerder weer zin heeft om te drinken. Hier mag je tussen 17.00 en 24.00 uur een beetje mee spelen. Is je baby wel tevreden? Houd je dan gewoon aan het om-de-drie-uur-schema.

Laatste avondvoeding:

Rond 23.00/24.00 uur kun je ervoor kiezen om je baby borstvoeding te geven uit een flesje. Kolf dan in de ochtend, wanneer je uitgerust bent, een voeding voor 's avonds.
Dit kan voordelig zijn om verschillende redenen:

1 de melk is van goede kwaliteit en daar zal je baby lang(er) op kunnen slapen;
2 drinken uit een flesje kost een baby vaak minder moeite dan drinken uit de borst. Je hebt kans dat je baby meer zal drinken en daardoor lang(er) zal slapen;
3 je kunt deze voeding door je partner laten doen. Zo kun jij meteen na de voeding van 20.30/21.00 uur naar bed en kun je – als je borsten het volhouden en niet gaan overstromen – hopelijk zes uur achter elkaar slapen.
  Mocht je heel veel melk hebben en absoluut geen voeding kunnen overslaan, dan kun je ervoor kiezen om je baby een paar minuten aan de borst te laten drinken of je borsten af te kolven. Na een paar dagen is dit meestal niet meer nodig, dan neemt de productie rond die tijd af. Deze melk kun je bewaren voor een iets minder belangrijke voeding, zoals een ochtend- of middagvoeding.

Een voedingsschema van een baby van vier tot zes weken:

- 6.00 uur
- 9.00 uur
- 12.00 uur
- 15.00 uur
- 18.00 uur
- 21.00 uur
- 24.00 uur

Let op: laat je baby wel goed boeren na het geven van een flesje. Zie over boeren ook het hoofdstuk 'Kunstvoeding' op pagina 123.

Tussen vier en zes weken

Waarschijnlijk slaapt je baby nu overdag minder en is hij vaker en langer – soms wel twee uur achter elkaar – wakker. Je hebt meer contact met hem en misschien zal hij af en toe al naar je glimlachen. Hoe vertederend! Nog een prettige bijkomstigheid is dat je baby nu ook 's nachts langer achter elkaar slaapt. Is dit niet het geval, probeer er dan echt op te letten dat hij overdag tussen 6.00 en 24.00 uur het grootste gedeelte van de voedingen binnen heeft gekregen.
Ook is het van belang dat je baby tijdens de laatste voeding, voordat hij een lange ruk moet gaan maken, een grote, volledige voeding binnenkrijgt. Lukt dit niet, geef dan de voeding ervoor (rond 21.00 uur) een halve voeding, zodat je baby rond 24.00 uur goed hongerig zal zijn en goed zal drinken.

Vanaf zes weken: toewerken naar doorslapen

Stap 1:

In de tijd tussen de twee en zes weken is het van belang dat je je baby overdag in een goed ritme hebt gekregen. Waarschijnlijk zal je baby precies om de drie uur zin hebben in zijn voeding. Helemaal super. Probeer je aan die drie uur tussen de voedingen te houden, want ook al denk je dat hij nu makkelijk vier uur tussen zijn voedingen kan hebben, dat doen we liever nog niet! Eerst gaan we ervoor zorgen dat jij je nachtrust terug hebt gekregen of dat heel binnenkort krijgt. Dat doe je door hem overdag in een strak ritme te houden, zodat hij in de nacht een lange ruk kan maken. Nu je baby zes weken is, moet hij het tussen

24.00 en 6.00 uur in principe, zonder tussendoor gevoed te worden, goed kunnen volhouden. Probeer dit zelf ook vol te houden! Wordt hij bijvoorbeeld om 5.00 uur wakker, probeer dan te wachten met voeden tot 6.00 uur. Zo creëer je het biologische nachtritme. Wees niet bang, na een paar dagen zal hij zich al hebben aangepast aan zijn nieuwe schema. Slaapt hij eenmaal door van 24.00 tot 6.00 uur, dan zijn jullie toe aan de volgende stap.

Stap 2:

Je baby slaapt nu van 24.00 tot 6.00 uur door. Nu klinkt dit jou natuurlijk al fantastisch in de oren, maar ons doel is dat hij zo snel mogelijk van **23.00 tot 7.00 uur** gaat slapen. Pas dan hebben jij en je partner immers weer het idee een beetje je oude leven terug te hebben.

De eerste stap is doorslapen tot 7.00 uur. Dit doen we geleidelijk aan, door je baby eerst om 6.15 uur te gaan voeden. Wees hierbij opnieuw streng voor jezelf, want alleen op deze manier werkt deze methode. Heb je het idee dat je baby dit makkelijk aankan, verlaat dan de voeding, meestal na twee tot vier dagen, naar 6.30 uur. En lukt dat, dan voer je het op naar 6.45 uur en vervolgens naar 7.00 uur. Is dat gelukt, spreek dan met jezelf en je partner af dat je nooit meer eerder, maar ook niet later dan 7.00 uur een voeding geeft. Als je dit vol blijft houden, zal je baby in no time van 24.00 tot 7.00 uur slapen. Nogmaals: als hij een keer eerder wakker wordt, geen probleem, maar wij raden aan om nooit eerder te voeden dan 7.00 uur (dit alles geldt weer alleen als je baby gewoon gezond is en voldoende groeit).

Tips om tijd te rekken voor de volgende voeding:

√ Neem je baby in je armen of een draagzak en loop rond. Sommige baby's vinden het fijn als je zachtjes tegen ze praat of zingt

√ Doe een speentje of een (schone) pink van papa of mama in het mondje. Een paar druppels water op de speen of pink kunnen je baby ook nog een beetje extra foppen

√ Stop hem in bad. Dat vinden ze vaak lekker en het leidt ze soms een beetje af van de honger

√ Wandel een rondje met de kinderwagen of rijd een rondje in de auto. Zoek wel een rustig gebied op, voor het geval je baby de boel bij elkaar krijst

√ Misschien niet echt pedagogisch verantwoord, maar in een wipstoeltje voor de televisie kan ook voor behoorlijk wat afleiding zorgen

Stap 3:

Slaapt je baby in principe van 24.00 tot 7.00 uur, dan is het nu tijd om de voeding van **24.00 naar 23.00 uur** te brengen. Dit is een kwestie van een paar dagen. Bouw de tijden af. Eerst geef je de laatste voeding om 23.45 uur en kijk je een paar dagen aan hoe hij daarop reageert. Slaapt hij net zo lang door als hiervoor, dan kun je de voeding vervroegen naar 23.30 uur. Gaat ook dit zonder problemen, dan vervroeg je de voeding naar 23.15 uur en vervolgens weer naar 23.00 uur. Sommige moeders vervroegen haar zelfs naar 22.30 uur.

Probeer ervoor te zorgen dat deze laatste voeding altijd een volledige voeding is. Neem samen met je baby goed de tijd voor deze voeding. Hij moet het er per slot van rekening de hele nacht mee doen.

Voor stap 1, 2 en 3 geldt:

Lukt dit niet, houd dan de eerder vermelde tips goed in je achterhoofd:

- Ben je te moe en is de melk daardoor minder voedzaam? Je kunt er dan voor kiezen om op een rustiger tijdstip een voeding te **kolven** en deze voeding 's avonds te geven uit een flesje. Een baby drinkt over het algemeen makkelijker uit een flesje, dus de kans is groot dat hij op deze manier meer zal drinken dan uit de borst.
- Je kunt ervoor kiezen om de een-na-laatste voeding (dus die voor de voeding van 23.00 uur) **kleiner** te maken, zodat je baby rond 23.00 uur extra hongerig is.
- Wil je langzaam overstappen op de fles of geef je al gedeeltelijk **kunstvoeding**? Geef dan altijd de laatste voeding uit de fles. Uit de praktijk is gebleken dat baby's hier vaak langer op kunnen slapen.
- Wordt je baby toch nog wakker midden in de nacht? Probeer hem niet te voeden, maar geef hem een **speen of pink**, een beetje water uit een flesje of hooguit een slokje uit de borst.

Een voedingsschema van een baby van zes weken:

- 7.00 uur
- 10.00 uur
- 13.00 uur
- 16.00 uur
- 18.00 uur
- 21.00 uur
- 24.00 uur
- 24.00-6.00 uur: probeer niet te voeden!

Bij het schema van een baby van zes weken valt op dat de baby overdag nog elke drie uur wordt gevoed. Tussen 16.00 en 18.00 uur zit er wel maar twee uur tussen. Met deze tijden mag gespeeld worden, als de laatste voeding maar rond 24.00 uur wordt gegeven met ten minste tweeënhalf uur tijd tussen de voeding ervoor. Zoals eerder vermeld: een kwartiertje speling per voeding is absoluut geen probleem.

Een voedingsschema van een baby van acht weken:

- 7.00 uur
- 10.00 uur
- 13.00 uur
- 16.00 uur
- 19.00 uur
- 21.00 uur: kleine voeding
- 24.00 uur
- 24.00 uur-7.00 uur: probeer niet te voeden

Een voedingsschema van een baby van twaalf weken:

- 7.00 uur
- 11.00 uur
- 15.00 uur
- 19.00 uur
- 22.30/23.00 uur
- 23.00-7.00 uur: niet voeden

Vanaf ongeveer acht weken kun je de tijd tussen twee voedingen wat langer gaan maken. Bouw deze tijd tussen twee voedingen langzaam op. Zoals in het schema te zien is, blijft rond de avonduren de voeding wat dichter op elkaar; hier hoef je je niet aan te houden, maar vaak hebben baby's daar behoefte aan.

Voor meer informatie over hoe je van de nachtvoeding af kunt komen, zie ook het hoofdstuk 'Slapen'

Een voedingsschema van een baby van tien weken:

- 7.00 uur
- 10.30 uur
- 14.00 uur
- 17.00 uur
- 19.30 uur
- 23.00 uur
- 23.00 uur-7.00 uur: niet voeden

Vanaf drie à vier maanden: doorslapen van 19.00 tot 7.00 uur

Het verschilt natuurlijk per kind, maar rond de vier maanden kan je baby in principe de nacht doorslapen van 19.00 uur tot 7.00 uur. Ook mag er overdag nu vier uur tussen de voedingen zitten, want je baby kan nu veel meer voeding in één keer drinken en hier dus ook op langer op teren.

Is je baby al vier maanden, dan mag je door de laatste voeding (in dit geval 19.00 uur) wat **rijstebloem** gooien. Kijk op de verpakking voor de juiste hoeveelheden. De rijstebloem maakt de voeding dikker en daar zal je baby langer op slapen. Helaas kun je de rijstebloem niet in je borst mengen, dus zul je een voeding moeten kolven en daar de rijstebloem door moeten doen. Even gedoe, maar wel de moeite waard.

Heb je het idee dat je je baby om 23.00 uur (of 22.30 uur, dat mag ook) echt wakker moet maken voor de voeding, of drinkt hij geen volledige voeding meer, dan is je baby eraan toe om een nacht door te slapen van 19.00 tot 7.00 uur. Dit kan ook al vóór de vier maanden zijn, zonder rijstebloem. Voor meer informatie over rijstebloem zie pagina 132.

Is je baby wel al vier maanden, geef hem dan de rijstebloem altijd in de voeding van 19.00 uur.
Wordt hij ondanks de rijstebloem toch nog wakker rond 23.00 uur, dan kun je hem wel een voeding geven, maar een stuk minder. Probeer die voeding van 23.00 uur op die manier af te bouwen. Je mag hem zelfs een flesje met water geven wanneer je het voedingsschema bijna hebt afgebouwd.
In het hoofdstuk over slapen wordt uitgebreid verder besproken hoe om te gaan met baby's die niet (goed) slapen (pagina 141).

Een voedingsschema van een baby van vier maanden:

- 7.00 uur
- 11.00 uur
- 15.00 uur
- 19.00 uur: voeding + rijstebloem
- 23.00 uur: een halve voeding, na een week een kwart voeding en na een paar dagen alleen als hij wakker wordt een beetje water of eventueel een slokje borstvoeding

EERSTE HULP BIJ BORSTVOEDING

Stuwing

Het geven van borstvoeding kent wat opstartprobleempjes: twee, drie dagen na de bevalling begint de stuwing in je borsten. Onder invloed van het hormoon prolactine komt de melkproductie in een rap tempo op gang. Het is een volkomen normaal verschijnsel, maar niet altijd even prettig. Het geeft een branderig en beurs gevoel, je borsten zitten vol klieren in de vorm van bolletjes en ze zijn keihard (en dan bedoelen we ook echt keihard). Af en toe heb je het gevoel dat je borsten op ontploffen staan en zo zien ze er ook uit. Sommige vrouwen hebben er niet veel last van, maar anderen weten niet waar ze het zoeken moeten van de pijn en kunnen er zelfs hoofdpijn of koorts van krijgen. Het goede bericht is dat de hevige stuwing maximaal een paar dagen zal duren. Maar hoe kom je die paar pijnlijke dagen door?

Beste Jan,

Heeft je vrouw in jouw ogen nu borsten in 'optima forma' en is Pamela Anderson er niks bij? Dan is iets van nuance hier op z'n plaats. Niets is pijnlijker dan stuwing, deze wordt veroorzaakt door de 'plotselinge' borstvoeding die op gang moet komen. De vraag is er al een aantal dagen, maar het aanbod moet nu in rap tempo komen. Dus kijk ernaar, droom ervan, maar kom er vooral niet aan (kijk overigens ook niet té opzichtig, zelfs dat kan niet in goede aarde vallen).

Je kunt **een icepack** op je borsten leggen. Icepacks halen de hitte uit je borsten. Doe wel iets om de icepack heen, bijvoorbeeld een theedoek, anders heb je kans dat hij aan je borsten vast blijft plakken – ja, we zeggen het er maar bij, want zwangere vrouwen en vrouwen die net bevallen zijn doen de raarste dingen. Heb je geen icepack in huis, dan is het ook mogelijk om een beetje appelstroop in een boterhamzakje of nog beter: in een 'druk- en sluitzakje' te doen en koud te laten worden in het vriesvak. De appelstroop bevriest niet en omdat het koude zakje lekker zacht en soepel blijft, kun je het zo op de blote huid leggen.
Je **borsten masseren**. Dit kan onder de (warme) douche of **tijdens het voeden.** Het voelt misschien vervelend aan, maar als er wat melk uit vloeit en daarmee de grootste druk van de borst afneemt, zal het de pijn verlichten. Je masseert hiermee tevens de bobbels in je borsten weg. Ook een voordeel: hiermee verklein je de kans op verstopte melkkliertjes en dus de kans op borstontsteking. Een warm kompres of warm washandje op de borsten leggen en daarna masseren helpt ook!
Je borsten **een héél klein beetje afkolven**. Niet te veel, echt maar een klein beetje, 10 cc bijvoorbeeld, want door meer te kolven loop je het risico de melkproductie juist alleen maar op te voeren. Een beetje kolven kan dus geen kwaad en hierdoor haal je de ergste druk van je borst. Het is handig om deze melk in te vriezen voor een later tijdstip.
Met **witte kool**. Trek er een groot koolblad uit, haal de stam uit het koolblad, kneed vervolgens het blad en leg dit op je borst(en), in je beha. Laat dit koolblad een paar uur zitten, totdat je het gevoel hebt dat je aan een vers blaadje toe bent.

Hygiëne is erg belangrijk, je wilt voorkomen dat je baby **spruw** krijgt. Wel willen, maar niet kunnen drinken en een wit tongetje en gehemelte duiden op spruw. Ga hiermee naar de huisarts! Vergis je niet: als je het wit er zachtjes af kunt schrapen met je vinger, is het waarschijnlijk gewoon melk.

Wordt de stuwing niet minder of krijg je koorts? Neem dan contact op met je kraamhulp of huisarts. Dit kan namelijk duiden op een **borstontsteking**.

Kloven

Met de stuwing zijn de problemen helaas nog niet voorbij. Omdat het aanleggen van je baby aan de borst in het begin een kwestie van oefenen is, krijgen veel moeders in de eerste weken last van tepelkloven; letterlijk sneetjes in je tepel, soms zelfs tot bloedens toe. Heel pijnlijk en het maakt het ook nog eens (zeer onhandig) heel lastig om de borstvoeding door te zetten, maar het kan wel!
Het kan gebeuren dat de baby door de kloven een beetje bloed binnenkrijgt, hierdoor kan hij misselijk worden en wat bloed spugen. Dit ziet er enger uit dan het is. Zolang

het door de tepelkloven komt, is er niets aan de hand, alleen is het prettiger voor de baby en de moeder om deze borst voorlopig even te kolven en de melk uit een flesje te geven. Probeer de goede borst wel te geven, want voor je het weet went je baby aan het flesje en weigert hij daarna de borst.

Om de kloven te voorkomen zul je ervoor moeten zorgen dat de baby goed drinkt. Dat wil zeggen dat de baby niet sabbelt, maar echt goed en krachtig uit de tepel drinkt. Je baby mag bij het aanleggen de tepel ook niet naar binnen slurpen. Hij moet echt een grote hap nemen.
Is hij lekker aan het drinken en voel of zie jij toch dat het aanleggen niet goed is gegaan, stop dan voorzichtig je pink in zijn mond, om het vacuümzuigen te onderbreken. Blijf daarna aanleggen tot hij wel goed aangelegd is. Je zult merken: binnen de kortste keren gaat dit allemaal vanzelf.

In principe mag het geven van borstvoeding geen pijn doen, hooguit een pijnscheutje bij het aanleggen. Doet het wel pijn, dan is de kans groot dat je verkeerd hebt aangelegd. Hieronder een aantal belangrijke tips om kloven te voorkomen.

- Is dit je eerste baby, dan is het goed om de kraamhulp, verpleegster of een lactatiedeskundige in het begin om **hulp te vragen** bij het 'aanleggen'. Ze zal met je meekijken, ze kan je tips geven en verschillende manieren van aanleggen leren. Alleen door te oefenen krijgen jij en je baby het goed onder de knie. Drinkt hij de eerste paar keer niet op de juiste manier – en dat kan behoorlijk frustrerend zijn – dan kan dit al meteen tot kleine kloofjes leiden. Hierdoor wordt het steeds moeilijker en pijnlijker om je baby (goed) aan te leggen.
- Pak zelf je **borst goed vast** en knijp hem een beetje samen voordat je baby toehapt.
- Je kunt voordat je gaat voeden de borst één minuutje **kolven**. Hierdoor wordt de tepel hard en zo kan de baby makkelijker 'happen'. Ook ruikt en proeft je baby de melk en heb je grote kans dat hij meer zin krijgt.
- Zorg ervoor dat je baby zijn mondje **ver genoeg open** heeft, hij mag je tepel zeker niet naar binnen 'slurpen'. Het naar binnen slurpen van de tepel is klovenoorzaak nummer één.
- Zorg dat jij en je baby beiden **goed wakker** zijn, ook tijdens de nacht. Half wakker betekent vaak half werk. Grote kans dat je baby, als hij niet goed wakker is, de tepel als een speentje gebruikt. Er zijn genoeg moeders die tijdens het voeden in slaap vallen en niet doorhebben dat hun baby de tepel kapotsabbelt.
- Het kan helpen om tijdens de zwangerschap, maar ook na de bevalling onder de douche met **koud water** je tepels af te spoelen, dan worden ze tijdens het geven van borstvoeding sneller hard en is het makkelijker voor de baby om te happen.
- Er zijn **tepelhoedjes** te koop die je over de tepel doet, zodat de baby makkelijk de borst kan pakken en jij minder snel last van kloven krijgt. Een idioot gezicht, maar het zou zomaar de oplossing kunnen zijn.
- Moeheid en zuigbehoefte van een pasgeborene worden vaak verward met **honger** en zijn daarom vaak een aanleiding om de baby te gaan voeden, terwijl je dat nog niet zo lang geleden (minder dan tweeënhalf uur) hebt gedaan. Om verwarring en onzekerheid te voorkomen, raden we je aan een vast voedingsschema in te voeren, zodat je niet steeds maar weer je baby aan gaat leggen en jij daardoor enorme kloven en hij krampen krijgt.

Zuigelingen hebben een grote zuigbehoefte. Gebruik hiervoor je pink of een speentje, maar nooit je tepel! Als je 'iets' in het mondje stopt, zal hij namelijk direct beginnen met zuigen, ook al is hij net gevoed. Een baby gaat, wanneer hij moe is, vaak poetsen of happen met zijn gezichtje tegen mama of papa aan, wat vaak verward wordt met honger. Moeheid is naast het poetsen ook te herkennen aan rode wenkbrauwen, wegkijken, in de oogjes wrijven en niet te vergeten: huilen.

Als het kwaad is geschied

Zijn ondanks alle voorzorgsmaatregelen die ellendige sneetjes toch in je borsten geschoten, dan weten we uit ervaring dat dit hoogstwaarschijnlijk het moment is dat de moed je in de schoenen zakt en je het geven van borstvoeding voor gezien wilt houden. Maar nog niet opgeven, hoor! Zet nog even door, we gaan samen met jou aan de hand van de volgende tips de schade herstellen:

- Smeer gedurende de dag regelmatig **Bepanthen** op je tepels. Bepanthen kan zonder enig probleem in combinatie met borstvoeding gebruikt worden.
- Je borst met de kloven **(tijdelijk) kolven**, totdat de tepel weer een beetje geheeld is.
- Je tepel in de **open lucht** laten helen met een druppeltje moedermelk op de tepel.
- De kans is groot dat de kloven zijn ontstaan doordat je de baby niet goed aanlegt of doordat hij niet goed hapt. Probeer hierop te letten en mocht het echt niet lukken, dan kun je een **lactatiedeskundige** inschakelen. De dichtstbijzijnde kun je opzoeken op internet. Een lactatiedeskundige komt bij je thuis en begeleidt je tot je de borstvoeding onder de knie hebt.
- Even **geen zoogkompressen** in je beha. Het open wondje op je tepel kan namelijk vastplakken aan het zoogkompres. Dit kan de kloven alleen maar erger maken. Daarbij is het prettig voor je tepels om te kunnen 'ademen'.
- Met een **tepelhoedje** geef je je tepel even rust.
- Wanneer je een **ei** kookt en de **schil** er voorzichtig afhaalt, zie je een velletje tussen het ei en de schil in. Dit velletje schijnt helend te werken op tepelkloven. Het is een heel gepriegel, maar de moeite waard. Inderdaad, het moet echt niet gekker worden, maar wat kan jou het schelen, als het maar werkt.

En mocht dit alles je toch nog niet het zetje geven om door te gaan met borstvoeding, laat het dan vooral voor wat het is en ga over op kunstvoeding. Laat je niet gek maken door moeders die je ongevraagd vertellen hoe ontzettend jammer het is als je het geven van borstvoeding opgeeft; alsof je geweten niet al genoeg opspeelt. Zoals een kraamhulp ons geweten suste: beter een tevreden fles, dan een verdrietige borst.

Lekkende borsten

Hoe ongemakkelijk, natte plekken bij je borsten als gevolg van lekkende borsten – ja, vrouwen die voor 't eerst moeder worden, het gebeurt – door je shirtje of zelfs je truitje heen.

Om natte plekken in kleren te voorkomen, is het handig om **speciale pads** te gebruiken in je beha. Die zullen eventuele lekkende melk goed tegenhouden. Bij elke drogist te verkrijgen, in siliconenvorm of als papieren pads (een maandverbandje voor je beha, zeg maar, en net zo asexy). Ga je wat langer de deur uit, neem dan een aantal **schone exemplaren** mee. Ook 's nachts kan het fijn zijn om een beha met (dubbele) pads te dragen onder een shirtje, om een doorweekt bed te voorkomen.

Door het geven van borstvoeding worden de borsten (tijdelijk) groter. Zorg dan ook voor een **speciale voedingsbeha** in de juiste maat en met een speciale voedingsopening, en als het even kan in een leuk kanten modelletje!

Borstontsteking

Helaas krijgt één op de zoveel vrouwen last van borstontsteking. Dit kan ontstaan door een verstopte melkklier of door een bacteriële infectie. Pijnlijk en lastig met voeden. Soms krijg je antibiotica of zul je de borstvoeding zelfs moeten staken.

Hier wat tips die kunnen helpen bij het voorkomen van borstontsteking:

- Let erop dat je baby je borst altijd **goed leegdrinkt** en probeer tijdens het voeden je borsten op harde, pijnlijke

plekjes van boven naar beneden te masseren. Hierdoor verklein je de kans op verstopte melkkliertjes.
- Heb je het idee dat je baby de borsten niet helemaal leegdrinkt, **kolf je borsten** dan in ieder geval één keer per dag helemaal leeg. Probeer wel te stoppen met kolven wanneer de borst leeg is, anders vergroot je het aanbod. Bewaar de gekolfde melk altijd.
- Zorg voor een **goed zittende beha**; te strakke beha's of tepelkloven kunnen borstontsteking veroorzaken.
- Neem genoeg **rust:** hierdoor bouw je een betere weerstand op en is de kans op een borstontsteking minder groot of mocht het al zo ver zijn, dan zal de ontsteking sneller afnemen.
- Zorg dat je **borsten geen kou vatten**. Dit klinkt misschien wat absurd, maar mocht het hartje zomer zijn, kijk dan uit met een airconditioner of met tocht als gevolg van tegenover elkaar openstaande deuren. Hierdoor kunnen de klachten erger worden.
- Voel je je **ziek** of heb je **koorts**? Je kunt gewoon doorgaan met de borstvoeding, maar neem wel contact op met de kraamhulp of huisarts.

Beste Jan,

Dat kolfapparaat is nou niet bepaald een charmant gezicht en al ben je gewend aan het geluid en het zien van het hele spektakel, dan nog blijft het een sekskiller. Je vrouw kent ook vast en zeker leukere bezigheden, neem dat maar van ons aan. Zorg er in ieder geval voor dat haar schoonvader of andere bezoekers niet net binnen komen lopen tijdens deze bezigheid. Ze zal je dankbaar zijn. En je pa ook.

Borstvoeding en krampjes

In de eerste weken van zijn leven kan een baby veel last hebben van zijn darmpjes, oftewel **krampjes**. De krampjes kunnen de roze wolk flink overschaduwen. Bedenk dat krampjes erbij horen en ook weer overgaan, maar als moeder kun je wel een paar dingen in je achterhoofd houden. Huilt je baby binnen tweeënhalf uur na de vorige voeding, dan heeft je baby géén honger, maar waarschijnlijk last van krampjes. Ga je wél voeden, dan is de kans groot dat je in een vicieuze cirkel terechtkomt en de darmpjes nog meer gaat prikkelen en dat hij nog meer gaat huilen! Houd daarom altijd minimaal tweeënhalf – het liefst drie – uur tussen de voedingen en lees het volgende stukje over wat je wel en niet moet eten als je borstvoeding geeft extra goed door. Heeft je baby ondanks bovenstaande tips toch nog last van krampjes, dan staan in het hoofdstuk 'Babykwaaltjes' nog meer tips en tricks.

Mama's borstvoedingsdieet

Het is al eerder besproken: alles wat jij eet of drinkt, komt terecht in de voeding van je baby. Dat kan weer een trigger zijn voor krampjes en dat willen we natuurlijk niet.
Kijk daarom uit met gekruid eten, kool, broccoli, uien, knoflook, peulvruchten, vruchten met een pit, (te veel) koffie of zwarte/groene thee, vers sinaasappelsap en peren. Ook te veel koemelk kan een aanleiding zijn voor krampjes. Je zou eventueel tijdelijk sojamelk kunnen drinken.
Zorg er verder voor dat je gevarieerd eet en blijf zwangerschapsvitamines slikken gedurende de tijd dat je borstvoeding geeft. Veel vrouwen hebben last van (lichte) bloedarmoede (ook wel ijzertekort) na de bevalling. Appelstroop op je boterham helpt hiertegen en eventueel kun je ook **Floradix** aanschaffen, te koop bij de meeste drogisten en natuurwinkels. Van Floradix sterk je aan en je mag het nemen in combinatie met het geven van borstvoeding.

Drink vooral water, water, water. Door het geven van borstvoeding verlies je veel vocht en door veel water te drinken, maakt je lichaam makkelijker nieuwe melk aan. Je kunt overigens aan je plas zien en ruiken of je genoeg water drinkt. Is deze erg geel/bruin en heeft hij een sterke geur? Dat duidt op te weinig vocht. Door te weinig vocht kun je weer te harde ontlasting krijgen en dan steken de gezellige aambeitjes weer de kop op. Genoeg van al dat water? Af en toe een bouillonnetje is ook goed voor de waterhuishouding.

Kolven

Kolven, verre van een '*charming*' bezigheid. Opgeteld bij dat matras tussen je benen, wallen tot op je kin en een buik alsof je nog steeds drie maanden zwanger bent; je sexappeal is tot een minpunt gedaald. Trek je gewoon even terug, de privacy zal de melktoevoer alleen maar bespoedigen.

Waarom wel kolven?

Je kunt het je wel een beetje voorstellen misschien: er zijn voor- en nadelen aan kolven. Eerst even de positieve dingen:

- Door te kolven kan de **borstvoeding** (in de eerste dagen na de bevalling) goed op gang komen. De borsten worden gestimuleerd om melk aan te maken.
- Door met kolven regelmatig je borsten 'leeg' te maken, **verklein je de kans op borstontsteking** (alhoewel sommige vrouwen hier sowieso geen last van krijgen).
- We zeiden het al: door te kolven **maak je een extra voorraadje** aan voor een avondje uit, een avondje slaap of voor wanneer je wilt stoppen met het geven van borstvoeding. Je hebt dan nog een voorraadje in de vriezer liggen.
- Door te kolven kun je een voeding eens **uit handen geven** en even wat tijd nemen voor jezelf.
- Hierdoor went je baby ook aan het **drinken uit een flesje**, niet geheel onbelangrijk.
- Mocht je last hebben van **kloven of geïrriteerde tepels** en je wilt de borstvoeding graag doorzetten, dan zou je (tijdelijk) kunnen kolven. Dat geeft de tepel(s) rust.
- Je **weet precies hoeveel** er uit de borsten komt en dus ook hoeveel je baby gedronken heeft. Al zeggen deskundigen ook over het geven van borstvoeding dat de hoeveelheid niet per se iets hoeft te zeggen over de voedingstoffen die de baby binnenkrijgt, het geeft je in ieder geval een beter beeld van wat de baby heeft gedronken.

Het is vaak zo dat je met kolven minder melk uit de borst haalt dan wanneer je baby zelf drinkt. Dit is niet erg, maar wel goed om te weten.

Waarom niet kolven?

- Door te veel te kolven kan er **overproductie** ontstaan. Dat is lekker voor de melkvoorraad, maar het kan erg pijnlijk zijn voor je borsten. De druk op je borsten kan zo hoog zijn dat de melk vervolgens bij de baby letterlijk in het mondje spuit: niet echt bevorderlijk voor de krampjes. Mocht de druk zo hoog zijn, kolf dan vóór de voeding een klein beetje af, dan haal je de spanning van je borsten.
- Ook moet je zorgen voor voldoende **hygiëne** bij het kolven. De apparatuur moet goed schoon zijn, want moedermelk bederft snel. Je houdt haar schoon door alle onderdelen van het kolfapparaat te steriliseren, ofwel door de bacteriën te doden. Dit kan door middel van een sterilisator of door de onderdelen uit te koken in een pan. In het stukje 'Steriliseren' op pagina 122 meer hierover.

Kolftips

- √ Was altijd je handen voordat je gaat kolven
- √ Zorg ervoor dat het kolfmateriaal en de flesjes die je gebruikt schoon en gesteriliseerd zijn
- √ Zorg ervoor dat na het kolven de melk zo snel mogelijk in de ijskast of diepvries wordt gezet. Er bestaan ook speciale koeltasjes voor gekolfde melk (handig wanneer je bijvoorbeeld van werk naar huis moet rijden)
- √ Bij meerdere flesjes: geef de flesjes een etiket, met daarop de datum van kolven
- √ Wanneer je melk gaat invriezen, zorg dan dat je dit niet in grote hoeveelheden doet, want zodra je het hebt ontdooid, moet je het binnen 24 uur gebruiken. Het is zonde om melk weg te gooien
- √ Je kunt de melk in ijsblokzakjes bewaren, 1 klontje is 10 cc, zo hoef je nooit melk te verspillen en het is makkelijk te bewaren
- √ Laat bevroren melk eerst in de ijskast smelten
- √ Ontdooi de melk langzaam en laat de melk nooit koken
- √ Ontdooi de melk liever niet in de magnetron, hierdoor kunnen waardevolle stoffen verloren gaan
- √ Warm de ontdooide melk niet vaker dan één keer op

Soorten kolfapparaten

Er zijn verschillen in kolfapparaten. Afhankelijk van met welk doel je de kolf precies wilt gebruiken, kun je voor jezelf een keuze maken.

- **De handkolf** is goedkoper dan de elektrische kolf en makkelijk in gebruik. Handig mee te nemen, zelfs in je tas naar een feestje. Het is wel handwerk, dus een 'lamme hand' is onvermijdelijk en hij is dus iets minder geschikt als je alle voedingen ermee doet. Mocht je nu toch een keer naar een feestje willen, dan neem je de handkolf mee en kolf je op het tijdstip dat je normaal gesproken zou voeden.

Is je baby niet in de buurt en lukt het kolven niet? Dan kan het helpen om een foto van je baby erbij te pakken, aan hem te denken of een babyliedje te zingen. Daar zit je dan in je eentje… kinderliedjes te zingen…

- **De elektrische kolf** kan worden gekocht of gehuurd. Gehuurde kolfapparaten werken op elektriciteit. Je voelt je misschien 'Clara Campina' als je het apparaat aan je tepel hebt vastgekoppeld, maar het is effectief en relatief snel. Je kunt alleen niet even snel stoppen als een van je andere kinderen in de gordijnen hangt. Bovendien is het aan te raden om toch in alle rust te kolven om genoeg melk te 'produceren', dus neem hier echt even de tijd voor. Een gekochte elektrische kolf werkt zowel op elektriciteit als op batterijen, dus is ook handig mee te nemen.

- Tegenwoordig bestaat er ook een zogenaamde '**kolfbeha**': een beha die het mogelijk maakt om met de handen vrij te kolven. Ideaal voor bijvoorbeeld de werkende moeder.

Er zijn ook bepaalde **koeltassen** te verkrijgen om je gekolfde melk koel te houden, zodat hij minder snel bederft.

Voor alle kolfapparaten geldt: neem de tijd als je ze gebruikt en hygiëne is zeer belangrijk.

Melk bewaren en opwarmen

Nogmaals: het is van groot belang dat je secuur omgaat met (moeder)melk. Zorg dus voor een goede hygiëne bij het kolven, maar ook in de ijskast of de vriezer. Zorg dat beide schoon zijn en er geen beschimmelde producten in de buurt van de moedermelk staan.

Let op: moedermelk mag in principe niet opgewarmd worden in de magnetron, alleen wanneer je heel zorgvuldig de instructies opvolgt (te vinden op www.borstvoeding.com). Waardevolle voedingsstoffen kunnen hierdoor verloren gaan. Liever zoals ze dat noemen 'au bain-marie', oftewel het flesje met de melk in een pannetje met warm water opwarmen.
Vlokjes in de melk zijn niet erg, dat zijn meestal gewone onschuldige vetvlokjes. Wanneer je na het opwarmen het flesje rustig schudt of roert met een lepeltje, dan lossen deze vanzelf weer op.
Afgekolfde of ontdooide moedermelk kan een beetje vreemd ruiken. Dit is helemaal niet raar, de melk kan gewoon gegeven worden (zolang je je aan de regels hebt gehouden).
Moedermelk mag absoluut niet vaker worden opgewarmd dan één keer. Heel erg zonde als je baby het flesje moedermelk voor de helft laat staan, maar helaas is het niet anders.

De houdbaarheidsregels voor moedermelk

Verse moedermelk blijft langer goed dan (koe)melk, omdat er actieve ziektekiem-bestrijdende factoren in zitten. Dus ondanks de grote hoeveelheden suiker en de relatief lage hoeveelheid eiwitten, is moedermelk een slechte voedingsbodem voor bacteriën. Daarom kan moedermelk waar hygiënisch mee is omgesprongen, vijf tot tien uur bij een kamertemperatuur van 20 °C worden bewaard (www.borstvoeding.com).

Een leuk feestje in het vooruitzicht? Weer aan de slag met je carrière? Met een beetje voorbereiding ben je vrij van zorgen! Op onze Facebook-pagina vind je in het videoalbum een filmpje met de titel 'Moedermelk invriezen met Nina'. Hierin laat onze BMM'er Nina zien hoe je moedermelk invriest en weer ontdooit!

Feestjes en borstvoeding

De rook van een sigaret komt net als alcohol direct in de voeding terecht en is dus echt **schadelijk** voor je baby. Nicotine schijnt daarbij ook de melkaanmaak af te remmen. Natuurlijk begrijpen wij als geen ander dat je na negen maanden zwangerschap ook wel weer eens een wijntje wilt drinken. Mocht je je echt niet kunnen beheersen, doe dit dan meteen na de voeding. Dit schijnt het minst schadelijk te zijn.
Maar wil je echt een **avondje uit** of heb je een bijzonder feestje, dan kun je als je het goed plant gewoon een avondje je gang gaan. Zorg dan ruim van tevoren dat je het aantal voedingen dat je er niet bent gekolfd hebt en het liefst nog twee voedingen extra. Hier moet je zeker een paar dagen van tevoren mee beginnen, want je kunt natuur-

	Kamertemp. (20 °C)	**In de ijskast (5 °C)**	**In de vriezer (-15 °C)**	**In de diepvries (-20 °C)**	**Na het opwarmen**
Verse moedermelk	5-10 uur	tot 5 dagen	3 mnd	3-6 mnd	1 uur
Ontdooide moedermelk	1 uur	24 uur			1 uur

lijk niet ineens drie voedingen extra kolven. Kolf nog net voordat je weggaat allebei je borsten helemaal leeg, want volle borsten kunnen ontzettend veel pijn doen. Vergeet daarom **nooit** je kolfapparaat, je zult niet de eerste zijn die op een feestje staat met bijna ontploffende borsten – waar je overigens wel veel complimenten over zult krijgen – en niet weet waar ze het zoeken moet van de pijn. Afhankelijk van de duur van het feestje kun je je even terugtrekken om de ergste druk van je borsten af te halen (als je nog niet gerookt of gedronken hebt, kun je deze melk bewaren in een speciaal koeltasje).

Wanneer je thuis bent gekomen en je hebt meer dan twee glazen wijn gedronken, dan raden wij je aan om je borsten helemaal leeg te kolven en deze melk weg te gooien. De volgende voeding, wanneer je borsten weer vol zijn, kun je gewoon weer de borst geven. Heb je jezelf echt heel erg laten gaan, kolf dan voor de zekerheid rond het tijdstip van de volgende voeding je borsten opnieuw helemaal leeg en gooi ook deze melk weg. Nu komen die twee extra gekolfde voedingen die we eerder noemden van pas. De voeding hierna kun je met een gerust hart weer de borst geven. Kortom, veel gedoe, maar mama heeft hopelijk wel een leuk avondje gehad.

Het 'afscheid': afbouwen van borstvoeding

Heb je besloten de borstvoeding te gaan afbouwen of er zelfs helemaal mee te stoppen, doe dit dan met beleid. Ook al past de melkproductie zich heel snel aan de nieuwe situatie aan, het is toch verstandig rustig af te bouwen, voeding voor voeding. Stel, je geeft vijf borstvoedingen per dag, dan vervang je één borstvoeding door een flesje. Je komt dus uit op vier keer borstvoeding en één keer flesvoeding (heb je nog moedermelk in de vriezer liggen, maak die melk dan eerst op in plaats van kunstvoeding te gebruiken). Wanneer je een voeding gaat vervangen door flesvoeding, kun je het beste op het tijdstip dat je normaal gesproken dus de borst zou geven een heel **klein beetje kolven** of je baby slechts een paar slokjes laten nemen. Dit doe je alleen om de ergste druk van je borst af te krijgen en om de kans op borstontsteking te verkleinen. Je zult merken dat de melkproductie op dat tijdstip binnen twee dagen flink is afgenomen. Nu kun je stoppen met het beetje afkolven of met je baby een klein slokje laten drinken op dat voedingsmoment, want van spanning op je borst zal geen sprake meer zijn. Wat betekent dat je een volgende borstvoeding zou kunnen inwisselen voor een flesvoeding. Het is voor jezelf en je baby van belang om niet twee voedingen achter elkaar te vervangen door het flesje, maar laat er ten minste één borstvoeding tussen zitten. Zorg er ook voor dat je je borsten om en om afbouwt (bijvoorbeeld eerst links dan rechts).

Het is prettig om de ochtendvoeding er het langst in te blijven houden. Ten eerste is deze voeding vaak extra voedzaam, na een aantal uren slaap, dus die wil je je baby graag meegeven. Ook is het heerlijk om in de ochtend je baby in je warme bed te nemen en lekker te voeden. Je hoeft niet naar beneden voor een fles en waarschijnlijk zitten je borsten goed vol na wat uurtjes slaap.

Een goede voeding om als eerste eruit te halen is de avondvoeding. Je melk is in de avond vaak wat dunner en jij bent moe. Kunstvoeding is meestal zwaarder dan borstvoeding, dus grote kans dat je baby hier lang(er) op zal slapen.

Ons advies wanneer je wilt afbouwen: stop als eerste met de laatste avondvoeding en geef daarvoor in de plaats kunstvoeding. Kunstvoeding ligt zwaarder op de maag, dus de kans is groot dat je baby hier langer op zal slapen. En op dit tijdstip kan je partner de voeding van je overnemen, iets waar je maar beter dankbaar gebruik van kunt maken.

Een voorbeeld van een afbouwschema kan zijn:

Dag	7.00 uur	11.00 uur	15.00 uur	19.00 uur	23.00 uur
1	Borst	Borst	Borst	Borst	Fles
2	Borst	Fles	Borst	Borst	Fles
3	Borst	Fles	Borst	Fles	Fles
4	Borst	Fles	Fles	Fles	Fles
5	Fles	Fles	Fles	Fles	Fles

Uiteraard is het helemaal aan jou om te bepalen wanneer je er een voeding uit haalt en hoe lang je over het afbouwen van een borst doet. Er zijn mensen die nog een lange tijd bijvoorbeeld alleen de ochtendvoeding uit de borst geven en de rest met flesvoeding. Maar er komt een moment dat het definitief over is met de borstvoeding en dat je alleen nog maar de fles zult geven.

KUNSTVOEDING

Geen borst-, maar kunstvoeding

Het kan natuurlijk zijn dat je sowieso geen borstvoeding wilt geven, bijvoorbeeld omdat je sneller van de gierende hormonen af wilt of omdat je ervan overtuigd bent dat je borsten dan langer meegaan in de schoonheidsrace. Het kan ook zijn dat je geen borstvoeding kunt geven om een bepaalde medische reden.

Mocht je de borstvoeding niet op gang willen laten komen, dan kun je dit van tevoren aangeven bij de verloskundige of gynaecoloog. Hij of zij kan je eventueel speciale medicatie geven om de melkproductie tegen te houden. Laat je goed informeren over eventuele bijwerkingen van deze medicatie.

Of misschien ben je wél vol goede moed aan borstvoeding begonnen, maar wil je er gewoon mee stoppen? Wij zijn ook vol goede moed begonnen en we zijn er alle drie op een bepaald moment weer mee gestopt, de een wat eerder dan de ander. En ja, ook wij hadden schuldgevoelens, omdat wij ook weten dat het belangrijk is om zo lang mogelijk

Beste Jan,

Je hebt dan wel geen borsten, maar gelukkig wel handen van Onze-Lieve-Heer gekregen. Vanaf nu kun jij ook een handje helpen bij het geven van de fles. Veel mannen vinden dit een heerlijk moment en evenzovele zien het als een noodzakelijk kwaad. Weet in ieder geval dat je vrouw het best fijn zal vinden om even haar handen vrij te hebben en dat je hulp dus erg gewaardeerd wordt. Naast het praktische aspect is er een nog veel belangrijker aspect: met het geven van de fles en vooral lichaamscontact tussen jou en je baby groeit jullie band. Je baby hoort je, voelt je en ruikt jouw specifieke geur en voelt zich daardoor tot je aangetrokken.

zelf te voeden. Maar weet je wat ook belangrijk is? Dat jij je er lekker bij voelt. Op het moment dat het geven van borstvoeding je echt tegen begint te staan, om wat voor reden dan ook, dan kan het soms beter zijn voor jezelf en je baby (én je relatie) om over te gaan op kunstvoeding. Voel je hier niet schuldig over en je hoeft je al helemaal niet te verantwoorden naar de buitenwereld. Het is misschien makkelijker gezegd dan gedaan, maar boven alles geldt: **volg je gevoel**.

Oké, je hebt besloten om kunstvoeding te gaan geven. In dit hoofdstuk gaan we er voor het gemak even van uit dat je baby net is geboren, en je dus een pasgeboren baby gaat voeden met kunstvoeding. Wij gaan er daarnaast van uit dat het hier om **een gezonde baby met een normaal geboortegewicht** gaat. Ben je overgestapt van borst op fles, dan is het wel handig om alles even door te lezen, maar de schema's die verderop staan en die niet voor jou bedoeld zijn, kun je vanzelfsprekend overslaan. Veel mensen denken dat kunstvoeding in vergelijking met borstvoeding 'appeltje-eitje' is, maar ook het flesvoedingsproces heeft zijn eigen gebruiksaanwijzing.

Waarom wél kunstvoeding?

- Je hebt veel meer **duidelijkheid**. Je weet precies hoeveel je baby binnen heeft gekregen.
- Je hebt **geen lichamelijke ongemakken**, zoals tepelkloven of lekkende borsten.
- Je mag **alles eten en drinken**.
- Je kunt de voeding eventueel aanpassen op de **specifieke behoeften** van je baby: voor baby's die veel spugen, voor de extra hongerigen, voor de baby's die allergiegevoelig zijn et cetera.
- Je kunt het geven van de voeding aan **iemand anders uitbesteden**.
- Kinderen die kunstvoeding krijgen, zijn vaak makkelijker in een **ritme** te krijgen. Dit vergroot de kans weer dat jullie gauw de hele nacht doorslapen.

Waarom géén kunstvoeding?

- Borstvoeding is de **beste voeding** die een moeder haar baby kan geven.
- Je moet je baby **na elke voeding laten boeren**, dit kan soms een hoop tijd in beslag nemen.
- In de eerste zes maanden is het van belang dat het materiaal (o.a. fles, flesring, speen) na elke voeding **gesteriliseerd** wordt vanwege de eventuele bacteriën. Vanaf zes maanden mag het wekelijks (en eerlijk gezegd hebben wij het vanaf toen helemaal niet meer gedaan).
- Je moet goed **voorbereid** zijn: wees er zeker van dat je alle benodigdheden te allen tijde bij de hand hebt en dat waar je ook naartoe gaat, er de mogelijkheid is water te verwarmen. Of je moet ervoor zorgen dat je zelf warm water bij je hebt.
- Kunstvoeding wordt gemaakt van koemelk en dat is weer een van de grootste veroorzakers van **allergieën**. Voor baby's met een koemelkallergie bestaat er ook hypoallergene voeding of bijvoorbeeld geitenmelk. Het nadeel hiervan is dat het stukken duurder en soms moeilijk verkrijgbaar is, en ook nog niet zo bekend is bij consultatiebureaus en sommige huisartsen.

  Let op: je kunt niet meer terug. Zodra de borstvoeding volledig is afgebouwd, is het tijdperk van borstvoeding geven afgesloten.

Een lesje fles geven: het lijkt wel 'hogere wetenschap'

Waarschijnlijk heb je tijdens de zwangerschap al een of meerdere flesjes aangeschaft en misschien zelfs al een pak poedermelk. Op het gebied van kunstvoeding, flessen en spenen is namelijk ongeveer alles te krijgen wat je je kunt bedenken. Verdiep je goed in de eventuele probleempjes van je baby en probeer op basis daarvan de beste keuze te maken. Hieronder gaan we je alles vertellen over soorten voeding, verschillende soorten flessen, steriliseren, hoe een flesje te bereiden et cetera, zodat je een weloverwogen keuze kunt maken.

Welke kunstvoeding kies je?

Er zijn een heleboel merken en ze zijn waarschijnlijk allemaal even goed. Het merk is wat ons betreft minder belangrijk; welke soort voeding het beste bij jouw baby past, is meer van belang. Heb jij het vermoeden dat je een heel gewone baby op de wereld hebt gezet, gelukkig maar, dan kun je hem **standaardvoeding** geven. Maar heb je het vermoeden dat jouw baby een speciale voeding nodig heeft, overleg dan altijd eerst met de kraamhulp, het consultatiebureau of de huisarts.
Een aantal voorbeelden van soorten voeding die je kunt kopen: **hypoallergene** voeding voor baby's met aanleg voor allergie(ën), voeding voor **extra hongerige** baby's, voeding voor baby's **met krampjes**, voeding voor **spugende** baby's en **voeding op basis van geitenmelk** voor baby's **met een koemelkallergie**. Zo bestaan er nog veel meer soorten voeding in de nieuwe wereld die zich voor je heeft geopend. Sowieso is het niet aan te raden om zelf te experimenteren; overleg altijd met een deskundige aangezien de adviezen nog weleens willen veranderen. Deze kan je ook vertellen hoe je het beste over kunt stappen op een ander soort voeding (bij voorkeur geleidelijk en gedoseerd). Geef jezelf en je baby de tijd om aan de nieuwe voeding te wennen, de klachten zullen niet als sneeuw voor de zon verdwijnen. Ook hebben de producenten van de voeding een klantenlijn (telefoonnummers staan vermeld op de verpakking van de kunstvoeding) die je kunt bellen voor antwoorden op al je kunstvoedingsvragen. Het beste advies krijg je toch van een deskundige.
Zijn er geen bijzonderheden aan je kindje en heb jij geen voorkeur voor een merk, dan zeggen we het er voor het gemak maar even bij dat het merk Nutrilon het makkelijkst te verkrijgen is. Van supermarkt tot nachtapotheek en in veel andere landen. Wel zo lekker als je 's nachts met vlekken in je nek constateert dat je melk op is en dat je 'even' naar de nachtapotheek kunt.

Als je op doktersadvies specifieke voeding voorgeschreven krijgt, dan kun je dit (gedeeltelijk) terugkrijgen van de verzekering.

Er is ook **biologische flesvoeding** verkrijgbaar, oftewel voeding die zo natuurlijk mogelijk tot stand is gekomen, met zo min mogelijk kunstgrepen: voeding van het merk **Holle** of Biobimlac van **Biobim**. Daarnaast bestaat er **geitenmelkpoede**r van het merk **Holle, Nanny Care** of **Hip**.

Fleskeuze

Er is keuze in voeding, maar er zijn al helemaal een hele hoop flessen en nog veel meer spenen op de wereld. Er zijn grote en kleine flesjes, dunne en dikke. Er bestaan ook speciale flesjes voor baby's met krampjes en er zijn huismerkflesjes.
Als je eenmaal gewend bent aan een fles, ga je vaak niet zo snel meer veranderen, dus kijk meteen even of er van het door jou gekozen merk ook een **standenspeen of papfles** bestaat. De standenspeen is handig, want je kunt deze op dezelfde fles draaien en toch een flesje met pap erin geven zodra je baby daaraan toe is. Stand 1 gebruik je dan bij gewone melk en stand 2 of 3 bij een fles met pap erin.

Beste Jan,
Een flesje bereiden is misschien geen wetenschap, maar je vrouw zal het ongetwijfeld zo weten te draaien dat je het op z'n minst behoorlijk serieus moet nemen. In de tekst hierna volgen een aantal dingen die je een ruzie of dodelijke blik kunnen besparen.

Sommige merken hebben **speciale handgrepen** die je op de fles kunt draaien zodat je baby vanaf ongeveer zes maanden de fles zelf vast kan houden. In dezelfde fles kun je dan ook water of (verdund) sap* doen, mocht je baby eraan toe zijn.

Je kunt dus met van alles rekening houden; denk bijvoorbeeld ook aan flessen met een **bredere hals** zodat je ze makkelijker schoon kunt houden, of flessen met verschillende kleuren voor een tweeling. Een goed idee kan zijn om even aan een vriendin of zus te vragen of ze blij is/was met haar merk en waarom wel of niet.

Steriliseren

Als je overgaat op flesvoeding, zul je de flessen en spenen die je hebt aangeschaft voor gebruik altijd even moeten steriliseren. Steriliseren wil zeggen dat je de **bacteriën doodt.** Dat kun je bijvoorbeeld met behulp van een **sterilisator** doen: een plastic bak die geschikt is voor de magnetron. Doe de flessen en spenen in de sterilisator en vul hem met 200 cc water. Vervolgens zet je de sterilisator in de magnetron; twee minuten op 1100-1850 W, vier minuten op 850-1000 W en zes minuten op 500-800 W. **Let op:** afgesloten (met de deksel erop) blijven de flessen en spenen wel 24 uur steriel, onafgesloten ongeveer een halve dag. De eerste drie maanden doe je dit na elke voeding, na drie maanden kun je dit één keer per dag gaan doen en na zes maanden is de weerstand van je baby meestal voldoende en kun je dit wekelijks doen. Je kunt een sterilisator kopen bij iedere geboortewinkel en bijvoorbeeld bij Prénatal of HEMA.

BMM'ers Nina en Marieke hebben hun eigen methode voor het steriliseren van flesjes en speentjes. Kijk daarvoor in het videoalbum op onze Facebook-pagina bij 'Steriliseren met Nina & Marieke'. Welke manier past bij jou? Deel het op onze timeline of via Twitter met #BMM!

* *Geef je baby'tje niet het appelsap dat je voor jezelf koopt, daar zit te veel suiker in. Er bestaan allerlei soorten (biologische) sapjes speciaal voor baby's, zonder toegevoegde suikers (bijvoorbeeld diksap).*

Een puntje van aandacht:

Mocht je kiezen voor de flessensterilisator, bewaar deze dan niet in je combi-oven/magnetron. Menigeen vond een gesmolten sterilisator terug na het voorverwarmen van de oven. In plaats van een lekkere maaltijd in de oven, een sterilisator armer.

Als je geen magnetron hebt, kun je de flessen vijf minuten uitkoken in een pan met water. Daarna gooi je ze in een vergiet om uit te laten lekken. Als de flessen dof uitslaan, kun je een keer een scheutje wittewijnazijn in het water mee laten koken, zodat ze er weer fris uitzien (daarna de flessen dan wel voor alle zekerheid nóg een keertje uitkoken).

De bereiding

Gebruik afgekoeld gekookt water (maximaal 24 uur in de ijskast bewaren) of mineraalwater. Het is niet nodig om je baby een warme fles te geven, het is wel handig als de kou eraf is om krampjes te voorkomen: 37 °C is de meest ideale temperatuur (net zo warm als borstvoeding). Die temperatuur bereik je wanneer je afgekoeld water mengt met net gekookt water. Het is even passen en meten, maar na een paar keer weet je precies de juiste verhoudingen. Of je verwarmt het flesje met (mineraal)water in de magnetron. Druppel een beetje melk op je pols. Wanneer je niets voelt, dus als het niet warm en niet koud aanvoelt, dan is het op lichaamstemperatuur, net als borstvoeding.
Een beetje warme fles melk is natuurlijk heerlijk en helemaal als je baby krampjes heeft, maar bedenk wel dat je baby hier ook gewend aan kan raken (en een te warme fles kan gevaarlijk zijn, dus altijd even voelen!). Je zorgt altijd eerst dat het water in de fles op temperatuur is en daarna voeg je het juiste aantal schepjes poeder toe. Vervolgens kun je beter vanuit de pols **rondjes draaien** in plaats van schudden, aangezien je anders belletjes krijgt die krampjes kunnen veroorzaken. Je kunt de poeder ook met een lepel roeren.

Hoe geef je de fles?

Er zijn verschillende manieren waarop je de fles kunt geven en je komt er snel genoeg achter wat jullie samen een fijne houding vinden. Het is wel beter voor je baby als zijn hoofdje iets hoger ligt dan zijn lijfje, zodat de melk een beetje naar beneden, richting het maagje loopt. Probeer een **gemakkelijke houding** aan te nemen; leg bijvoorbeeld een kussentje onder de arm, zodat je niet te vaak hoeft te gaan verzitten of kramp in je armen krijgt. We raden ook aan om te voeden in een **rustige omgeving** – hoewel de eerlijkheid ons gebiedt te zeggen dat bij ons eigen derde kind tijdens het voeden de tennisballen, barbies en vrachtautootjes ons af en toe om de oren vlogen.
Feit is echter wel dat rust ervoor zorgt dat een baby rustiger drinkt en dus minder lucht meeslokt. En hoe beter een voeding verloopt, hoe beter het de uurtjes erna met hem gaat en hoe beter hij slaapt.

Als je 's nachts nog een flesje moet maken, kun je een **thermoskan** met warm water of een **flessenwarmer** en melkpoeder in een melkverdeler naast je bed zetten, zodat je je bed niet uit hoeft.

Het meest ideale is als je baby vijftien tot twintig minuten over zijn fles doet. Dit klinkt misschien streng, maar het is echt gebleken dat een baby die zo lang over elke fles doet, minder zuigbehoefte en minder last van krampjes heeft. Heb je hier vragen over, bel dan bijvoorbeeld met Nutricia Kindervoeding Service 0800-022 26 26.

Een hulpmiddel om de melk wat dikker te maken en daarmee je baby wat langer over het flesje te laten doen is **johannesbroodpitmeel** (bijvoorbeeld Nutriton van Nutricia, verkrijgbaar bij drogisterij, apotheek en supermarkt). Dit mag je vanaf de geboorte al gebruiken en kun je zowel met gekolfde borstvoeding als met **flesvoeding mengen**. Maak, om klontjes te voorkomen, de fles klaar zoals je dat normaal gesproken doet, voeg pas daarna het johannesbroodpitmeel toe en roer of draai weer even zachtjes.

Let op: je moet de hoeveelheden die op de verpakking staan niet klakkeloos overnemen, want dan kan het zijn dat de melk veel te dik wordt en niet door het speentje gaat. Als je baby inmiddels paars aan is gelopen van woede, dan gebruik je waarschijnlijk een te kleine speen of heb je te veel johannesbroodpitmeel toegevoegd.

> Het beste is als een zuigeling **vijftien tot twintig minuten** over zijn flesje doet in verband met de **zuigbehoefte, verzadiging** en ter voorkoming van **krampjes**. Je kunt dit bewerkstelligen door een **kleine(re) speen** te nemen of **johannesbroodpitmeel** aan de voeding toe te voegen. Dan moet je misschien een iets grotere speen gaan gebruiken.
> **Let op:** boeren telt overigens niet mee als drinktijd, de vijftien minuten moeten 'pure drinktijd' zijn.

Daarnaast kun je dus spelen met de **grootte** van het speentje: gebruik je normaal maat 1, dan kun je nu maat 2 gebruiken. Je kunt ook voordat je johannesbroodpitmeel probeert, eerst een speenmaatje kleiner gaan gebruiken, zodat je baby wel vijftien minuten of langer over zijn flesje gaat doen.

Boeren

Je hebt waarschijnlijk nooit in je leven nagedacht over hoe belangrijk een boer kan zijn. Nogal belangrijk, in het leven van je baby. Het overslaan van de boer kan namelijk behoorlijke **krampen** opleveren bij je baby. En dat levert weer behoorlijk wat decibellen op, naast het feit dat het bovenal zielig is als hij pijn heeft.
Laat je baby dus tijdens het geven van de fles **regelmatig**, of ten minste halverwege de fles, boeren en houd de speen tijdens het drinken goed **vol** met melk, zodat er geen lucht gehapt wordt.
Mocht er halverwege geen boer komen, dan kun je ook even de luier verschonen. Meestal komt de boer daarna

bij het rechtop tillen of over de schouder leggen alsnog. Als hij geen schone luier nodig heeft, leg je hem gewoon even een paar minuutjes **plat in de box**, vaak komt de boer vanzelf als je hem daarna weer rechtop tilt. De baby met **gestrekte armen** onder zijn okseltjes rechtop voor je houden werkt ook goed. Doordat het lijfje zich helemaal strekt, zakt de melk en stijgt de lucht omhoog.

Je kunt hem ook **over je schouder** leggen en vanonder, vanaf de billetjes naar boven, op het ruggetje kloppen. Een andere manier is om met twee vingers zachtjes **het ruggengraatje** te pakken en je vingers zachtjes van onder naar boven en van boven naar beneden te laten glijden, de baby strekt zich dan vaak automatisch en dan komt er ook lucht vrij.
Het komt natuurlijk ook voor dat deze tips niet werken en je een hele tijd met hem rond moet lopen voordat het boertje komt.
Een kleine nuancering: het is belangrijk dat je baby een boertje laat, maar niet noodzakelijk: komt het niet, dan komt het niet.

Hoe kun je merken dat er een boertje dwarszit:

√ Huilen

√ Draaien met lijfje

√ Trappelen

√ Kreunen en steunen net na de voeding

Beste Jan,

We willen je natuurlijk niet tekortdoen, maar de meeste mannen zijn over het algemeen wat minder geduldig dan vrouwen, vooral waar het baby's betreft. Ben je een keer alleen thuis met jullie baby, probeer dan het tempo van het leegdrinken van de fles in de gaten te houden en laat hem na de voeding goed boeren. Wanneer hij niet goed heeft geboerd (en helaas kan dat een tijdje duren), zul je hier een uur, of soms zelfs langer, na de voeding voor boeten. Een baby die niet goed heeft geboerd, zal het in no time op een krijsen zetten. Loop dus liever wat langer rondjes met je baby op de arm na een voeding (dat kan ook bij de tv), dan is de kans groter dat je baby daarna lekker gaat slapen. Kijk voor de zekerheid even op pagina 123 voor wat 'boertips'.

VOEDINGS-SCHEMA'S

Voeden op verzoek of op de klok

We hebben het er bij het geven van borstvoeding al over gehad, maar ook bij kunstvoeding is er de mogelijkheid om te voeden op verzoek of te voeden op de klok. Bij voeden op verzoek bepaalt je baby eigenlijk zelf wanneer hij drinkt. Bij kunstvoeding is dit een stuk lastiger, aangezien je dus overal en altijd voeding en (warm) water bij je moet hebben. Wat ons betreft is een nadeel van op verzoek voeden dat je baby **minder snel in een ritme** komt, dus ook minder snel in het ritme van doorslapen.

Voeden op de klok wil zeggen: jij bepaalt wanneer en hoeveel je baby krijgt. Dat is essentieel voor het creëren van een dag- en nachtritme en voor het zo snel mogelijk laten doorslapen van je baby. Een bijkomend voordeel is dat hij al snel went aan dit ritme en dat je de klok erop gelijk kunt zetten dat hij wakker wordt als het tijd is voor een flesje.

Probeer altijd zo veel mogelijk op te schrijven **hoe laat** en **hoeveel** je baby gedronken heeft. Door de zwangerschapshormonen ben je zeer waarschijnlijk een wandelend vergiet en het is niet alleen handig voor jezelf, maar ook voor je partner of een opa of oma die een dagje komt oppassen.

Wat, wanneer en hoeveel

Vooropgesteld: een pasgeboren baby van een of twee weken oud is meestal nog niet in een keurslijf te dwingen. Met name een iets te vroeg geboren baby of een baby die wat aan de kleine kant is, kun je in het begin niet direct in zo'n ritme forceren.

Nogmaals: ook bij de voedingsschema's gaan wij uit van een gezonde baby, met een **normaal geboortegewicht**. In andere gevallen raden wij je aan om advies aan de huisarts of het consultatiebureau te vragen!

Natuurlijk moeten jullie samen eerst even bijkomen van de bevalling en zullen jullie allebei in het begin **veel slaap** nodig hebben. Gelukkig zorgt de natuur er al voor dat een pasgeboren baby meer slaapt dan dat hij wakker is. Ondanks het feit dat je veel slaap nodig hebt, hebben de meeste kraamvrouwen in de eerste week na de bevalling veel **adrenaline** in hun lichaam. Hierdoor denk je de hele wereld aan te kunnen en zul je hoogstwaarschijnlijk te veel hooi op je vork nemen. Een gewaarschuwd mens telt voor twee. Hopelijk ga jij het dus anders doen en wel **rust** nemen, ook al heb je het idee alles aan te kunnen. Hier zul je ons later dankbaar voor zijn.

Na een tijdje zul je zien dat je 's avonds en 's nachts erg moe bent en je al snel niet meer in staat voelt om tot iets te komen, laat staan het inbouwen van een ritme. Rust nemen, zeker in het begin, is dus belangrijk: uiteindelijk gaat die energie je door deze toch al zo zware periode heen helpen.

De eerste paar dagen drinkt een baby per voeding ongeveer 10 cc maal het aantal dagen dat hij oud is. Een baby van een week oud drinkt dan ongeveer 70 cc per voeding.

Wat de **hoeveelheid** betreft: de eerste paar weken is het vooral zaak dat je baby voldoende binnenkrijgt. Bied de aangegeven hoeveelheden aan: laat je baby wat staan, maak je geen zorgen, hij neemt in principe zelf wat hij **nodig** heeft, tenzij er bijzondere omstandigheden zijn. Gaat hij hier een gewoonte van maken, dan is het aan jou om te beslissen of hij die restjes wel of niet nodig heeft om het tot de volgende voeding vol te houden.

Een klaargemaakte fles van bijvoorbeeld 120 cc is uiteindelijk altijd meer: door de toegevoegde voeding en na het roeren blijkt er vaak wel 135 cc in de fles te zitten. Je kunt als je een schema bijhoudt gewoon 120 cc opschrijven of onthouden.

Nachtvoedingen algemeen

Ben jij een van de gelukkigen met een baby die 's nachts goed slaapt? Heerlijk, laat hem lekker slapen. Een pasgeborene kan **maximaal zes uur** zonder voeding. Je hoeft hem eerder dus niet wakker te maken. Als hij 's nachts uit zichzelf wakker wordt en wil drinken, dan kun je hem natuurlijk wél een flesje geven, tenzij er minder dan tweeënhalf uur tussen zit. In dat geval is er zeer waarschijnlijk een andere reden dan honger, zoals bijvoorbeeld een boertje dat dwarszit, krampjes of hij wil gewoon gezelligheid en een dikke knuffel.

Week 1-2

Het volgende voedingsvoorbeeld van een baby van rond een week oud is bedoeld om jou je wat minder onzeker te laten voelen als de kraamhulp de deur achter zich dichttrekt. Mocht dit je echter juist onzeker maken doordat jouw baby er een totaal ander schema op na houdt: geen zorgen. Je baby is nog aan het bijkomen van de bevalling en hij is te klein om nu al een strak schema te volgen. Een stelregel die echter altijd opgaat is: niet elke keer als hij huilt meteen een flesje geven. Er zijn een heleboel redenen waarom je baby kan **huilen** en als hij korter dan tweeënhalf uur ervoor nog heeft gedronken, kun je echt beter niet weer gaan voeden, om kramp te voorkomen.

Een voedingsschema van een baby van drie dagen oud zou kunnen zijn:

• 3.00 uur	30 cc
• 5.30 uur	30 cc
• 8.00 uur	30 cc
• 11.00 uur	30 cc
• 14.00 uur	30 cc
• 16.30 uur	30 cc
• 19.30 uur	30 cc
• 22.00 uur	30 cc

Een voedingsschema van een baby van zeven dagen oud zou kunnen zijn:

• 4.00 uur	70 cc
• 8.00 uur	70 cc
• 11.00 uur	70 cc
• 14.00 uur	70 cc
• 17.00 uur	70 cc
• 19.30 uur	70 cc
• 23.00 uur	70 cc
• 1.30 uur	70 cc

Wat hierbij opvalt is dat een baby'tje steeds grotere hoeveelheden gaat drinken. Van een ritme is, logisch, totaal nog geen sprake. Ook heb je geen garantie dat je baby die 70 cc die hij zou 'moeten' drinken ook daadwerkelijk opdrinkt; het kan zijn dat hij om wat voor reden dan ook bijvoorbeeld 50 cc drinkt. Gun hem even de tijd en biedt binnen 20 minuten alsnog die 20 cc aan. Zo weet je zeker dat hij genoeg heeft gedronken. Wil hij echt niet, dan wil hij echt niet.

Zowel borst- als kunstvoeding mag je niet twee keer opwarmen. In het geval van kunstvoeding kun je een nieuw flesje maken of het flesje warm houden in een pannetje warm water of flessenwarmer.

Week 2-4

Hier geven we je een voorbeeld van een voedingsschema voor een baby tussen de twee en de vier weken oud. Het lijkt misschien wat vroeg, maar mocht je erg punctueel zijn, dan kun je nu al langzaamaan proberen een ritme in de voeding te bouwen. Je kunt ook alvast beginnen je baby tussendoor op **vaste tijden** in zijn bedje te leggen (zie hoofdstuk 'Slapen', pagina 150). Dat helpt hem om in een ritme te gaan komen.

Een voedingsschema van een baby van twee à drie weken zou kunnen zijn:

- 7.00 uur 90 cc
- 10.30 uur 90 cc
- 14.00 uur 90 cc
- 17.00 uur 90 cc
- 21.00 uur 90 cc
- 24.00 uur 90 cc
- 3.00 uur 90 cc

Tussen 24.00 en 7.00 uur: alleen voeden wanneer je baby het aangeeft.

Heel globaal gezegd zal een baby tussen de 2 en 8 weken oud behoefte hebben aan **6-8 flessen kunstvoeding per dag**. In geval van 6 flessen kun je tussen de 85-130 cc aanbieden, in geval van 7 flessen per dag kun je tussen de 75-110 cc aanbieden, in geval van 8 flessen per dag kun je tussen de 60-110 cc aanbieden.
Mocht je twijfels hebben, dan is er natuurlijk altijd het consultatiebureau, de kraamlijn of de klantenservice van het merk kunstvoeding dat je gebruikt om je vragen te beantwoorden en je verder op weg te helpen.

Ook nu kan het zijn dat je baby andere hoeveelheden drinkt. Misschien is jouw baby enorm hongerig of juist niet; jij kunt de hoeveelheden op je baby aanpassen, zolang je niet afwijkt van het advies op de verpakking van de voeding of van een deskundige.
Heeft hij bijvoorbeeld een **regeldag***, dan kan het zijn dat hij vaker lijkt te willen drinken, maar toch zijn flesje niet leegdrinkt. Dit is niet zo erg. Probeer zo dicht mogelijk bij je eigen schema te blijven.
Heb je je goed aan het schema gehouden, maar je baby redt het niet tot 7.00 uur omdat hij het al om 6.00 uur uitschreeuwt? Probeer dan **geen volle voeding** te geven, zodat je om 7.00 uur alsnog de dag kunt laten beginnen met een volle voeding, volgens schema. Je kunt er natuurlijk ook voor kiezen om hem om 6.00 uur wel die volle voeding te geven en op de rest van de dag weer een beetje in te lopen door die voedingen allemaal een kwartiertje later te geven.

** Een **regeldag** is een dag of een paar dagen waarop de baby een **sprong** in zijn ontwikkeling maakt. Op zo'n dag is hij **hangerig, huilerig en hongerig**. Hierover meer op pagina 167.*

Week 4-6

Nu kun je zeker een schema gaan inbouwen en je proberen te houden aan de daarin opgenomen tijdstippen en hoeveelheden. Doe jezelf daarbij wel een plezier en houd een **kwartiertje marge** aan. De tijden die hieronder zijn aangegeven, zijn een voorbeeld van een goed schema.

Een voedingsschema van een baby van vier weken zou kunnen zijn:

- 7.00 uur 120 cc
- 10.30 uur 120 cc
- 14.30 uur 120 cc
- 18.00 uur 90 cc
- 20.00 uur 60 cc
- 24.00 uur 120 cc
- 03.00 uur 120 cc

Tussen 24.00 en 7.00 uur: alleen voeden wanneer je baby het aangeeft.

Een mooi slaapschema voor een baby vanaf 4 weken zou kunnen zijn:

- 7.00 uur wakker
- 9.00 tot 10.00 uur slapen
- 12.00 tot 14.30 uur slapen
- 16.30 tot 17.15 uur slapen
- Rond 20.30 uur naar bed

Het wordt makkelijker wanneer je baby wat **grotere hoeveelheden** in één keer kan drinken. Op die manier raakt hij goed verzadigd en zal hij, om alles te verteren, wat langer nodig hebben tussen de voedingen en dus automatisch gaan wennen aan langere tussenpozen. Mocht je baby (nog) geen grotere hoeveelheden kunnen drinken, dan probeer je rustig uit wat zijn **maximum** is en kun je dit langzaam opbouwen. Je kunt er overdag ook voor kiezen om bijvoorbeeld die 120 cc van 10.30 uur te **verdelen** door eerst 90 cc op het juiste tijdstip te geven en na een pauze van een kwartier de andere 30 cc; sommige baby's hebben gewoon wat meer tijd nodig.

De **eerste ochtendvoeding** is een grote en belangrijke voeding. Je baby is aan het wennen dat hij altijd rond 7.00 uur zijn eerste voeding van de dag krijgt en zal dus na een lange nacht best honger hebben.

Belangrijk: wat nieuw is in het schema vanaf vier weken, is dat we bewust af en toe een wat kleinere voeding tussendoor geven. Dit 'spelen' met hoeveelheden zul je vaker in het boek tegenkomen of zijn tegengekomen. Allereerst kun je wat minder geven als er minder tijd tussen twee voedingen heeft gezeten, maar het is vooral bedoeld om te zorgen dat er bij een volgende voeding juist wat **meer** gedronken wordt. In de avond willen we bijvoorbeeld graag dat je baby de meeste voeding drinkt, omdat ons doel is dat hij uiteindelijk **'s nachts door gaat slapen**. Vanaf zes weken ga je er echt voor zorgen dat je baby een '**voorraadje' voor de nacht** opbouwt. De kleine voeding of tussenvoeding rond 20.00 uur is net genoeg om de avond door te komen, maar zorgt er wel voor dat de grote hoeveelheid voordat de nacht gaat beginnen een zeer welkome voeding is, en dus **goed leeggedronken** wordt.

Je kunt ook in **dagdelen** gaan denken. Dit betekent dat hij in de ochtend en de avond veel mag drinken en 's middags en 's nachts wat minder. Dit lijkt tegenstrijdig te zijn met het motto 'Zorg dat je baby overdag het grootste gedeelte van zijn voeding binnenkrijgt'. Het gaat echter nog steeds om dezelfde hoeveelheid, alleen we raden je aan om die 'slim' te verdelen.

Misschien heeft een zus of vriendin je verteld dat je zo snel mogelijk naar zes voedingen per etmaal moet en zie je in onze schema's steeds zeven voedingen staan, maar vergeet niet dat wij in de avond eigenlijk van één voeding

twee kleinere voedingen maken. Bovendien, het is al eerder gezegd, is iedere baby anders.
Vind jij het prettiger om je baby om de zoveel uur dezelfde hoeveelheid flesvoeding aan te bieden, dan is dat natuurlijk jouw keuze. Er is geen goed of fout bij het geven van flesvoeding, zolang je niet te veel en te vaak over de toegestane hoeveelheid heen gaat.

Als je baby vóór 3.30 uur wakker wordt, kun je hem, als dat nodig is, een **volle voeding** geven. Als hij ná 3:30 uur wakker wordt, geef je hem geen volle voeding, maar bijvoorbeeld de helft of twee derde.

Week 6-8

Een voedingsschema van een baby van zes weken zou kunnen zijn:

- 7.00 uur 150 cc
- 11.00 uur 150 cc
- 15.00 uur 150 cc
- 18.00 uur 120 cc
- 20.00 uur 90 cc
- 24.00 uur 150 cc
- 3.15 uur 120 cc

Tussen 24.00 en 7.00 uur: alleen voeden wanneer je baby het aangeeft.

Nu je baby wat ouder is en je er zeker van bent dat hij langere tussenpozen kan nemen tussen de voedingen en grotere hoeveelheden drinkt, moet je echt gaan zorgen dat hij in **de avond** het meeste drinkt. Je ziet dat je hier om 18.00 uur én 20.00 uur een flesje kunt geven. Het flesje van 20.00 uur is een soort **tussenvoeding** en is bedoeld om te zorgen dat hij voldoende binnenkrijgt, maar niet te veel, zodat hij rond 24.00 uur een volle fles zal drinken om de nacht in te gaan.

Om te onthouden

Laat je baby 's nachts niet wennen aan (grote) voedingen, hij zal dan namelijk om 7.00 uur 's morgens minder honger hebben en je wilt juist dat hij dan zijn grootste hoeveelheid melk binnenkrijgt. Het gaat erom dat je baby overdag het merendeel van zijn voeding binnenkrijgt. Wat ons betreft zijn de **ochtend** en de **avond** bij uitstek de momenten waarop je je baby de **grootste hoeveelheid** aanbiedt. Er zijn overigens genoeg baby's waarbij **steeds dezelfde hoeveelheid aanbieden** heel goed werkt, maar er zijn er ook ontzettend veel waarbij het verdelen en spelen met hoeveelheden juist beter werkt. Hoe dan ook, zoals gezegd: **overdag** dienen al deze baby's zo veel mogelijk van de toegestane hoeveelheid voeding binnen te krijgen.

Zoals gezegd kun je spelen met de **hoeveelheden**. Deze hoeveelheden kunnen per baby heel erg verschillen, dus let niet zozeer op de hoeveelheden als wel op de verdeling en denk zelf goed na over de tijdstippen waarop je voedt. **Goed om te onthouden:** een baby mag niet meer dan ongeveer **170 cc voeding per kilo lichaamsgewicht per etmaal** drinken. **Niet vergeten:** een schema werkt alleen als je maar een klein beetje van de tijden afwijkt en er bovendien rekening mee houdt dat je baby soms wat minder goed slaapt en soms heel goed slaapt. Dit beïnvloedt namelijk het schema.

Wat in de schema's steeds weer opvalt, is dat er in de avond steeds een **tussenvoeding** ingebouwd is, om te zorgen dat je baby, voordat hij de nacht in gaat, genoeg of eigenlijk zelfs wat meer binnenkrijgt. Als hij groter is, zal hij tenslotte tussen 17.30 uur en 20.00 uur vast voedsel gaan eten en daarna nog een (pap)fles drinken. Sommige baby's **clusteren** uit zichzelf, dat wil zeggen dat ze voordat de nacht gaat beginnen zelf wat vaker om voeding vragen. Vooral belangrijk is dat je na verloop van tijd rond dit tijdstip de voedingen van 18.00 uur en 20.00 uur uiteindelijk gaat samenvoegen tot één grote voeding.

Het is je misschien opgevallen dat je onze regel van tweeënhalf uur tussen de voedingen 's avonds naast je neer mag leggen? De reden hebben we hierboven uitgelegd en bovendien gaat het hier altijd om een **kleinere tussenvoeding** waarbij de tijd om te verteren dus korter zal zijn.

Week 8 en verder

Een voedingsschema van een baby van acht weken zou kunnen zijn:

- 7.00 uur 180 cc
- 11.00 uur 180 cc
- 15.00 uur 150 cc
- 18.00 uur 150 cc
- 20.00 uur 120 cc
- 24.00 uur 180 cc

Tussen 24.00 en 7.00 uur: alleen voeden wanneer je baby het aangeeft.

Uit dit schema blijkt dat je 's nachts in principe niet meer hoeft te voeden. Wat een feest! Een baby is geen robot, maar wel heel flexibel en hij went snel. Hij heeft dus wel jouw hulp nodig!

Do's en don'ts: tussen- en avondvoeding

Een behoorlijk deel van de voeding wordt in de avond gegeven, tussen 17.00 uur en 21.00 uur. De extra voeding of tussenvoeding probeer je dan ook in de avond te plannen. Dit is een bewuste keuze. Een baby gaat rond de zes weken het verschil tussen dag en nacht doorkrijgen en een tussenvoeding draagt daaraan bij. Zijn buikje moet vol zijn om lekker lang te kunnen slapen. Het streven is om rond 18.00 uur en 20.00 uur een flesje te geven, waarbij dat van 20.00 uur een kleine(re) voeding is, zodat je baby de nachtfles van 24.00 uur nog steeds goed leeg zal drinken. Een volledige voeding is voor iedere baby anders: kijk hoeveel je normaal gesproken geeft en trek daar voor de tussenvoeding 30 cc van af. Uiteindelijk worden deze twee voedingen samen één voeding, maar dat kun je het beste pas doen als je baby in een fijn ritme zit en 's nachts doorslaapt. Mocht je baby dat ritme al hebben, ga er dan niet onnodig aan sleutelen.

Voor meer informatie over hoe je van de nachtvoeding af kunt komen, zie ook het hoofdstuk 'Slapen'.

Als het heel erg **warm** is, heeft je baby vaak wat meer vocht nodig. Dan kun je aan sommige voedingen 10 cc water toevoegen. Dit kun je ook doen wanneer je baby last heeft van **harde ontlasting**. Je kunt ook af en toe een slokje water tussendoor geven. Dit heeft geen invloed op zijn schema, z'n ritme zal niet verstoord worden.

De avondvoedingen: hoe plan je die handig in?

Het einde van de dag, ook wel 'spitsuur' genoemd, is vaak een hectisch moment: er moet gekookt worden, gegeten, de kinderen moeten in bad en je baby is wellicht net alle indrukken van de dag aan het verwerken, wat in de regel gepaard gaat met krokodillentranen (ofwel: het huiluurtje, waar we in het hoofdstuk 'Babykwaaltjes' nog op terugkomen). Dus voor velen is de tijd tussen 18.00 en 20.00 uur niet de meest ontspannen tijd van de dag. Om het jezelf deze uurtjes wat makkelijker te maken, zou je 's middags bijvoorbeeld al het eten kunnen klaarmaken. Of bereid meteen zoveel dat je er twee dagen of meer van kunt eten; lang leve de diepvries. Mocht je het badritueel te veel vinden op zo'n avond, dan kun je je baby('s) 's ochtends met je partner of jezelf mee onder de douche nemen. En is het voor je partner niet mogelijk om op tijd thuis te zijn? Misschien heb je het geluk behulpzame familie in de buurt te hebben die graag een handje wil helpen. Kan je partner wel bijspringen, dan kun je ervoor kiezen eerst de kinderen te laten eten en dan later samen te eten als de kinderen slapen; zo kom je tenminste nog tot een echt gesprek. Ondanks de hectiek blijft het belangrijk dat je je aan je **voedingsschema** houdt. Met bovenstaande tips kun je terwijl de andere kinderen zitten te eten, er rustig(er) naast zitten én tegelijkertijd je baby voeden.

Rijstebloem: vier maanden

Voor veel ouders is de viermaandengrens een enorme opluchting, want vanaf dan mag je rijstebloem – een soort pap – door de voeding van je baby gaan doen. Dit is vaak het laatste zetje voor je baby om de nacht van 19.00 uur tot 7.00 uur door te gaan slapen, doordat je de voeding hiermee dikker en zwaarder maakt. Geef je nog steeds volledige borstvoeding en wil je ook graag rijstebloem geven, dan zul je in ieder geval een voeding moeten **kolven**. De rijstebloem kun je dan mengen met de borstvoeding en met een fles geven.
Kijk voor de maximale hoeveelheid rijstebloem per dag op de verpakking. Je kunt de rijstebloem het beste in de laatste voeding van de dag toevoegen, want de **papfles** is de zwaarste fles en daar slaapt je baby hoogstwaarschijnlijk langer op.
Bij het bereiden van de fles kun je, om klontjes te voorkomen, de fles eerst maken zoals je normaal gesproken ook zou doen, en daarna voeg je om te beginnen één eetlepel pap toe. Dit kun je uitbouwen naar twee of drie lepels. Zie je stoom uit de oren van je baby komen en begrijp je niet waarom, dan heb je waarschijnlijk geen **papspeen** op de fles gezet of het gaatje niet groter gemaakt. De pap is dikker dan normale melk, dus gebruik een grotere speenmaat of handiger nog, de driestandenspeen.

Wanneer je begint met rijstebloem, meng die dan door de **avondfles**. Door de 'zware' fles slaapt je baby misschien wel eerder door van 19.00 tot 7.00 uur. Slaapt je baby al door? Dan geef je juist in de **ochtend** een papfles: de vezels geven je baby dan extra energie voor de dag.
Rijstebloem is er voor baby's vanaf vier, zes, acht en twaalf maanden.

Tot slot willen we je graag een praktische tip meegeven. Stop de rijstebloem van tevoren al in de melkverdeler of in een leeg pak kunstvoeding (met bijbehorend scheplepeltje en schuifricheltje). Lekker makkelijk, kun je de poeder zo zonder te knoeien in de fles gieten.

Probeer je baby zo snel mogelijk – vanaf ongeveer zes maanden – aan te leren dat hij zelf zijn flesje kan vasthouden. Gewonnen tijd voor jou (en je partner)!

Als je voor het eerst rijstebloem door de fles van je baby doet, moet je niet raar opkijken als hij ineens op een ander tijdstip een poepluier heeft. Dat kan dus ook midden in de nacht zijn. Geen reden tot paniek of angst dat nachtelijke verschoonsessies zijn nieuwste trend zijn geworden. De ervaring leert dat hij na een dag of twee weer in zijn oude 'poepritme' zit en jullie dus niet meer om die reden uit je slaap zal houden. Hetzelfde geldt voor het eerste potje of verse hapje; geef zijn darmen even een paar dagen de tijd.

VASTE VOEDING

Er zijn twee stromingen als het gaat om vaste voeding. De ene stroming is van mening dat je moet wachten tot je baby **zes maanden** is voordat je met vast voedsel begint. De reden is dat de darmflora dan pas goed genoeg ontwikkeld is om vast voedsel te verdragen en geen onnodige **allergieën** op te lopen. De andere groep zegt juist dat je vanaf **vier maanden** al met vast voedsel móét beginnen, zodat de darmflora al in een vroeg stadium kan wennen en doorontwikkelen en zich hierdoor kan 'wapenen' tegen allergieën. Lekker verwarrend, zul je denken. En dat is het ook. Er zijn zoveel artsen van zoveel verschillende stromingen en ze lijken allemaal wat anders te zeggen. Het is uiteindelijk jullie eigen beslissing. Het belangrijkste is dat je je bij je keuze laat leiden door de gezondheid van je baby en eventuele allergiegevoeligheid. En natuurlijk is er altijd nog het **consultatiebureau** om mee te overleggen.
Hoe dan ook, aan jullie de keuze. Jij bepaalt zelf wanneer je met rijstebloem wilt beginnen.

Beste Jan,

Het eerste echte hapje van je baby is toch bijzonder. Misschien kijk jij er meer naar uit om zijn eerste stapjes of zijn eerste keer een balletje hooghouden te filmen, toch denken we dat een (video)camera bij de hand hebben leuke 'historische feiten' kan opleveren. Ook al zal er meer op z'n gezicht en slabbetje zitten dan in zijn mondje, het blijft een aandoenlijk moment en geeft garantie voor grappige taferelen (is het niet op film, dan wel in zijn eerstvolgende luier).

Eerst groente, dan fruit

Veel mensen lijkt het logisch te beginnen met fruit en later pas met groente. Beter is het om het juist **andersom** te doen. Fruit is zoet en dat vinden baby's meestal erg lekker. Groente ligt wat ingewikkelder. Aan groentesmaken moeten veel baby's wennen, en dat kan best een tijdje duren. Aan te raden is te beginnen met **zachte smaken,** zoals bloemkool en courgette.

Sommige baby's krijgen door het eten van vaste voeding last van **obstipatie**. Voor die kinderen is het handig om te beginnen met potjes bruine bonen (soms met appeltjes). Bruine bonen laxeren een beetje, dus kunnen het eventuele obstipatieprobleem verhelpen.

Welke smaak je ook kiest, altijd geldt: begin met één smaak en blijf deze **dag na dag** uitproberen, totdat je baby gewend is aan de smaak en met een beetje geluk uiteindelijk al gaat spartelen als het potje in zicht komt. Het geven van één smaak langere tijd achter elkaar wordt ook aangeraden om eventuele **voedselallergieën** te kunnen ontdekken. Krijgt jouw baby ineens allemaal uitslag na het eten van bijvoorbeeld een wortelhapje, dan is de link met een wortelallergie sneller gelegd dan wanneer je elke dag iets anders hebt gegeven. Daarom kan het ook handig zijn het eerste groentehapje tijdens de lunch te geven, zodat je een eventuele lichamelijke reactie meteen kunt ontdekken in plaats van de volgende ochtend.

Is je baby helemaal gewend aan het groentehapje? Dan kun je nu in de ochtend (een uur of anderhalf uur) na de ochtendfles een **fruithapje** proberen. Ook voor fruit geldt dat je dit óf vers kunt geven óf uit een kant-en-klaar potje. Het voordeel van het potje is dat de fruitsoorten die erin zitten sowieso geschikt zijn voor je baby. Het nadeel is dat een potje vaak uit meerdere smaken door elkaar bestaat en dat baby's dan niet kunnen wennen aan juist één smaak. Geef je gepureerd vers fruit, dan zul je zelf een beetje moeten meedenken. Peer of mango zijn perfecte fruitsoorten om mee te beginnen. Banaan vinden bijna alle baby's heerlijk, maar het kan soms wel verstopping veroorzaken. Je kunt dit voorkomen door een beetje vers sinaasappelsap door het bananenhapje te mengen. Maar geef niet te veel sinaasappel of andere citrusvruchten en zeker niet als enige ingrediënt, want het is soms te zuur en daar kunnen baby's **rode billen** van krijgen. Dat geldt ook voor druiven. Overigens zijn kiwi's, citrusvruchten en aardbeien sowieso minder geschikt voor kleine baby's: afgezien van de rode billen kunnen ze ook **allergieën** veroorzaken; met name de kiwi wordt het eerste levensjaar afgeraden.

Prak of pureer het hapje altijd goed, zodat er geen harde stukken in zitten. Van veel banaan kunnen kinderen dik worden. Hoeft geen probleem te zijn, babyvet hebben ze toch wel, maar jij als moeder kunt wel een beetje in de gaten houden of hij niet al te dik gaat worden. Geef hem

bij voorkeur geen overrijpe bananen, deze zijn al behoorlijk versuikerd en zijn dus echte dikmakers.
Is je baby gewend aan het fruithapje, dan mag je (verschillende soorten) fruit met een speciale **baby-LIGA** door elkaar gaan mengen. (Als dat nodig is, omdat je kindje bijvoorbeeld niet genoeg heeft aan alleen fruit.) Een LIGA kan je baby officieel pas vanaf tien maanden zelf eten; voor die tijd moet je hem dus door de voeding heen mengen.

Kant-en-klare potjes zijn net zo lekker als zelfgemaakte hapjes. Voel je geen slechte moeder als je ook weleens voor de gemakkelijke (maar tevens wat duurdere) optie kiest!

Tip bij het gebruik van een potje:

Controleer het potje en de deksel goed voor je het gaat gebruiken. De klik bij het openen van de deksel is de garantie dat de inhoud goed en onaangetast is. Het potje zonder deksel warm je au bain-marie op of in de magnetron. Roer de inhoud van het potje om en controleer of die niet te warm is. Je kunt het natuurlijk ook op een bordje doen, want alleen wanneer de inhoud **niet** eerder **is opgewarmd**, kun je die nog een dag (afgedekt) in de ijskast bewaren en geven. Ook een zelfgemaakt hapje mag na het ontdooien/ opwarmen **niet nog een keer opgewarmd** (of weer ingevroren) worden.

Het **tijdstip** waarop je je baby het hapje gaat geven mag je natuurlijk helemaal zelf bepalen, maar zorg dat je de groente niet net voor een melkvoeding geeft. In deze fase is melk nog steeds de belangrijkste voeding van je baby en groente of fruit is alleen een aanvulling. Geef je bijvoorbeeld om 15.00 uur en om 19.00 uur een melkvoeding, dan zou een goed tijdstip voor het groentehapje 16.30 uur kunnen zijn. **Let op:** dit is afhankelijk van het **slaapje**, want je maakt je baby nooit wakker voor een fruit- of groentehapje. Wanneer je baby nog heel weinig eet, kun je de voeding ook in twee of drie etappes over de dag geven. De tijdstippen bepaal je dan zelf, maar bedenk dat het niet handig is om dit net voor een melkfles te doen.

Vanaf **vier maanden** – rijstebloem, groente, fruit, LIGA (geprakt door fruithapje)

Vanaf **zes maanden** – pap, groente, fruit, vlees, vis, kip, pasta, LIGA (eventueel geprakt door fruithapje)

Vanaf **zeven maanden** – pap, groente, vlees, vis, kip, pasta, LIGA, soepstengel (blijf erbij!)

Vanaf **acht maanden** – pap, groente, vlees, vis, kip, pasta, LIGA, soepstengel, boterham

Eten met een lepeltje

Waarschijnlijk zal je baby de eerste paar keren het eten van een lepeltje nog niet of nauwelijks begrijpen en kost het je een eeuwigheid om er een paar hapjes in te krijgen. Om deze reden raden wij aan de eerste paar voedingen in de vorm van een kant-en-klaar potje te geven. Het is zo zonde van je tijd wanneer je de hele voeding zelf hebt gemaakt en je baby er niks van eet.
Natuurlijk kun je de maaltijden zelf koken, daar valt werkelijk niets slechts over te zeggen. Kijk wel de kunst en smaken even af bij de kant-en-klare potjes, want je moet niet meteen met culinaire hoogstandjes beginnen en zeker niet met ui, knoflook en zout gaan strooien. Houd het bij één smaak. Om het prutje wat dikker te maken, kun je het eventueel aanvullen met wat rijstenat of aardappelkruimels.

Het onder de knie krijgen van het eten van een lepeltje kan wel één of twee weken duren. De meeste baby's vinden het lepeltje erg interessant, maar driekwart van het hapje wordt met de tong weer uit de mond geduwd. Koop daarom een grote **slab (of tien)**; ze bestaan in alle soorten en maten, van plastic of een heel slabbershirt, met opvanggootje en zonder. Als jij na deze voeding nog ergens naartoe moet, is het aan te raden om je net nieuwe trui of bloesje uit te trekken, want dat komt sowieso niet ongeschonden uit de strijd.

Wanneer je baby steeds wordt afgeleid door het lepeltje, geef hem dan een eigen lepeltje in zijn handje en blijf hem doorvoeren met het andere lepeltje. Werkt bijna altijd.

Handige gadgets bij vaste voeding:

- **Een staafmixer**
  Een staafmixer is onmisbaar voor je babyuitzet. Perfect om alle hapjes mee te pureren.
- **De Babycook**
  De Babycook van Béabais is een stuk luxer dan de gewone staafmixer. Het is een klein keukenapparaat om gezonde babyvoeding mee te maken, waarbij alle vitamines en mineralen optimaal bewaard blijven. De Babycook kan stomen, ontdooien, mixen en verwarmen.
  Het apparaat kost ongeveer € 120,–, maar het schijnt dat dit bedrag in acht weken is terugverdiend, omdat je geen potjes hoeft te kopen.

Beste Jan,

Kreeg jij voorheen altijd culinaire hoogstandjes voorgeschoteld? Misschien gaat alle aandacht nu naar Jan junior en zijn eerste hapje. Alle zorg en liefde zit nu in de kookkunsten voor jullie baby. Wat niet per se wil zeggen dat jij vergeten wordt, want Jan junior kan gedeeltelijk met de pot mee-eten, alleen zul je wellicht ongewenst genoegen moeten nemen met een zoutloos dieet.

De 'Rapley'-methode

De 'Rapley'-methode houdt in dat baby's het eerste halfjaar uitsluitend borstvoeding krijgen en dat hun daarna direct vast voedsel wordt aangeboden in de vorm van hele stukken mango, banaan, broccoli et cetera. Ze beginnen dus niet met gepureerd eten of voeding uit een potje. Het voordeel van deze methode zou zijn dat de mondmotoriek zich goed ontwikkelt en dat je baby de verschillende smaken leert kennen. Hierdoor zullen ze later meer soorten eten lekker gaan vinden. De baby bepaalt de hoeveelheid en het tempo van elke voeding.

De andere kant van deze methode is dat je baby er een kliederboel van maakt en dat je er altijd bij moet blijven. Volgens deze methode is de kans heel klein dat baby's in het eten kunnen stikken, maar blijf er voor de zekerheid maar wel bij.

Pureer je de hapjes, maar staat deze methode je ook wel aan? Geef je baby dan naast zijn gewone maaltijden een stronk broccoli (gekookt) of halve banaan; ze vinden het leuk om mee te spelen en zeker als er tandjes in aantocht zijn, is het lekker om op te sabbelen.

Wist je dat...

... **rozijntjes** voor kleine baby's gevaarlijk kunnen zijn? Rozijntjes zetten namelijk uit als ze vochtig worden door speeksel en kunnen per ongeluk in de luchtpijp terechtkomen. Blijf er dus altijd bij als je baby ze eet!

Afraders voor baby's in hun eerste jaar:

- √ Koemelkproducten
- √ Zout
- √ Kruiden
- √ Honing
- √ Rauwe tomaten
- √ Noten
- √ Zwarte thee of koffie
- √ Koolgroenten, zoals spruitjes, rode, witte en boerenkool (bloemkool en broccoli mogen wel)
- √ Paddenstoelen
- √ Producten met veel suiker zoals snoep of koekjes
- √ Plantaardige olie of kokosolie
- √ Wild (vlees)
- √ Rauw vlees
- √ Vet
- √ Kiwi's
- √ Citrusvruchten
- √ Pindakaas

Aanraders in het eerste jaar, indien nodig gepureerd:

- √ (Biologische) peren, appels, bananen, abrikozen, frambozen, perziken
- √ Wortel, bloemkool, broccoli, spinazie, pompoen, courgette
- √ Water of (verdund) diksap
- √ Pure graansoorten
- √ Bruine boterhammen
- √ Smeerkaas, smeerworst of suikervrije jam
- √ (Biologische) kip, lam, rund of witte vis
- √ (Biologische) babypotjes

Geen tijd? Geen zin? Geen schuldgevoel!

Nogmaals: voel je alsjeblieft niet schuldig als je geen zin of geen tijd hebt om vers te koken voor je baby en dus **potjes** aan hem geeft. Hier zijn we bijna allemaal mee groot geworden. Wanneer je baby zover is dat hij een aantal happen kan eten, zoals macaroni met ham en kaas, spaghetti, boontjes, gehaktballetjes en aardappeltjes, dan kun je dit natuurlijk ook meteen voor het hele gezin klaarmaken (zonder zout en peper weliswaar) – dat bespaart je de moeite van twee keer koken.

Mocht je het belangrijk of gewoon leuk of handig vinden, dan kun je ook in het weekend alvast een aantal gerechten maken, mixen en **invriezen**. Te beginnen met erwtjes, boontjes, bietjes, worteltjes, appel, peer en banaan. Later breid je dit assortiment dan uit met rijst of aardappels en voeg je vlees of vis toe – zolang je het maar pureert, zal je baby het heerlijk vinden, en hij zal ook duidelijk genoeg zelf aangeven wat hij niet lekker vindt of wanneer hij geen honger meer heeft! Je kunt deze maaltijden au bain-marie opwarmen of in de magnetron. Voeg eventueel een klontje boter of theelepeltje olie toe om het geheel wat smeuïger te maken.

De eerste boterham

Brood kun je al vanaf zes maanden geven, maar dan zonder korst en eventueel gemengd door fruit, zodat het lekker zacht wordt. Vanaf zeven maanden kun je ook broodkorsten geven. Kleine stukjes om door te slikken na het sabbelen of een grote korst in het handje. Dit geldt tevens voor baby's die nog geen tandjes hebben.
Rond de acht maanden is je baby toe aan een echte boterham, al dan niet in kleine stukjes. Al is het alleen maar om lekker op te sabbelen en te knabbelen met de (aankomende) tandjes of even tijd te rekken tot aan het avondeten. Begin met **lichte soorten brood** zoals tarwebrood, zodat de darmen van je baby langzaam kunnen wennen aan de vezels. Geleidelijk aan kun je overstappen op wat donkerdere boterhammen, zoals volkorenbrood.
Op de boterham kan een beetje (ongezouten) **roomboter** of **margarine** worden gedaan, of een beetje **smeerkaas**, geschikt voor baby's. Margarine is belangrijk omdat hier de nodige vetten in zitten.
Andere soorten beleg waarmee je kunt afwisselen: **smeerworst, appelstroop en (suikervrije) jam**. Bedenk wel dat in de meeste smeerproducten zout of suikers zitten en dat je deze dus niet elke dag moet geven! In smeerworst zit vitamine A en daarom mag je baby dit maximaal één à twee keer per week eten. Bij pindakaas is het belangrijk om een eventuele allergie hiervoor goed in de gaten te houden.

Er wordt aangeraden hier het eerste jaar mee te wachten. Lekker en gezond zijn ook **gepureerde avocado, banaan of hüttenkäse**.
Vanaf acht maanden is het belangrijk om je baby ook proteïne te geven in de vorm van vlees of vis of een gekookt eitje. Het is nu niet meer nodig om het eten te pureren. Het is zelfs beter om het vanaf nu te prakken zodat je baby leert kauwen, aangezien hij in deze periode zijn mondmotoriek ontwikkelt. Geef hem ook af en toe gekookte groente in zijn handje, zodat hij leert hoe hij die moet eten. Je kunt hem vanaf nu uit verschillende bekers laten drinken; misschien was je al begonnen met een tuitbeker, maar je kunt nu ook een gewone 'open' beker uitproberen.

Brood dat al een dag oud is, is makkelijker te eten voor je baby. Vers brood plakt vaak aan het gehemelte vast.

Voordat je baby **een jaar oud** is, geef je nog weinig (tot geen) koemelkproducten om allergie te voorkomen, vanaf een jaar gaat je baby gewone melk drinken en met de pot mee-eten.

Drinken

Bied je baby, naast de gewone melkflessen, voldoende te drinken aan. Zeker nu hij ook boterhammen en ander vast voedsel eet. De hoeveelheid dorst verschilt per kind, maar in ieder geval is één ding zeker: ze kunnen het nog niet zelf vragen. Vul een antilek- of tuitbeker met water of diksap of laat hem uit een (plastic) bekertje drinken. Het drinken uit een gewone drinkbeker is goed voor de ontwikkeling van de **kaakspieren** en de **spraakontwikkeling** en wordt daarom al op jonge leeftijd door het consultatiebureau geadviseerd.
Het is misschien overbodig om te zeggen, maar diksap of andere sappen zijn niet goed voor de tanden en bevatten veel **suikers**. Probeer je baby te laten wennen aan water; is ook makkelijk voor later.

De meeste baby's zijn dol op **soepstengels, broodkorsten of rijstwafels**. Deze kun je op elk tijdstip geven en meestal doe je dit op een moment dat je weet dat je baby honger begint te krijgen of wanneer je baby zich verveelt. Daarom is het handig om altijd een zak soepstengels of iets dergelijks in de auto te hebben of onder in de kinderwagen. Blijf er wel altijd bij, mocht hij zich verslikken.

Als je twee vaders hebt die genieten van eten, dan is het als kind niet moeilijk om het eetgedrag klakkeloos over te nemen. Dus konden we voorheen weleens verbaasde gezichten zien als de jongens, hoe klein ze ook waren, oesters naar binnen slokten, zich te goed deden aan alle soorten olijven of totaal onverstoord een Spaanse ansjovis in azijn en knoflook aan de staart oppeuzelden! Of zoals onze jongste zoon zei toen de ober voorstelde om een lekker pastaatje te nemen of friet met kipnuggets: 'Nee, doe mij maar de salade van kreeft.'
Ze genieten van het eten in restaurants, doen ook mee aan de conversatie of spelen het spelletje 'dieren raden met de letter D'. Letten ook op het aantal glazen dat we drinken en kunnen soms heel relativerende opmerkingen maken. Zoals die keer toen we in een Portugees restaurantje een totaal verkoolde pizza op ons bord kregen. Door de magnetronverwarming was hij ook nog aan het bord vastgeplakt en konden we deze Italiaanse wanpizza amper doorsnijden. Woest liep ik de keuken in, waar ik gilde: 'Who is the cook?' Een Filippijnse bordenwasster keek mij verschrikt aan en antwoordde: 'The cook is at home.' Woest verlieten we het restaurant en gingen ergens anders zitten, waar we een pastaatje bestelden. Mijn jongste zoon at van de pasta en ik zei: 'Heerlijk hè jongens?' Waarop mijn jongste zoon knikte en antwoordde: 'Pap?' 'Ja, jongen.' 'Je was net wel een beetje hysterisch.' En hij draaide de pasta op zijn lepel rond!
Geluk? Dat is toch als de jongens, in de vroege morgen, als ze hun rugzakje hebben omgedaan en, voordat ze naar school gaan, zich omdraaien om te vragen: 'Pap, wat eten we vanavond?'

Paul de Leeuw

SLAPEN

Zeker de eerste paar maanden na de geboorte zal je baby voornamelijk slapen, slapen, slapen. Belangrijk dus om die slaapmomenten op het juiste moment te laten vallen. Een baby leert snel, dus je kunt hem stimuleren vooral 's nachts te slapen en overdag zijn slaapmomenten te pakken wanneer jij dat wilt.

Hoeveel mag mijn baby slapen?

Eerlijk gezegd verschilt dat per baby. De ene baby ligt alleen maar te slapen en de andere is vanaf het begin al alert en veel wakker. Er is geen goed of fout en er valt helaas ook nooit een peil op te trekken: de baby die zo heerlijk lag te slapen op dat verjaardagsfeestje, zal in de avond en de nacht wat vaker wakker kunnen zijn, terwijl de baby die juist zo lekker wakker was op hetzelfde feestje, 's nachts kan slapen als een roosje óf juist door al die prikkels ook rustig een nachtje wakker kan liggen.
We kunnen slechts een schema ter indicatie geven:

Leeftijd:	Wakkere tijd per keer:
0-2 weken	30-45 minuten
2-6 weken	60-90 minuten
7-12 weken	1,5-2 uur
3-5 maanden	2 uur

Bij een baby is het ritme van de dag erg belangrijk:

Slapen – voeden – wakker

En niet de volgorde: voeden – slapen – wakker, want dat zou kunnen betekenen dat een baby vaak in slaap valt tijdens of direct na het voeden. Het is de bedoeling dat hij uitgerust aan zijn voeding begint, daarna mag hij spelen of rondkijken in bijvoorbeeld de box of wipper.

Slaapkamercriteria

Het begint al voordat de baby er goed en wel is: laat je hem de eerste maanden in een **wiegje** slapen (deze zijn relatief klein en meestal te gebruiken tot je baby een maand of vier is) of koop je een **ledikant**? Dat gaat wat langer mee, tot een jaar of drie, en is dus ook wat groter. Leg je de baby bij jullie op de kamer of in zijn eigen kamer? Hoewel het een veilig gevoel geeft je baby dicht bij je te hebben (en dat door deskundigen ook aanbevolen wordt), is wakker worden van elk smakje, kreuntje of zuchtje niet echt nachtrustbevorderend. Kies wat bij jullie past.

1
2
3
4
5
6
4
7
8

Maar, dan zijn er ook nog de veiligheidsvoorschriften. Hoewel de **veiligheidseisen** door de jaren heen lijken te blijven veranderen, hierbij toch een paar algemene tips:

- Gebruik een bedje waarvan de **zijwanden luchtdoorlatend** zijn. In geval van een spijlenbedje moeten de spijlen 4,5 tot 6,5 centimeter van elkaar vandaan staan.
- Koop een **stevig, goed passend matras** (zodat je baby niet vast kan komen te zitten tussen het matras en de zijkant van het bedje).
- Het veiligste is om je baby in een **slaapzakje** te laten slapen. In een slaapzakje kan hij zich eigenlijk niet vastwoelen, komt hij niet snel bloot te liggen en is het moeilijker voor hem om zich om te rollen. Je hebt van verschillende merken seizoenenslaapzakjes (bijvoorbeeld Puckababy), die uit verschillende, los te halen lagen bestaan: voor elk seizoen van het jaar een geschikte dikte. Belangrijk is een juiste maat te kopen; de mouwen en het gat voor het hoofd mogen niet te groot zijn, want dan kan hij in de slaapzak schieten. Er bestaan ook kleine slaapzakjes voor pasgeboren baby's. In ieder geval geen donzen dekbedje gebruiken de eerste twee jaar, dat is veel te warm en omdat het loszit, kunnen ze zich eronder woelen, wat de ademhaling in gevaar kan brengen. Mocht je een dekentje in combinatie met een lakentje willen gebruiken de eerste maanden, totdat hij kan omrollen, zorg dan dat het dekentje lang genoeg is, zodat je ten minste 15 centimeter onder het matras kunt wegstoppen.
- Als je je baby onder een dekentje en lakentje laat slapen, zorg er dan voor dat, als je hem toedekt, zijn voetjes de onderkant van het bedje raken, dus **tegen de spijlen of onderkant** aan zitten. Zo kan hij zich nooit naar beneden onder de dekens woelen, maar alleen naar boven toe, boven de dekens uit. En dek je baby zo **strak** mogelijk toe onder het dekentje en lakentje, dus geen losliggende dekens.
- De ideale slaapkamertemperatuur ligt tussen de **16 en 18 °C**. Dat klinkt misschien koud, maar in zijn pyjama en slaapzak of onder zijn babydeken is dit de gangbare temperatuur.
- Er wordt aangeraden baby's op hun **rug** te laten slapen, omdat ze misschien in een zijligging onbedoeld kunnen doorrollen op hun buik. Dat kan gevaarlijk zijn als het nekje nog niet sterk genoeg is om de neus uit het matras te houden. Probeer wel het hoofdje bij elke slaapbeurt om en om naar links en dan weer naar rechts te leggen, dit om een **plat achterhoofd** te voorkomen. Beginnen zich door de rugligging toch nog tekenen van een plat achterhoofd te tonen, dan kun je bij een babyspeciaalzaak speciale driehoekjes kopen die je vóór en achter je baby legt, zodat hij niet kan doorrollen. Veel op zijn buikje leggen – wanneer de baby wakker is en jij erbij bent – helpt ook tegen een plat achterhoofd. Wij zeggen: voorkomen is beter dan genezen.
- Waarschijnlijk onnodig te zeggen dat het af te raden is om je baby **tussen jullie in** te leggen in bed. Stel dat je hem onbedoeld een elleboogje geeft of erger nog, per ongeluk boven op 'm rolt.
- En nog een voor de hand liggende: zorg ervoor dat het kamertje van je baby en liever nog je hele huis **rookvrij** is (vanwege vergroot risico op wiegendood) en zet het raam lekker vaak open om te **luchten**. Denk er wel aan dat hij beter niet op de tocht kan liggen, dit is meestal het geval als zowel het raam als de deur openstaat.
- Zorg voor lekkere **dikke gordijnen**, zodat je baby niet bij de eerste zonnestraal denkt dat de dag is begonnen. Ook voor de middagslaapjes is het lekker als het wat donkerder is in de kamer, dat geeft meer rust en zorgt ervoor dat je baby weet dat het weer slaaptijd is.

Bedritueel

De meeste baby's worden rustig van een bedritueel: luier verschonen, elke hoek van de babykamer bekijken en benoemen, speciale knuffel in bed, liedje zingen, boekje lezen et cetera. Natuurlijk vinden zij die aandacht heerlijk. Maar doe jezelf een groot plezier en maak het niet al te bont. Als je er eenmaal aan begint, zit je eraan vast en voordat je het weet, kost het je elke dag een halfuur voordat je baby goed en wel in bed ligt. Ook een babyfoon met een muziekje en een lampje kunnen wonderen verrichten.

Inbakeren

Er zijn veel ouders, kraamhulpen en consultatiebureaus die zweren bij het **inbakeren** van baby's bij het slapengaan. Inbakeren is het op een bepaalde manier in een doek wikkelen van een baby van schouders tot en met voetjes, waarbij het hoofdje vrij blijft.

Dit wordt gedaan zodat de baby eigenlijk nog maar nauwelijks kan bewegen en zich daardoor makkelijker kan overgeven aan de slaap. Je baby zal ook langer slapen en minder huilen. Mensen en zeker prille mama's vinden het er vaak zielig uitzien, maar bedenk dat sommige baby's hier juist baat bij hebben. Met inbakeren wordt de houding in de baarmoeder een beetje nagebootst en dit zorgt vaak voor meer rust in het leventje van de baby.

> Een ingebakerde baby moet altijd op zijn rug slapen!

Voldoet je baby aan alle eisen en heb je overlegd met de kraamhulp of het consultatiebureau, dan kun je gaan beginnen met inbakeren. Er bestaan speciale, kant-en-klare inbakerdoeken, maar voor de pasgeboren baby's kun je makkelijk een hydrofiele luier gebruiken. Daar past hij nu nog in en zodoende kunnen jullie hier een beetje mee experimenteren. Als het inbakeren jou en de baby bevalt, dan kun je op zoek gaan naar een veilige inbakerdoek voor wat grotere baby's, want een hydrofiele luier is al snel te klein. Let hierbij op het juiste materiaal, de juiste maat en laat je goed adviseren over welke doek bij jouw baby past. Een voorbeeld van een goede kant-en-klare inbakerdoek is er een van het merk **Pacco**.

Lees altijd goed de gebruiksaanwijzingen om je baby op een veilige manier in te bakeren!

Moeite met inbakeren? BMM'er Noor doet het voor! Ga naar het videoalbum op onze Facebook-pagina voor de video 'Inbakeren met Noor'. Vragen of zelf tips? Plaats ze op Facebook of op Twitter via @BuskruitMuisjes of #BMM!

Inbakeren kan uitkomst bieden voor baby's die:

- √ Moeilijk zelf in slaap komen
- √ Snel overprikkeld zijn
- √ Veel huilen (zonder duidelijke reden)
- √ Alleen maar korte slaapjes doen

Inbakeren is niet geschikt voor baby's:

- √ Ouder dan zes maanden of baby's die ingebakerd al kunnen draaien op hun buik
- √ Met (aanleg voor) heupprobleempjes
- √ 24 uur na een vaccinatie
- √ Met koorts/luchtweginfectie/benauwdheid/(ernstige)eczeem/overmatig spugen

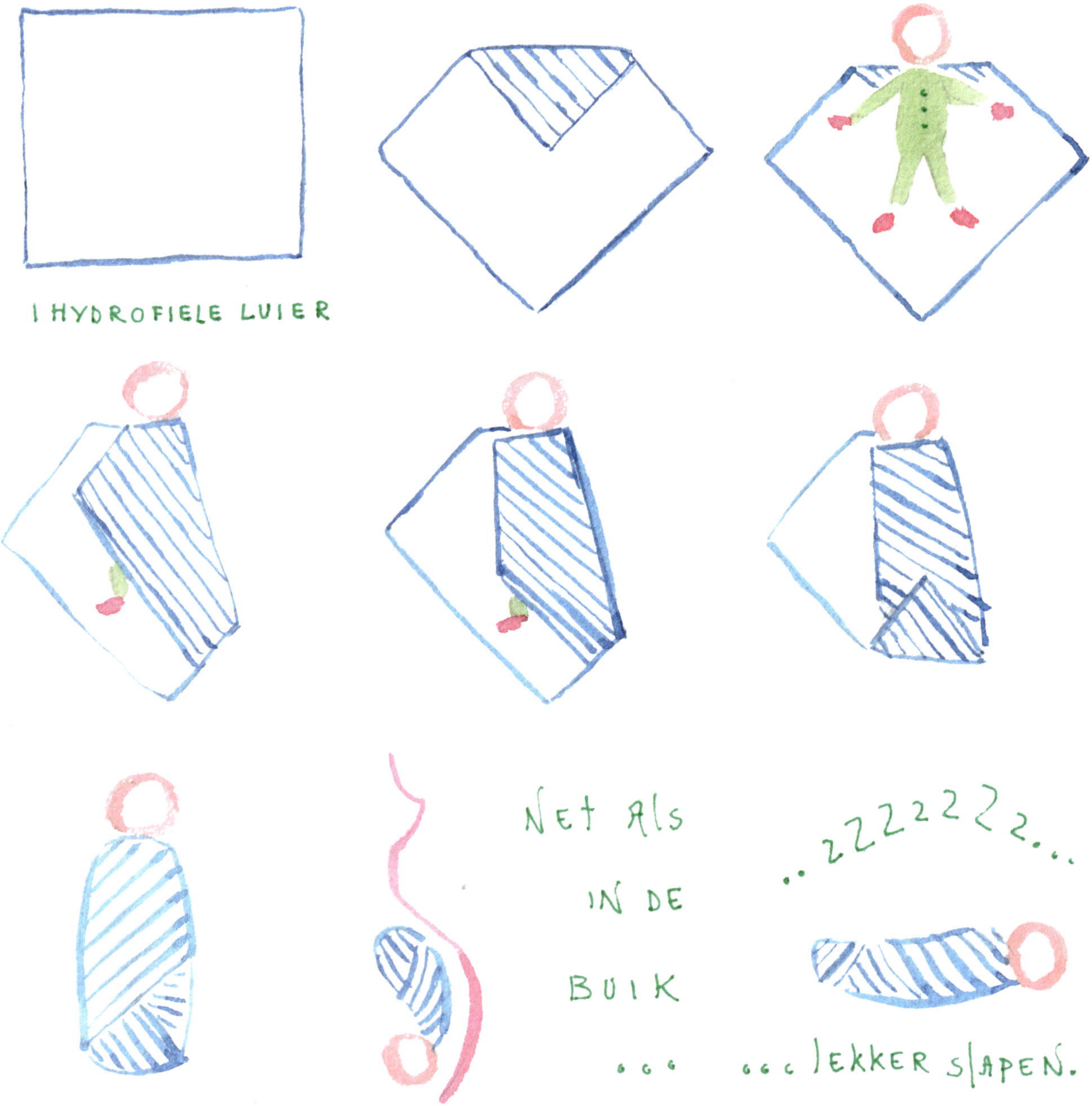
1 HYDROFIELE LUIER
Net Als
IN DE
BUIK
...
..zzzzzzz...
...lEKKER slAPEN.

Stoppen met inbakeren

Er wordt aangeraden – mits je baby al eerder van zijn rug naar zijn buik kan rollen – om rond zes maanden te stoppen met inbakeren en over te gaan op een gewone slaapzak. Voor baby's die al een geruime tijd worden ingebakerd, zal de overgang naar een slaapzak groot zijn. Je hebt zelfs baby's die, wanneer ze niet worden ingebakerd, echt niet meer in slaap komen of 's nachts ineens weer wakker worden. Dat wil je als ouder natuurlijk niet. Kijk goed naar je baby en bedenk welke afbouwmanier het beste bij hem past. 'Cold turkey' stoppen of in kleine stapjes, dat wil zeggen: begin met één armpje vrij te laten en gaat dit goed, begin dan met twee armpjes vrij en baker alleen nog het onderlijfje in. Ook kun je ervoor kiezen om slaapje voor slaapje af te bouwen en dan begin je natuurlijk bij het slaapje overdag, zodat jouw nachtrust niet wordt verstoord.
Sommige baby's moeten echt wennen in het begin, maar vertrouw erop dat ook jouw baby op den duur kan slapen zonder ingebakerd te worden. Wij kennen niemand van achttien die nog steeds ingebakerd naar bed gaat.

Beste Jan,

Je zult het met ons eens zijn dat het zaak is zo snel mogelijk jullie nachten weer terug te krijgen. Daarom is het handig de volgende tekst door te lezen en samen met je vrouw te bekijken welke slaapmethode het beste bij jullie past. Lees, wik en weeg het af en dan op naar de eerste onafgebroken nacht.

Doorslapen: drie methodes

Bij ons sliepen alle negen kinderen, zonder uitzondering, voordat ze twee maanden oud waren de nacht door van 23.00 tot 7.00 uur met behulp van een van de hierna genoemde methodes.
Hoofdzaak bij alle drie de methodes is dat je baby overdag alle voeding netjes binnen heeft gekregen en gehouden. Als je om de drie uur of om de vier uur voedt, geldt altijd dat je een **kwartiertje** mag afwijken, maar meer ook niet.
Vooropgesteld dat je baby in blakende gezondheid verkeert – en hier ook geen enkele twijfel over bestaat – en dat hij goed aan blijft komen, zijn er wat ons betreft **drie methodes** die kunnen werken om je baby te laten doorslapen.

- **Methode met de 'nepfles'**
- **Laten huilen**
- **Bij je nemen met pink of speen**

Wij blijven benadrukken: deze methodes zijn alleen geschikt voor gezonde baby's die goed aan (blijven) komen! Een gezonde baby van meer dan vier kilo (circa twee weken oud) kan 's nachts zes uur achter elkaar slapen zonder voeding. Sommige kleinere baby's kunnen dit ook al, maar in de meeste gevallen dienen ze toch wel een bepaald gewicht te hebben. Als je wilt dat je baby gaat doorslapen, probeer dan het volgende:
Altijd om **7.00 uur** de wekker zetten en voor de uitslapers om **7.30 uur.** Denk eraan: niet de ene keer 7.00 uur en de andere keer 7.40 uur; kies een tijd en probeer je daar echt aan te houden!
Dus ook al heeft je baby de hele nacht gehuild, hebben jij en je partner geen oog dichtgedaan en ook al heb je hem 's nachts toch een kleine, grote of nepfles gegeven: start elke dag om 7.00 uur met een voeding. Het gaat allemaal om conditioneren en dat al vanaf het prille begin. Je baby zal doorkrijgen dat hij erop kan rekenen dat hij rond 7.00 uur zijn ontbijt krijgt. Dit duurt meestal een week à tien dagen en dan is hij eraan gewend. Wekker zetten en doorbijten, wij garanderen succes!

Nepfles

Het nepflesje is een flesje waarmee je je baby een beetje voor de gek houdt. Richard Ferber* is ooit begonnen met deze methode en het komt erop neer dat je vanaf een bepaalde leeftijd 's nachts geen volledige voeding meer geeft, maar deze aanlengt met water. Als je ervoor kiest om dit vanaf zes weken te doen, dan bouw je de nachtvoedingen langzaam af door steeds een beetje meer aan te lengen. Automatisch zal je baby overdag meer melk gaan drinken en 's nachts minder nodig hebben.
De essentie is dat je de fles midden in de nacht af wilt bouwen, dus bied je je baby per nacht of per elke paar dagen telkens wat minder kunstvoeding aan. Het is overigens wel aan te raden net een beetje meer klaar te maken dan je zou willen geven, zodat je als hij hysterisch wordt nog wat extra's in de fles hebt en niet wederom je bed uit hoeft om toch nog 30 cc klaar te maken. Maar houd zelf goed in de gaten dat je dan niet alles geeft als het niet nodig is, want het is belangrijk dat je baby om 7.00 uur de dag begint met een stevige voeding en dan dus ook voldoende honger heeft. De meeste baby's die midden in de nacht gevoed worden en om 7.00 uur 's morgens minder drinken dan de rest van de dag, gaan hieraan wennen. Je kunt hem als hij 's nachts wakker wordt bijvoorbeeld een speentje geven, hem weer in slaap aaien, hem wiegen of voor hem zingen. Of hem anders een slok water geven of het nepflesje toepassen als dat noodzakelijk lijkt. Als het niet nodig is, kun je hem beter niet oppakken (tenzij je hebt ondervonden dat dat nou juist het enige is wat voor hem werkt).

Het is beter als je baby 's nachts niet klaarwakker wordt, dus geen lampen aan en geen luiers verschonen als het niet nodig is. Je zult niet de eerste zijn die even moet vloeken door een gekneusde teen of een poepluier midden in de nacht. Verschoon ook niet onnodig een luier, want daar wordt hij alleen maar weer actief en hongerig van. Als je baby niet poept 's nachts, maar doorlekt waardoor je hem moet verschonen, doe dan 's nachts een luier die een maatje groter is aan.

** Richard Ferber is hoofddocent Neurologie aan de Harvard Medical School en directeur van het Center for Pediatric Sleep Disorders (slaapstoornissen bij kinderen) bij het Children's Hospital in Boston, USA.*

> Vergeet niet dat je baby bij de avondfles van 23.00 uur à 24.00 uur juist wél goed **wakker** moet zijn. Dus, zing desnoods een liedje, lichten aan en verschonen maar!

Even terugkomend op de nepfles: zowel het afbouwen als de wekker zetten is hierbij belangrijk. Als je die nepfles langzaam afbouwt, dan gaat je baby vanzelf wennen aan het feit dat de dag begint om 7.00 uur en dat hij dan altijd lekker zijn flesje krijgt. Je zult al gauw merken dat hij om 6.00 uur pas wakker wordt en langzaam om 6.15 uur en vervolgens om 6.40 uur et cetera. Als hij het zo lang heeft vol gehouden, moeten jullie echt even doorzetten en niet vóór 6.45 uur de normale voeding geven. Geef hem om 6.00 uur eventueel wat water of een klein nepflesje. Dus bijvoorbeeld 60 cc met één schepje, speen of pink erin en volhouden tot 7.00 uur. Zet 'm op, het duurt echt maar een paar dagen.
Je kunt ook in het nepflesje een beetje **johannesbroodpitmeel** doen, dit maakt de melk wat dikker en is dus moeilijker om uit het flesje te krijgen, waardoor de zuigbehoefte bevredigd wordt, hij moe wordt en beter slaapt. Let er hierbij op waar je baby meer behoeft aan heeft, daadwerkelijke voeding of zuigbehoefte, en speel hierop in. Denk eraan: die avondfles rond 23.00 à 24.00 uur wordt zijn laatste fles voordat hij de hele nacht door gaat slapen en het is dus belangrijk dat deze **leeggaat**, belangrijker dan bijvoorbeeld de zuigbehoefte; je moet zorgen dat je daar overdag aan voldoet. In deze avondfles doe je dus geen johannesbroodpitmeel, want als het een beetje tegenzit, is hij al best wel moe; je hebt hem tenslotte net wakker gemaakt om te drinken.

In het geval van **volledige borstvoeding** kun je ervoor kiezen om je baby een paar slokken borstvoeding te geven en eventueel daarna nog wat afgekoeld gekookt water of mineraalwater. Je zou ook wat borstvoeding kunnen kolven en dit 's nachts al dan niet met johannesbroodpitmeel kunnen verdikken (vergeet niet het gaatje in de speen iets groter te maken of een maatje groter op de fles te draaien).

Let op: johannesbroodpitmeel werkt **niet vullend**, dit is alleen maar om de melk wat dikker te maken en dus lastiger om te drinken. Het is officieel bedoeld voor spugende baby's.

Laten huilen/geen voeding geven

Een andere manier om je baby de nacht door te laten slapen is om 's nachts helemaal geen voeding te geven. Dus als je baby zwaar genoeg is, **rond de vijf kilo en minimaal zes weken oud** (en hij mankeert niks), dan kun je ervoor kiezen om hem 's nachts te laten huilen. Dit gaat door merg en been, maar is wel een effectieve methode: je baby wordt vanzelf moe. Het is natuurlijk wel belangrijk dat jij en je partner je hier goed bij voelen en dat je je baby niet steeds op gaat pakken. Twintig minuten huilen mag en als hij tien seconden niet gehuild heeft, stopt de tijd. Als hij dan weer opnieuw begint, mag het weer twintig minuten duren. Ook hier geldt dat je altijd om 7.00 uur de wekker moet zetten en hem moet voeden, zodat je baby doorkrijgt dat dat zijn vaste voedingstijd is. Je baby zal ook in dit geval overdag genoeg voeding binnen moeten krijgen en dus bepaalde hoeveelheden aan moeten kunnen, anders werkt deze methode niet.

Denk eraan: het is een goede methode, maar ze vergt behoorlijk wat overtuigingskracht en doorzettingsvermogen, dus gebruik deze methode alleen als ze écht bij jullie past. Van twintig minuten huilen krijgt hij niks en hier wordt hij lekker moe van. Hoe hartverscheurend ook, probeer door te zetten. Als je je baby toch gerust wilt stellen, gebruik dan een zachte, lage, rustige stem en aai hem over z'n buik of hoofdje. Je kunt hem ook wat lauwwarm water geven. Als je baby urenlang blijft huilen, dan is een van de andere genoemde methodes misschien geschikter voor jullie.

Bij je nemen met pink of speen

Wat we graag bij deze methode vooraf willen benadrukken, is dat het 's nachts in bed nemen van je baby sterk afgeraden wordt. Dus het beste is om je met je baby op de borst lekker te nestelen in een fijne stoel, waarin je zelf een beetje onderuitgezakt kunt liggen. Het bed brengt sowieso meer risico's met zich mee, maar mocht je je er toch aan willen wagen, dan moet je wel honderd procent zeker weten dat je niet in slaap valt, in verband met verstikkingsgevaar.

Belangrijk ook weer bij deze methode is dat je overdag strikt op de klok voedt, met een marge van vijftien minuten, maar 's nachts laat je je baby zelf zijn ritme bepalen. Tot op zekere hoogte dan, want wordt je baby binnen vier uur na zijn vorige voeding wakker, dan krijgt hij sowieso geen fles, daar is het echt nog te vroeg voor. Als je je baby na de laatste avondfles in bed hebt gelegd, zet je geen wekker, maar laat je je wekken door je baby. Bij de eerste tekenen van een wakker baby'tje neem je hem bij je, geef je in eerste instantie de pink en wieg je hem een beetje in slaap. Vaak is een baby, als hij half wakker wordt, nog te sussen met een pink of speen en is er nog geen sprake van honger. Pas als je baby echt geen genoegen meer neemt met een pink of speen en het op een huilen zet, dan komt er een voeding aan te pas. En als je baby de ene nacht vijf uur zonder voeding kan, dan zou hij dat de volgende nacht(en) in principe ook moeten kunnen. Het is dan aan jou om hem daaraan te laten wennen, met de hulp van een pink of speen. Je zult zien dat de tussenpozen tussen de laatste avondvoeding en de nachtvoeding geleidelijk aan langer zullen worden en voor je het weet heb je jullie eerste nacht van zeven uur slaap te pakken.

Let wel, ook hierbij geldt: altijd om **7.00 uur** de wekker zetten voor de ochtendvoeding.

> Slapen met je baby in bed is levensgevaarlijk en dus sterk af te raden. Maar in wakkere toestand met je baby in bed liggen moet kunnen. Hoe gezellig ook, houd je baby wel boven het dekbed. Onder het dekbed is gevaarlijk en veel te warm.

Aanvullende trucs

Eigenlijk is gebleken dat bij iedere mama en iedere baby wel een van de bovenstaande methodes past en werkt. De drie methodes die we beschreven hebben, kun je naar eigen invulling combineren met de volgende tips en tricks:

- **Alles hetzelfde:** overdag altijd drie, drieënhalf of vier uur tussen de voedingen (afhankelijk van de behoefte van je baby) en alle voedingen hetzelfde; alleen om 19.00 uur een kleinere voeding en om 24.00 uur juist een grotere voeding.
- **Clustervoeden:** tussen 17.00 en 21.00 uur meerdere voedingen geven, zodat je baby een voorraadje opbouwt voor de nacht.

Slaapjes overdag en 's avonds

Ook overdag zijn er een aantal 'regels' die je in je achterhoofd moet houden:

- **Een baby kan niet langer wakker zijn dan twee uur achter elkaar**, een pasgeboren baby kan nog maar kort wakker zijn. Als hij dan huilt, kun je dit verwarren met honger; soms gaan ze zelfs met hun gezichtje 'happen' en tegen je aan 'schurken' of 'poetsen', wat nog meer op honger lijkt. Hij is waarschijnlijk doodmoe (rode wenkbrauwen zijn ook een teken van moeheid).
- Veel baby's komen **na 45 minuten in een lichtere slaap** (vaak bij het middagslaapje), worden zelfs wakker en gaan huilen. Het beste kun je hem dan zelf weer in slaap laten vallen, hij moet er niet aan gaan wennen dat je

hem gaat troosten of zelfs uit bed haalt. Gebruik je een speentje, dan kun je dat nu aan hem (terug)geven.

- Als je baby van een **speentje** houdt, maak dat dan extra lekker door er een paar druppeltjes Cinababy (als hij krampjes heeft) of vitamine D op te doen (hij moet tenslotte toch – maximaal – tien druppels per dag). Slaapzakje aan en maak de kamer lekker donker. Soms helpt het om een klein zacht doekje tegen zijn gezichtje aan te houden of over zijn bolletje te aaien; ze draaien hun gezichtje dan tegen je hand of het doekje aan en zijn zo vertrokken.
- Ook hier geldt dat een baby best even kan en mag **huilen**; als je dat lastig vindt, hebben we hier een checklist voor je:

√ Heeft hij geen te volle luier of poepluier?

√ Heeft hij goed gedronken?

√ Heeft hij goed geboerd?

Alles gecheckt? Hij kan naar bed!

- Dus om 7.00 uur wakker betekent om 9.00 uur weer naar bed. Houd er rekening mee, hoe verleidelijk ook, dat je baby overdag ook weer **niet te veel mag slapen**; we gaan natuurlijk niet overdag inhalen wat we 's nachts tekort zijn gekomen! Een gemiddelde van 16 uur slaap per 24 uur is mooi, en dit wordt minder naarmate je baby ouder wordt.
  Onder de vier weken zal je baby wel wat meer slapen, de eerste week na de geboorte soms zelfs twintig uur per dag.

Een mooi schema voor overdag (pas vanaf vier weken):

- 7.00 uur wakker
- 9.00 tot 10.00 uur slapen
- 12.00 tot 14.30 uur slapen
- 16.30 tot 17.15 uur slapen

Niet iedere baby zit als hij vier weken oud is al zo strak in een schema. Rond de zes weken zou bovenstaande wel moeten kunnen en dit bereik je door rond de vier weken toch wel te beginnen met jezelf aan deze tijden te houden. Als jij 'maar wat doet', mag je niet verwachten dat je baby zich ooit volgens bovenstaand schema gaat gedragen.

Avondfles eruit

Hoe ga je nu zorgen dat je van die avondfles afkomt?
Van 24.00 uur tot 6.00 uur zonder voeding is keurig, dit ga je uitbouwen naar 6.15 uur, 6.30 uur, 6.45 uur en 7.00 uur. Als je baby een aantal dagen van 24.00 tot 7.00 uur zonder voeding doorslaapt, kun je van 24.00 uur naar 22.00 uur af gaan bouwen. Als je merkt dat het 's avonds erg veel moeite kost om hem wakker te maken en je baby steeds minder van de fles drinkt, dan kan de avondfles eruit. Dit is de eerste keer best spannend en veel moeders zijn bang dat hun baby weer wakker gaat worden, maar: je komt hier alleen achter als je het probeert. Wanneer weet je of je baby geen behoefte meer heeft aan de avondfles? Heb je gemerkt dat je baby bijna niet meer wakker wordt om 23.00 uur en al slapend of met zijn ogen

Beste Jan,

Net als ongeveer alle andere mannen zul jij nu – en nog veel vaker – waarschijnlijk zeggen dat jullie baby honger heeft als hij eigenlijk erg moe is en naar bed moet. Dit heeft in het verleden geleid tot grote discussies tussen de vrouw – die doorgaans de meeste tijd met de baby doorbrengt, minder slaap krijgt, labiel en nogal hormonaal is – en de man, die in het weekend thuis is of net uit zijn werk komt, de baby in zijn armen gedrukt krijgt en wil reageren op het gehuil, gedraai en 'gehap' van zijn kind. Toch: dit gedrag wordt niet automatisch veroorzaakt door honger. Probeer het gedrag van je baby te herkennen en vraag even aan je vrouw wanneer de baby voor het laatst gedronken heeft. Als er minder dan tweeënhalf uur tussen nu en de laatste voeding zit, is het zeer waarschijnlijk geen honger. Mocht je nog twijfelen, vraag dan even hoe laat hij wakker is geworden; is dit bijna twee uur (of langer) geleden, dan moet je baby naar bed. In alle andere gevallen heb je waarschijnlijk gelijk en is ze blij dat je het zegt.

dicht die fles leegdrinkt of zelfs een gedeelte niet eens meer opdrinkt en wel gewoon keurig doorslaapt? Er zijn een heleboel **signalen** die je langzaam in de gaten krijgt, en al snel zul je de conclusie kunnen trekken dat hij die avondfles niet meer nodig heeft. Hang de vlag maar uit, want dit is het begin van een nieuw tijdperk!
Als je twijfelt of je baby er wel aan toe is, kunnen we alleen maar aanraden het gewoon te proberen. Je zult zien dat hij gewoon doorslaapt. Doe hem voor de avondfles rond 19.00 uur nog steeds wel een luier die een maatje groter is aan, zodat je hem niet hoeft te verschonen als hij niet gepoept heeft. Dus ook als je de laatste fles nog aan het afbouwen bent, moet je zorgen dat je niet meer hoeft te verschonen, te veel licht aandoet of lawaai maakt. Nu mag hij juist wél half slapend drinken; je zult merken dat hij steeds minder behoefte heeft aan een volle fles. Mocht hij toch ineens eerder **wakker** worden – dat mag een keertje voorkomen, maar niet meerdere keren – dan kan het zijn dat hij er toch nog niet aan toe is. Laat je niet van de wijs brengen als je baby af en toe nog 's nachts wakker wordt en gaat liggen kletsen of jammeren, dit is iets anders dan huilen om eten. Probeer sterk te zijn en ga niet toch 's nachts voeden, je zult niet de eerste zijn die met een kind van een jaar oud nog steeds in de nacht eruit moet voor een fles; allemaal gewenning en aangeleerd gedrag.

Is je baby al **vier maanden of ouder**? Maak dan van de 19.00 uur-fles een **papfles**. Voordat je baby vier maanden is, kun je beter nog geen pap gebruiken, de darmflora is dan nog niet goed ontwikkeld. Deze papfles ligt wat zwaarder op de maag en helpt de meeste baby's de nacht door. Zorg dat je ook een **papspeen** voor op de fles hebt, want door de normale spenen gaat de pap niet heen. Je kunt ook gewoon in een van de spenen een wat groter gat maken met een vork of speld, maar het risico is dat dit dan weer te groot is. Met een driestandenspeen kan bijna iedereen uit de voeten en zowel de moeder als de baby is hier na een paar dagen aan gewend. Elk flesmerk heeft deze speciale spenen en je kunt ze bij de drogist kopen.

Voorbeeld vanaf of rond de vier maanden:

- 7.00 uur voeden
- 11.00 uur voeden
- 15.00 uur voeden
- 19.00 uur: voeding + rijstebloem
- Afbouwen van 24.00 naar 22.00 uur, en dan als nodig een halve voeding, na een week een kwart voeding en na een paar dagen alleen als hij wakker wordt een beetje water of eventueel een slokje kunstvoeding

Tips om je baby in slaap te krijgen

De signalen van moeheid bij jouw baby ga je snel genoeg herkennen, de algemene signalen zijn **rode wenkbrauwen, rode wangen, gapen, in de ogen wrijven, wegkijken, huilerig zijn**. Het kan dus ook zijn dat je baby met zijn gezichtje in je kruipt en gaat poetsen of happen; dit moet je niet verwarren met honger, hij moet echt naar bed. Heb jij alles gelezen en denk je bij jezelf: was het allemaal maar zo makkelijk? Hier nog een paar tips om je baby in slaap te krijgen:

- Sommige mensen pakken 's avonds de **kinderwagen** en gaan een blokje om, weer anderen zijn zo wanhopig dat ze daadwerkelijk midden in de nacht de **auto** pakken en rondjes gaan rijden met hun baby.
- Hetzelfde effect bereik je wat ons betreft met de **wipstoel** met ingebouwd trileffect.
- Het kan helpen om je baby **in te bakeren** met een **hydrofiele luier** of met een **Puckababy**; veel baby's hebben namelijk last van schrikreacties en slaan dan wild de armpjes in de lucht, waardoor ze wakker schrikken van zichzelf (de Mororeflex). Op deze manier liggen de armpjes lekker strak en dicht tegen je baby aan. Het geeft ze weer het vertrouwde, omarmende gevoel dat ze ook in de buik hebben ervaren (zie ook pagina 144).
- Meestal helpt het ook om een **ritueel** in te bouwen. Elke keer dat je hem naar bed brengt, doe je hetzelfde. Combineer dit met een vaste knuffel, zet steeds hetzelfde slaapliedje aan of zing zelf en dek je baby lekker strak toe. Een korte noot hierbij: maak het jezelf niet te lastig met een tijdrovend ritueel, je zit er namelijk wel een paar jaar aan vast.
- Van tevoren een warme **(pitten)kruik** in het bedje leggen kan ook helpen, dan schrikt hij niet van de koude lakentjes en is de overgang van het warme lichaam van de vader of moeder naar het bedje niet zo groot.
- De kamer kan het beste rond de **16 à 18 °C** zijn en zorg voor **donkere gordijnen**. Een donkere kamer geeft je baby het signaal dat het tijd is voor zijn slaapje.
- Probeer om **niet te vaak** je baby **tegen je aan** in slaap te laten vallen en dan in bed te leggen. Stel dat jouw baby elke keer als je hem in bed legt heel hard en veel huilt, dan mag je hem best af en toe in je armen in slaap laten vallen zodat jullie samen, maar vooral je baby, wat minder negatief tegen het slapen aan gaan kijken. Ga hier echter geen gewoonte van maken, want je wilt voorkomen dat hij straks alleen nog maar op die manier kan slapen.
- Even laten huilen kan dus geen kwaad (tot twintig minuten tranen met tuiten snikken, zonder tussenstop, mag), als je dit te lang vindt duren, dan begin je bijvoorbeeld met vijf minuten en probeer je daarna zevenenhalve minuut et cetera. Je kunt je baby beter niet optillen of aanraken, maar werk liever met je **stem**: rustig praten of zingen en laten weten dat alles oké is. Als hij niet rustig wordt, kun je hem aaien. Maak zo min mogelijk oogcontact.
- Ben jij zo'n moeder die als je baby eindelijk in slaap is gevallen, niet kan genieten van de rust, omdat je zenuwachtig bent over of hij nog wel ademt? Er zijn een aantal middelen die je misschien geruster maken: de **Aerosleeper** is een matrasje over het matras dat meer

WHEHEEEE
WHEE

lucht en dus zuurstof doorlaat, mocht hij met mond en neusje op het matras liggen. De **Nannycare** is een matrasje dat de ademhaling van je baby in de gaten houdt. Wanneer hij 'denkt' geen ademhaling te constateren, gaat er een alarmpje af. Persoonlijk zouden wij hier doodnerveus van worden. Wat als het alarm onnodig afgaat (en we weten uit ervaring dat dat kan gebeuren)? Dan sta je met een gierende hartklep naast het bedje van je baby, die prinsheerlijk verder snurkt. Jij gaat je toch afvragen of er niet toch een reden is dat het alarm is afgegaan... en voor je het weet ben je een aantal loze doktersbezoekjes verder.

Tips om je baby wakker te houden

Soms is het juist nodig je baby even wat langer wakker te houden, bijvoorbeeld wanneer hij juist te veel slaapt overdag en 's nachts veel wakker is of wanneer je een fles geeft en hij halverwege de fles al in slaap valt. Gelukkig zijn er een aantal trucjes die je kunt toepassen. Een van de meest succesvolle is toch wel het wrijven of zachtjes krabbelen over de **fontanel**. Het is meer een truc om je baby wakker te houden tijdens het drinken. De fontanel zit vlak boven het voorhoofd en is de zachte opening tussen de delen waaruit het schedeltje is opgebouwd (tijdens de geboorte schuiven deze delen over elkaar, zodat je baby door het geboor-

Slaaptrucs:

√ In eigen bed in slaap vallen en laten huilen

√ Altijd hetzelfde ritueel, dezelfde knuffel en hetzelfde muziekje

√ Inbakeren

√ Warme kruik van tevoren in bedje leggen

√ Donkere gordijnen

√ Rondje rijden met de kinderwagen of in de auto

√ Rekken met pink of speen

√ Neem de baby in een draagzak op je buik

√ Rondwandelen en zachtjes zingen

√ Speentje

Antislaaptrucs:

√ Lichten aan

√ Luier verschonen

√ In gezichtje blazen

√ Onder voetje blazen/kriebelen

√ Voetje onder koude kraan

√ Nat washandje

√ Kriebelen in nekje

√ Kriebelen over fontanel

√ Warm badje halverwege de fles

tekanaal past). Een wat meer brute maatregel om je baby wakker te houden tijdens de fles, is een nat washandje in het gezichtje of een handje of voetje onder de koude kraan doen. Andere maatregelen zijn: de **luier verschonen** of de baby in **bad** doen, en blazen in zijn gezichtje werkt ook goed.

Van drie, naar twee, naar één slaapje(s) overdag

Vaak gaat een goed ritme overdag samen met een goed ritme in de nacht. **Regelmaat** is wat ons betreft de sleutel tot succes. Je kunt je baby natuurlijk best weleens meenemen naar een verjaardag of iets anders, maar maak er geen gewoonte van, om slaapproblemen te voorkomen.
Rust, reinheid en regelmaat... je overgrootmoeder zei het al.
Van nul tot drie maanden slaapt een baby nog elke twee uur. Een baby van drie maanden doet overdag drie slaapjes en meestal gaat dit door totdat hij zes maanden oud is. Vanaf zes maanden slaapt hij overdag gemiddeld drie à vier uur en vanaf negen maanden ongeveer drie uur per dag. Vanaf twaalf maanden is een slaapje van twee uur halverwege de dag voldoende. Dit is alleen maar een leidraad, er is geen goed of fout; verdeel de slaapjes zoals ze het beste bij jullie en je baby passen (we raden wel aan om niet elke dag wat anders te doen).
Als je baby 's nachts slecht slaapt, heeft het geen zin om de slaapjes overdag over te slaan of in te korten. Een baby kan nou eenmaal niet te lang wakker zijn en wordt dan chagrijnig, hangerig of huilerig. En als hij **overprikkeld** raakt, kan het zelfs gebeuren dat hij 's avonds niet meer in slaap kan komen en dan ben je nog veel verder van huis.

Zomer- en wintertijd

Hoe gelukkig ben je wanneer je baby een goed slaapritme te pakken heeft. En dan gaat de zomertijd in: een uurtje minder slaap. Veel baby's hebben last van dat ene uurtje tijdsverschil. Niet dat ze zoveel slaperiger zullen zijn, maar wel wat huileriger en sneller prikkelbaar.
Je baby zomaar op de nieuwe tijd in bed leggen, gaat helaas niet, want het biologische ritme van je baby loopt nog dat ene uurtje achter dan wel voor. Beter is het om rustig de tijden te verplaatsen: elke dag het slaapje met een kwartiertje verleggen. Ging je baby in de wintertijd om 19.00 uur naar bed, dan is dat in de zomertijd 20.00 uur op de eerste dag, 19.45 uur op de tweede dag, 19.30 uur op de derde dag, en op de vijfde dag zit hij weer in het gareel (hoewel het sommige baby's wat meer moeite kost zich aan de nieuwe tijd aan te passen). Je kunt hem een handje helpen bij het sneller aanpassen aan het nieuwe ritme door te zorgen voor dikke gordijnen of de ramen af te plakken met vuilniszakken, zodat het echt goed donker is op zijn kamertje (ook als het nog licht is buiten). Doe dat laatste uurtje voor het slapen gaan rustig aan, dus geen wilde spelletjes. 's Ochtends werkt het juist andersom: gooi de gordijnen open, doe de lichten aan en pak meteen het dagritme op, zodat je baby direct goed wakker is.
Van zomertijd naar wintertijd is over het algemeen wat makkelijker te behappen voor kleine baby's, maar ook dan geldt bovenstaand principe, maar dan – vanzelfsprekend – andersom.

Leeftijd	**Slaapjes**		
0-6 maanden	9.00-10.00 uur	12.00-14.00 uur	16.00-17.00 uur
6-9 maanden	9.30-10.30 uur	12.00-14.00 uur	16.30-17.00 uur
9-12 maanden	9.00-9.30 uur	12.30-14.30 uur	
12 maanden		12.00-14.30 uur	

Pietje, Klaasje of Marietje heeft nu al een eigen willetje; mijn kind werkt niet mee

O jee, je hebt alles gelezen, je partner heeft zelfs het hele boek gelezen, jullie hebben allerlei andere boeken gelezen en toch gaat het helemaal niet zoals je wilt. Het slaaptekort begint grove vormen aan te nemen, je partner begint te deformeren tot een totale vreemde en je bent de wanhoop nabij.

Er zullen momenten zijn waarop je het even niet meer ziet zitten en er zijn natuurlijk uitzonderingen; baby's die echt op geen enkele manier een schema kunnen volgen of net op een verkeerd tijdstip een verkeerde hoeveelheid melk willen. En dan heb je ook nog de **huilbaby's**. Wij denken dat je met een huilbaby echt naar de **dokter** moet gaan: baby's huilen, maar geen uren per dag, echt niet. Je baby heeft waarschijnlijk pijn, is overgevoelig, allergisch of wat dan ook. Laat de heren doktoren het uitzoeken, zoek de schuld niet bij jezelf.

Als je baby zich niet zo makkelijk laat regisseren en jullie willen toch graag een schema volgen of het doorslapen erin krijgen? Blijf volhouden, die regelmaat en rust gaan je er uiteindelijk doorheen slepen.

BABY-KWAALTJES

Als kersverse moeder zul je je niet altijd even optimaal voelen, mede als gevolg van het ontzwangeren en de hormonen die nog steeds door je lichaam razen. Ook je baby kent de nodige opstartproblemen (aan slaap geen gebrek, dat dan weer niet). Zo krijgen bijna alle baby's last van krampjes of uitslag op de billen. Met een beetje pech wordt het gezichtje ontsierd door een giga-snotneus of pukkeltjes – die ontstaan natuurlijk net als jij je fit genoeg voelt om met hem te flaneren en iedereen ongevraagd in de kinderwagen duikt. Allemaal niets ernstigs, maar wel malaise waar je je baby het liefst zo snel mogelijk vanaf wilt helpen. Maar hoe?

Buikkramp

Een belangrijke, want veelvoorkomende kwaal is **buikkramp,** ook wel 'krampjes' genoemd. Krampjes herken je zo: je baby begint plotseling te huilen, hij loopt daarbij rood aan, trappelt met zijn beentjes, hij overstrekt (dat wil zeggen: legt zijn lichaam in een achterwaartse banaanhouding), balt zijn vuistjes en laat winden (die er overigens voor zorgen dat er wat druk van de ketel komt, maar het kan behoorlijk stinken!). Hij kan hierbij last hebben van obstipatie en een hard buikje. Het zijn allemaal symptomen van krampjes en ze komen vaak aan het einde van de dag of het begin van de avond op. Het komt erop neer dat net als jullie even wat willen eten, samen de dag door willen nemen of gewoon even niets willen doen, je baby andere plannen voor jullie heeft.

Darmkrampjes ontstaan wanneer de darmen zich beginnen te ontwikkelen. Zowel baby's die borstvoeding krijgen, als baby's die kunstvoeding krijgen, kunnen er last van hebben. De periode van krampjes begint meestal als je baby twee weken oud is en bereikt een hoogtepunt (wij vinden het een dieptepunt) rond de zes weken. Daarna neemt de pijn weer af en bij ongeveer twaalf weken kun je deze fase als afgesloten beschouwen.

We kunnen er lang of kort over praten, maar deze krampjesfase is gewoon niet zo leuk. Het kan onzeker maken, het is vermoeiend en het is vreselijk om je baby in pijn te zien, om niet te spreken van het gehuil, dat op den duur behoorlijk op je zenuwen gaat werken.

Je kunt het voor julliezelf makkelijker maken door bijvoorbeeld de zorg over je baby per avond te verdelen: het ene uur jij, het andere uur je partner. Of wissel om de dag af of maak gebruik van welke andere verdeelsleutel dan ook, als het voor jullie maar prettig is. En als het dan even niet

jouw beurt is, neem het er dan ook van: ga in een andere kamer een boek lezen, televisiekijken, je nagels lakken, een vriendin bellen of wat dan ook.
Gelukkig voor je baby zijn er ook remedies die krampjes kunnen **verlichten** of zelfs wegnemen. Misschien volstaat voor de ene baby net die ene tip, terwijl voor een andere baby het hele repertoire afgewerkt moet worden. In ieder geval: we hebben in dit hoofdstuk heel wat mogelijkheden voor je op een rijtje gezet.
Laten we beginnen bij het begin. **Voeding** en de manier waarop je voeding geeft, kunnen van invloed zijn op de mate van krampjes.
Wanneer je baby krampjes heeft, begint hij vaak hard te huilen. Dit gehuil lijkt op het huilen van honger. Je moedergevoel* zegt je dan misschien dat je de baby weer moet aanleggen of wat extra flesvoeding moet geven, maar **let op:** dat kun je juist beter niet doen. Je baby wordt inderdaad in eerste instantie rustig, maar uiteindelijk zal de extra voeding de krampjes alleen maar erger maken. Zowel borstvoeding als kunstvoeding heeft namelijk tijd nodig om te verteren en daarom is het raadzaam in ieder geval **tweeënhalf uur tussen twee voedingen** te houden. Doe je dit niet, dan zul je zeer waarschijnlijk in een **vicieuze cirkel** terechtkomen: voeden-kramp-huilen-voeden-kramp-huilen.

Je kunt je baby borstvoeding of kunstvoeding geven. Voor beide vormen van voeding is het in ieder geval raadzaam **Infacol** als onmisbaar item van je babyuitzet te laten gelden. Infacol is te koop bij de drogist of apotheek. Dit geef je vóór elke voeding en helpt ter voorkoming van darmkrampjes. Verwacht niet meteen na het eerste gebruik succes, geef het een paar dagen de tijd, uiteindelijk is het voor veel baby's (en ouders) succesvol gebleken.

** Oké, je bent moeder en je hebt behoorlijk veel gevoel, maar die twee met elkaar combineren zodat je je baby van kruin tot teentjes begrijpt heeft best even tijd nodig.*

Hier moet je in geloven, maar...

Er wordt door natuurartsen beweerd dat bepaalde bacteriën in de darmen darmkrampjes bij baby's kunnen oplossen. Dit doe je door je baby per dag één theelepeltje vers papajasap te geven. Het schijnt dat je baby hier na een paar dagen al positief op zal reageren.

Krampjes en borstvoeding

Het is eerder al ter sprake gekomen, maar bij **borstvoeding** speelt het **eetpatroon** van de moeder een rol bij de kwaliteit en smaak van de moedermelk. Mocht je (schoon-) moeder met een lekkere pan goulash aan komen zetten of iets anders waar behoorlijk wat uien in verwerkt zijn, bedank haar dan hartelijk voor het aardige gebaar, maar laat deze maaltijd even aan je voorbijgaan.

Borstvoeding en krampverwekkers:

Ui, koolsoorten, druiven, spicy food, citrusvruchten, koffie, lightproducten en suikervervangers.

Hoe jammer ook, probeer het eten van bovenstaande voedingswaren in ieder geval de eerste drie maanden van de borstvoeding tot een minimum te reduceren.
Soms heb je als moeder zoveel **melkproductie** dat zodra je baby begint te drinken, de melk eruit spuit. Als dat het geval is, moet hij te vaak slikken en komt de melk te snel in zijn maagje terecht. Dat kan krampjes veroorzaken. Dit zou je kunnen oplossen door, voordat je begint met het geven van borstvoeding, eerst zo'n 30 ml af te **kolven**, zodat de grootste druk van de borst af is en je baby veel rustiger zal drinken.

Krampjes en kunstvoeding

Ook in het geval van kunstvoeding is het verstandig een aantal punten in je achterhoofd te houden. Het is aan te raden je baby vijftien tot twintig minuten **effectieve drinktijd** voor zijn fles te geven, niet korter. En ook de tijd die nodig is voor **boertjes** tussendoor wordt hierin niet meegerekend. Te snel drinken kan namelijk krampjes veroorzaken. Is je baby een gulzige drinker, dan zou je hem wat langer over de fles kunnen laten doen door hem een kleinere **speenmaat** te geven – dan moet hij wat harder werken om te zuigen en zal het hem ook wat meer tijd kosten.

Of je kunt wat **johannesbroodpitmeel** door de kunstvoeding mengen, dit maakt de melk wat dikker. Ook op deze manier wordt ervoor gezorgd dat je baby wat harder moet zuigen om de melk door de speen te krijgen en dus langer over de fles zal doen. Johannesbroodpitmeel wordt met name geadviseerd bij baby's die veel spugen, maar kan ook om deze reden zonder enig probleem toegevoegd worden aan alle soorten kunstvoeding. **Let op:** niet zomaar de hoeveelheden van de verpakking aanhouden, dat is vaak zoveel en maakt de melk zo dik, dat het te dikke pap wordt en je baby een uur zit te lurken en niets uit de fles krijgt. Probeer eerst een klein schepje en als dat niet het gewenste effect heeft, kun je de hoeveelheid altijd een beetje opvoeren.

De eerder genoemde vijftien-minutentip is overigens niet direct bedoeld om krampjes te voorkomen als wel om aan onder andere de zuigbehoefte van je baby te voldoen en dus gaat deze ook op voor de gelukkige lezeres met een baby die geen last van krampjes heeft.

Probeer de **speen** van de fles de hele voeding vol te hebben met melk. Dit doe je door de fles zo verticaal mogelijk te houden, oftewel in een hoek van 90 graden ten opzichte van het mondje. Op deze manier komt er geen lucht in het zuiggedeelte en zal je baby dus ook geen lucht meehappen. Als je halverwege de fles even stopt voor een boertje, zou je het flesje in een pan met warm water kunnen zetten, zodat de melk op de juiste temperatuur blijft en je baby de tweede helft niet koud hoeft te drinken. **Melk op lichaamstemperatuur** valt per slot van rekening lekkerder op de maag dan koude melk. Zo kun je dus ook de fles een beetje warmer maken dan lichaamstemperatuur, warme melk is aangenamer voor het maagje. Probeer je baby alleen niet te laten wennen aan melk warmer dan 37 °C, want je zult vaak genoeg in een situatie verzeild raken dat de melk niet kan worden opgewarmd.

Niet alleen de speenmaat, maar ook de **flessoort** kan een verschil maken. Er bestaan flessen, speciaal ontworpen om krampjes tegen te gaan. De een doet het bijvoorbeeld goed op **Avent** en de ander juist weer beter op **Difrax** of flessen van een **huismerk**. Tegenwoordig zijn er veel moeders die zweren bij de flessen van **Dr. Browns.** Geef niet meteen al je geld uit aan allerlei verschillende soorten, maar experimenteer gewoon eens met een ander merk fles, bijvoorbeeld als de krampjes zo erg lijken dat je niets te verliezen hebt.

Ook de manier waarop de fles bereid wordt, kan van invloed zijn. Als je de melkpoeder met het water mengt door hard op en neer te schudden, dan ontstaan er **luchtbelletjes** in de fles en als je baby die belletjes meezuigt, veroorzaakt dat lucht in zijn maagje en kunnen krampjes het gevolg zijn. Als je na het schudden de flesdop even opendraait, dan is de druk binnenin minder en zullen er luchtbelletjes verdwijnen. Daar is je baby al een beetje mee geholpen. Een andere manier om luchtbelletjes tegen te gaan, is de melkpoeder en het water te mengen door te draaien met je pols in plaats van te schudden met de fles, of roer het mengsel gewoon met een lepeltje, dan ontstaan er ook geen luchtbelletjes die meegehapt kunnen worden.

Boertje

Een goede boer op z'n tijd is net zo belangrijk. Zo raakt je baby wat overtollige lucht kwijt. Meestal geeft hij duidelijk aan dat hem wat dwarszit. Draaien met het lijfje, trappelen, huilen of kreunen en steunen geven aan dat er een boertje uit moet.

Boeren gaat niet altijd vanzelf en je moet er echt even de tijd voor nemen. Mocht je flesvoeding geven, dan is het

wijs om tijdens het voeden minimaal één boerpauze in te lassen en nadat de fles leeg is of je baby klaar is met de fles, ook nog één. In geval van borstvoeding, als je je baby goed aanlegt en hij vacuüm gezogen zit aan de tepel, is een boerpauze niet nodig. Maar is hij niet goed aangelegd, dan kan hij net zo goed wat lucht meehappen en is een boerpauze of een boertje na het drinken alsnog het proberen waard.
Een succesvolle **boermethode** werkt als volgt: leg je baby over de schouder zodat zijn buikje op je schouder rust en klop dan met de hand zachtjes vanaf zijn billetjes over de rugwervels omhoog naar zijn nek. Beweeg je baby tegelijkertijd zachtjes een beetje omhoog en omlaag, houd hem vervolgens – met gestrekte armen voor je uit – onder zijn oksels vast en laat hem zo even hangen… voilà.
Je baby zal je de boerpauze niet altijd in dank afnemen, zeker niet als hij grote honger heeft, maar laat hem tussentijds toch even boeren, ook als hij een keel opzet; jullie zullen er allebei profijt van hebben.

Middeltjes tegen krampjes

Als deze trucs niet helpen en de krampjes jullie nog steeds de nodige kopzorgen bezorgen, dan kun je altijd nog het volgende proberen.
Er bestaan ook middeltjes tegen krampjes. Je kunt het homeopathische middeltje **Cinababy** van VSM, of **ABC Dophilus** van Solgar proberen. Dit laatste is een probioticum geschikt voor baby's. Dit middeltje werkt pas na een paar dagen gebruik, maar net zoals probiotica voor volwassenen schijnt het de darmflora te bevorderen. Een gunstige bijwerking is dat het kan helpen tegen eczeem of eventuele allergieën. Je kunt het dus later ook nog gebruiken. Laat je hier wel goed over voorlichten. Helpt dit niet, dan zou je **zetpilletjes met karwij** (te koop bij reformwinkels) kunnen aanschaffen. Dit zorgt voor winderigheid bij je baby, daarna is hij letterlijk en figuurlijk opgelucht. Het homeopathische middel **Nux Vomica** kan ook helpen.
Venkelthee en kamillethee hebben hetzelfde effect. Geef je borstvoeding, dan raden we aan de thee zelf te drinken, want via de moedermelk komt de venkelthee natuurlijk ook bij je baby binnen. Te veel venkelthee is niet bevorderlijk voor de stoelgang en kan ervoor zorgen – als je te veel drinkt – dat je obstipatie krijgt en je dus moet persen, waardoor je aambeien zou kunnen krijgen. En dat wil je liever niet, weet je misschien inmiddels. We raden dan ook aan niet meer dan drie koppen venkelthee per dag te drinken.

Ook **zuigen** kan wat tegendruk geven aan de krampjes. Een speentje of een goed gewassen pink bij voorkeur van papa of mama, eventueel met af en toe wat druppeltjes

Cinababy of vitamine D erop (lekker zoet, dus dan zuigen ze wel!) zal in dank afgenomen worden. Je zult zien, bij elk krampje wordt er extra hard aan de pink gezogen. Let wel op het maximale aantal druppels per dag.

Vindt je baby een speentje lekker, maar valt hij steeds uit zijn mondje? Kies dan voor een speen zonder ring; veel baby's slaan of trekken per ongeluk hun eigen speentje uit hun mondje. Ook kun je een speciaal spenendoekje aan de ring van de speen hangen, waarmee de speen beter op zijn plek blijft zitten.

Troost en andere methodes

Er zijn verschillende troostmethodes en draagmethodes om krampjes te verminderen of in ieder geval draaglijker te maken.

Je zou je baby een **babymassage** kunnen geven: leg hem op zijn buik met zijn hoofdje opzij en smeer zijn ruggetje en beentjes lekker in met babyolie en masseren maar. Je kunt hem ook op zijn rug leggen en dan **fietsbewegingen** maken met zijn beentjes. Of je **wrijft** langzaam en zonder al te veel druk uit te oefenen in rondjes over zijn buikje.

Net zoals wij een lekker **warm bad** heerlijk vinden als we ons niet lekker voelen, kan ook een baby hiervan genieten. Denk er daarbij aan dat je het badje niet te warm maakt en het niet te lang doet.

Er zijn ook verschillende manieren waarop je je baby kunt **vasthouden**. Zo kun je hem met zijn buikje over de lengte van je onderarm leggen of met zijn buikje over je schouder laten hangen. Dit geeft **tegendruk** en vermindert de pijn. Of leg je baby met **zijn buik overdwars op jouw buik**, leg je hand onder zijn billetjes en beweeg naar boven en beneden, al dan niet aangevuld met tegelijkertijd een pink in zijn mond: zuigen, bewegen en tegendruk op de buik; als dat geen succes heeft…

… ga **stofzuigen**. Het lawaai leidt af van de krampjes. En zo niet, dan helpt het jou om hem even niet te horen én is het huis ook meteen schoon.

En als dit alles niet heeft geholpen:

Rondjes rijden met de **kinderwagen** (wij hebben wat kilometers gemaakt!), binnen of buiten, desnoods ga je met de **auto** eropuit (we kennen ouders die 's nachts de halve stad zijn doorgereden). De verandering van omgeving, trillende bewegingen, het geluid van de rijdende kinderwagen of de ronkende motor: het leidt allemaal af en kan het huilen doen stoppen. Of leg je baby in een **wikkeldoek** of in de BabyBjörn en rondlopen maar. Let wel: de BabyBjörn is geschikt voor baby's vanaf 3,5 kilo. Er bestaan ook draagzakken voor pasgeboren baby's, die tevens als hangmat gebruikt kunnen worden, te koop op www.minimonkey.nl.

Houd je kleintje maar niet op met huilen? Geen zorgen! BMM'er Marieke laat in het filmpje 'Troosten met Marieke' een aantal mogelijke posities zien die je baby kunnen kalmeren. Kom je er nog steeds niet uit? Stel je vraag op Facebook of Twitter via @BuskruitMuisjes of #BMM!

Maar dan nog is het niet goed voor baby's om te lang stil te zitten of te liggen in dezelfde positie. Check bij alles wat je aanschaft altijd de gebruiksaanwijzing!

Luister naar je moedergevoel (daar is ie weer)

Bovenal willen we benadrukken dat **te veel huilen niet normaal** is! Bij twijfel is het verstandig om naar de huisarts of een kinderarts te gaan. Misschien is er een andere reden dan alleen maar krampjes, waardoor je baby buitensporig veel huilt, zoals pijn na een moeizame bevalling of obstipatie. Wie weet heeft je baby een **koemelkallergie** en heeft hij daarom **speciale voeding** nodig. Het kan ook zijn dat je baby meer huilt doordat jij erg gestrest bent. Mocht je gevoel zeggen dat er meer speelt, houd dan alvast bij hoeveel uren je baby huilt en of je een verband kunt vinden: is het bijvoorbeeld vooral op een bepaald moment van de dag? Allemaal vragen die een arts je wellicht zal stellen en waarop jij dan alvast het antwoord hebt, zodat jullie sneller geholpen kunnen worden. En laat je niet zomaar wegsturen als je het niet vertrouwt. Jij kent je baby nu al het beste!

Bij een moeizame bevalling valt te denken aan een vacuüm- of tangbevalling. De soort bevalling heeft vaak invloed op het herstel van de moeder, maar ook op het herstel van de baby.

Raadpleeg een dokter als je het niet vertrouwt, baby's horen niet uren achter elkaar te huilen.

Spugen en reflux

Als een baby af en toe, misschien zelfs na elke voeding, wat melk spuugt, is dat heel normaal. Bijna alle baby's geven wel een mondje terug. Soms gebeurt dat meteen na de voeding, soms pas na een uurtje of soms na een boertje. In het algemeen lijkt het vaak meer dan het is. Maak je geen zorgen, dit komt bij heel veel kinderen voor. Het maagklepje sluit gewoon nog niet goed, iets wat over het algemeen vanzelf goed komt. De ene baby spuugt meer dan de andere. Dat kan komen doordat hij **te snel en te gulzig gedronken** heeft, mogelijk veroorzaakt door een te grote toeschietreflex, in geval van borstvoeding. Misschien is hij **te beweeglijk vlak na een voeding** of heeft hij **te veel lucht gehapt** tijdens het drinken. Je baby kan ook **allergisch** zijn voor de voeding of – in geval van borstvoeding – allergisch zijn voor iets wat jij gegeten hebt. In principe geldt: groeit je baby naar behoren en lijkt hij **geen pijn** te hebben, dan is er ook niets of weinig aan de hand. **Reflux** kan een probleem gaan vormen als je baby regelmatig in golven melk teruggeeft. Wees hier alert op en wanneer je het niet vertrouwt, neem dan voor de zekerheid contact op met de huisarts.

Oplossingen

Vind je het toch vervelend, of heeft je baby er last van, dan zijn er een paar manieren om het spugen te verminderen. Bij het geven van borstvoeding kun je, wanneer er sprake is van een sterke toeschietreflex, ervoor kiezen maar **één borst** te geven in plaats van twee. Of kolf eerst wat af, zodat de ergste druk eraf is. Leg je baby goed aan en laat hem niet liggend drinken, maar juist wat meer **rechtop**.
In geval van zowel kunst- als borstvoeding kun je wat meer pauzes inlassen tussen het voeden of wat kleinere hoeveelheden voeding per keer geven. In dit laatste geval voed je hem dan wel wat vaker per dag.
Kunstvoeding kun je ook in dit geval wat dikker maken met **johannesbroodpitmeel.** Als je borstvoeding geeft, hoef je nu niet per se te kolven; je kunt het ook in een bekertje mengen met wat afgekoeld gekookt water en op een lepeltje geven voor de voeding. Of je kunt na overleg met het consultatiebureau **speciale voeding** kopen tegen overmatig spugen. Deze voeding is vaak duurder dan de normale voeding, maar soms kun je de extra kosten hiervoor bij de

verzekering terugvorderen (informeer hiernaar bij je huisarts). Laat je baby na een voeding zo lang mogelijk rechtop zitten of tegen je aan liggen. En als het bedtijd is, zorg er dan voor dat het hoofdeind van zijn bedje iets **hoger** ligt.
Heel vervelend aan veel spugen is dat de kleertjes vaak nat worden, met name bij de nek. In de winter maakt dit je baby extra vatbaar voor verkoudheid. Koop daarom een behoorlijke **voorraad slabbetjes**, het liefst met een plastic achterkant. Dan heeft hij niet continu een natte borstkas.
Heeft je baby echt veel last van reflux, informeer dan bij je huisarts naar eventuele medicijnen.

Heb je het idee dat je baby **pijn** heeft, zie je dat hij niet goed **groeit, slikt** hij heel veel of heeft hij af en toe zelfs moeite met zijn **ademhaling**, dan kan het zijn dat er wat meer aan de hand is dan onschuldige reflux. Ga dan langs een huisarts of kinderarts, zij kunnen je verder helpen.

Zwarte, gele, groene en bruine poep

Voorheen stond je er wellicht nooit bij stil, maar zodra je baby geboren is, wordt de luierinhoud ineens een issue. De kleur, de dikte, hoe vaak… allemaal zaken waar je nu aandacht voor krijgt en die allemaal iets zeggen over het spijsverteringsstelsel van je baby. De ene baby heeft nergens last van en poept erop los, de andere baby heeft wat meer moeite om de darmen op gang te krijgen.

De eerste ontlasting, **meconium** genaamd, is groenzwart van kleur en een beetje plakkerig. Niet schrikken van de kleur, die is normaal. Sterker nog, noodzakelijk! Het gaat dan om afvalstoffen die je baby tijdens de zwangerschap verzameld heeft. Je moet je pas zorgen maken als hij de eerste twee dagen géén meconium poept. Dan kun je het beste meteen contact opnemen met de huisarts of met een kinderarts.
Over het algemeen wordt de kleur van de poep na een dag of vier vanzelf lichter, omdat je baby dan al volop melk drinkt. Mocht dit niet zo zijn, dan kun je dit het beste even melden bij de kraamhulp, alhoewel zij de eerste dagen de

kleur en het aantal poep- en plasluiers samen met jou bijhoudt en dus goed op de hoogte zal zijn.

Er bestaat geen wet die zegt **hoe vaak** een baby moet poepen, dat verschilt per baby; van één volle poepluier per dag tot elke keer een klein beetje na een voeding.
Na de eerste vier weken zullen de meeste baby's wat minder gaan poepen; baby's die borstvoeding krijgen, kunnen dan zelfs nog maar één keer per drie dagen poepen (soms zelfs nóg minder). Niets aan de hand. Maar poept je baby harde keutels, heeft hij veel last van krampjes, winderigheid en is hij huilerig, dan is de kans groot dat hij wel last heeft van **obstipatie**. Obstipatie komt nauwelijks voor bij baby's die borstvoeding krijgen, maar juist wel bij baby's die kunstvoeding krijgen. Obstipatie kan voor (ernstige) krampjes zorgen. Gelukkig hebben we hier wat tips voor.

Tips bij een slechte doorstroming (obstipatie)

Heb je het vermoeden dat je baby last heeft van obstipatie, dan kun je de ontlasting stimuleren door:

- 10 ml **water** aan elk flesje toe te voegen.
- 10 ml **lauw (gekookt) water in de ochtend** voor de eerste voeding te geven (als het bij volwassenen werkt, is het ook de moeite van het proberen waard bij je baby).

- Een **thermometer** in Sudocrem of vaseline te dopen en hiermee – heel zachtjes natuurlijk – in de billen van je baby te '**roeren**'. Het kan zijn dat je er de tijd voor moet nemen, maar na een minuutje heb je gegarandeerd succes. Neem wat afstand, want na de eerste dikke ontlasting kan het zijn dat het eruit spuit. Maar wát een opluchting voor je baby!
- Wat zeep van een ouderwets stuk **zeep** te schrapen, er een klein bolletje van te draaien en dit in de billen van het kind te stoppen. Er bestaan ook speciale **glycerinezetpillen** speciaal voor baby's die hetzelfde effect hebben. Glycerinezetpillen klinken als een geneesmiddel, maar dat zijn ze niet. Het is puur een zetpil die de stoelgang op gang brengt, verkrijgbaar bij de drogist.
- Een **druppeltje olijfolie** aan de melk toe te voegen.
- **Kindicol** van VSM te gebruiken: speciale druppeltjes voor baby's die last hebben van obstipatie.
- Een kopje **sennepeulenthee** te drinken (mocht je borstvoeding geven en heeft hij ondanks dat toch last van obstipatie). We raden aan om niet te veel hiervan te drinken, want het is eigenlijk een middel voor de moeder en heeft een behoorlijk laxerende doorwerking, ook bij baby's.

Werkt dit alles niet en maak je je echt zorgen, overleg dan met de arts of een **babyklysma** misschien voor een keer uitkomst kan bieden.

Mocht je baby juist hele luiers vol spuiten met waterdunne poep en dat een paar keer per dag – **diarree** – ga dan naar de huisarts. Zeker als hij ook niet goed drinkt. Baby's onder de drie maanden kunnen namelijk snel uitdrogen, maar ook met iets oudere baby's – tot een jaar of twee – is het verstandig snel actie te ondernemen.

Luieroverlast

Tja, en waar laat je al die luiers. Er bestaan **luieremmers**, maar persoonlijk vinden wij die geen echte aanrader. Op den duur gaat namelijk die stinkende, zure poeplucht niet meer uit de emmer en stinkt de hele kamer ernaar. Wij zijn al in te veel schattige, roze, lichtblauwe of knisperend witte babykamertjes geweest waar je kon leunen tegen de geur van babypoep. De **geurende luierzakjes** die te koop zijn bij de drogist kunnen in zo'n geval uitkomst bieden. Dan hoef je ook geen speciale luieremmerzakken meer aan te schaffen. Sterker nog: bijna elk gezin heeft een kast vol plastic boodschappentassen die op deze manier een tweede leven kunnen krijgen. Geurzakjes zijn sowieso een must als je baby vast voedsel krijgt, luieremmer of niet. Die schattige gele melkpoepluiertjes gaan namelijk, zodra er vast voedsel aan te pas komt, veranderen in dikke, meurende, ellendige dingen. Wij raden dan ook iedereen aan om onder in de kinderwagen en in de luiertas standaard een doosje van die geurzakjes (of biologisch afbreekbare zakjes) te leggen, zodat je ook bij vrienden niet die gênant stinkende luier hoeft achter te laten, maar deze in een fris zakje kunt stoppen.

Tot slot nog een heel praktische tip: maak opgevouwen pakketjes van de poepluier. Zo krijgt de stank geen ruimte om door te geuren en een lekker strak poeppakketje zorgt ook niet voor al te veel rotzooi in de vuilnisemmer.

Eerder hebben we het ook al even aangekaart, maar probeer **verschillende merken** luiers uit. De duurste merken zijn niet altijd het beste. Een huismerkluier kan net zo fijn zijn en is in ieder geval goedkoper; ja, daar kun je zomaar een vakantie mee uitsparen. Check dus gewoon welke luier voor jouw baby het meest geschikt is.

Luieruitslag

Sommige billetjes hebben het zwaar te verduren en worden **rood**, soms ontstaan er zelfs open wondjes. Dat kan duiden op luieruitslag. Luieruitslag kan ontstaan door het gebruik van een bepaalde luier, maar ook doordat je baby bijvoorbeeld tandjes krijgt en daardoor wat zuurdere poep of omdat hij diarree heeft of omdat de luier net iets te laat verschoond is. Luieruitslag, maar ook rode billetjes, kunnen behoorlijk pijnlijk zijn en natuurlijk wil je dat die plekjes het liefst zo snel mogelijk weer verdwijnen. Wanneer je borstvoeding geeft, laat dan de citrusvruchten, druiven, bessen en ananas even staan. Als je baby al vaste voeding krijgt, dan is het beter om deze vruchten nu even niet aan hem te geven.

In geval van rode billen en uitslag kun je het beste de billetjes schoonmaken met een **washandje met lauw water** in plaats van geparfumeerde billendoekjes. Zorg ervoor dat je de billetjes ook goed **droogdept** na het schoonmaken en smeer lekker veel met **Sudocrem** (vaseline schijnt geen zuurstof door te laten en zuurstof is nu juist nodig want het werkt helend). Je kunt ook **talkpoeder** in de luier strooien of maïzena of bakbloem. Dezelfde die je in de keuken gebruikt inderdaad. Deze producten zijn namelijk wat vettig en beschermen de billetjes goed tegen poep of plas, maar het ademt toch een beetje. En misschien kun je de luier in zo'n periode net even wat **vaker verschonen**; urine bijt namelijk nogal in die arme billen.

Rode billen helen het best in de **openlucht**. Dus mocht het lekker weer zijn, leg je baby dan lekker in zijn blote billen op een kleedje buiten (of binnen, als je het aandurft).

Soms heeft je baby last van witte uitslag of rode pukkeltjes op de huid naast de luier. Dan kan het zijn dat hij een **schimmelinfectie** heeft. Als je dit vermoedt, kijk dan of je baby ook witte vlekjes in zijn mondje heeft, want een schimmelinfectie op de billen gaat vaak samen met spruw. Zo'n infectie op de billen gaat over door antischimmelcrèmes, te koop bij de apotheek of in ernstiger gevallen op voorschrift van de dokter. Wat ons betreft altijd even mee naar een dokter gaan.

Spruw

Als kersverse moeder ben je zo hormonaal als wat. Door slaapgebrek zal je weerstand ook betere tijden gekend hebben. Beide kunnen een **candida-infectie** opleveren, ook wel schimmelinfectie genoemd. Een candida-infectie kan op verschillende plaatsen op het lichaam opduiken, maar als deze de tepels van de moeder bereikt, dan hebben we het over **spruw.** Geef je borstvoeding, dan kan het ook de mond van je baby besmetten. Een andere manier waarop hij hiermee besmet kan worden, is de pink. Laat dus nooit iemand zomaar een pink in de mond van je baby stoppen, ook niet als troost. Laat dat liever alleen aan je

partner en jezelf over en dan nog: altijd eerst goed wassen met desinfecterende zeep.
Spruw is te herkennen aan een **wittig laagje** in de mond van de baby, met name op de tong en aan de binnenkant van de wangen en de lippen. Niet te verwarren met witte melkresten, die zijn namelijk weg te poetsen. Door spruw kan je baby meer moeite krijgen met drinken, ook omdat het best pijnlijk is. Een moeder hoeft zelf niet eens te merken dat ze spruw heeft, maar het kan zich uiten door **branderige, jeukende tepels** met soms wat **schilfertjes**. En als je voedt, voelt het alsof iemand met een speld in je tepels prikt.
Goed, we weten nu hoe je eraan komt en hoe het te herkennen is, maar belangrijker: hoe kom je ervan af?
Verschoon de zoogkompressen zo vaak mogelijk en laat je tepels na het voeden even in de droge lucht **opdrogen**. Let goed op je **hygiëne**, dus verwissel je handdoek na elke douchebeurt, gebruik in de keuken bijvoorbeeld tissues en keukenrol in plaats van theedoeken, verwissel ondergoed en beha's ten minste één keer per dag (dat deed je hopelijk ook al toen er van spruw nog geen sprake was), maar ook kleding waarop je (moedermelk) geknoeid hebt. Was alles op ten minste **60** °C; je zou de wasbeurt kunnen afsluiten door na te spoelen met azijn. En **steriliseer** (of maak het zo goed mogelijk schoon als steriliseren geen optie is) elke dag alles wat met moedermelk of met zijn mond in aanraking komt, zoals spenen, flessen en knuffeltjes.
Let op: mocht dit alles niet helpen, raadpleeg dan een lactatiedeskundige of de huisarts, want dan zal grover geschut zoals **medicatie** nodig zijn.

Heb je spruw, dan kan verse afgekolfde melk gewoon aan de baby gegeven worden. Het **invriezen** van moedermelk tijdens een candidabesmetting is niet verstandig, omdat de schimmel het invriezen overleeft en later een nieuwe infectie kan veroorzaken.

Pukkeltjes?

Zul je zien: ben je net lekker *up and running*, weer een beetje op aarde geland en heb je helemaal zin om met je baby te gaan paraderen, zit zijn halve of – met een beetje pech – hele gezicht onder de pukkeltjes. De oorzaak hiervan kan verschillen. Het is mogelijk een allergische reactie op verandering van de leefomgeving (van vruchtwater naar lucht) of een reactie van bacteriën op de huid. Het kunnen ook onschuldige onrijpe talgkliertjes zijn. Niet alle kinderen krijgen er last van, en de een in veel heftiger mate dan de ander.
Helaas is er maar weinig aan te doen. Dus had je net bedacht om de lekkerste *face wash* of *scrub* even ter hand te nemen, omdat jij er zelf zo'n egale huid van krijgt: niet geschikt voor deze pukkeltjes! Het enige wat je kunt doen, is elke ochtend en avond met een beetje lauw water het gezichtje voorzichtig **schoon deppen**. Het schijnt dat baby's geen last hebben van de uitslag en vaak gaat het vanzelf weer weg.

Berg

Veel baby's krijgen gelige korstjes op hun hoofd, dat noem je berg. Voor berg geldt net als bij babyacne dat niet iedere baby het krijgt en de ene baby het erger heeft dan de andere. Het is in ieder geval niet ernstig: het is niet besmettelijk, het jeukt niet en het gaat vanzelf weer weg. Het kan een jaartje duren, maar tegen die tijd heeft je baby toch al wel haar, dus zal het niet meer zichtbaar zijn. Ben je te ongeduldig, dan kun je het proces eventueel wat versnellen door het hoofdje in te smeren met **olie**, dit een paar uur te laten inwerken en daarna met een zachte (baby)haarborstel of droog washandje voorzichtig over het hoofdje te wrijven, waardoor de korstjes loslaten. Beter nog is om dit in bad met een nat washandje te doen. Je kunt ook bij de drogist, apotheek of reformzaak naar een middeltje vragen. Het spijt ons alleen te zeggen dat wat ons betreft het wondermiddel nog niet uitgevonden is en vaak komt het gewoon weer terug. Ga in ieder geval niet krabben of plukken, daarmee maak je het alleen maar erger, zo niet pijnlijk voor je baby.

Huiluurtje

Veel baby's hebben een vast moment op de dag dat ze beginnen te huilen, zonder dat daar direct aanleiding toe is. Dat wordt het huiluurtje genoemd. Vaak is de avond of het einde van de middag het moment van het huiluurtje. Laat je overigens niet misleiden door 'uurtje': er zijn baby's die de klok niet zo letterlijk nemen en er rustig een paar uur op los janken.

Er wordt gezegd dat dit huiluurtje ontstaat door het feit dat je baby dan allerlei indrukken van de dag aan het verwerken is. Voor een pasgeboren baby is natuurlijk alles nieuw, hij doet alleen maar nieuwe indrukken op en dat moet verwerkt worden. Eigenlijk kun je op het moment dat je baby gaat huilen weinig doen, behalve troosten. Zoek een lekker rustig plekje, een lekkere houding – want het kan een behoorlijke avondinvulling zijn – en probeer rust in te bouwen. Rust en regelmaat over de hele dag kunnen ervoor zorgen dat er 's avonds minder indrukken verwerkt moeten worden. Dus geen 'verrassingen' overdag, niet te veel bezoekjes en het liefst zo min mogelijk lawaai. Probeer de avonden af te wisselen met je partner; de ene avond troost de een, de andere avond de ander. Als je er zeker van bent dat er niets anders speelt (honger, pijn, vieze luier, vermoeidheid), kun je de zorg voor je baby echt met een gerust hart aan iemand anders overdragen.

Regeldagen en sprongetjes

Regeldagen zijn dagen waarop je baby (extra) huilerig is en het door jou zorgvuldig opgebouwde ritme aan z'n laars lapt omdat hij meer wil eten dan je gewend bent. Je baby heeft meer behoefte aan eten, omdat hij midden in een groeispurt zit of omdat er eentje aan zit te komen. Alsof hij geprogrammeerd is, vinden deze regeldagen over het algemeen plaats:

- op dag 9/10 (anderhalve week oud)
- in week 3
- in week 6
- bij 3 maanden oud
- bij 4 maanden oud
- bij 6 maanden oud

Huilt je baby rondom deze periode meer dan je lief is, dan kun je de schuld met een beetje geluk afschuiven op een regeldag. Na een paar dagen is alles meestal weer bij het oude, hoewel er baby's zijn die er een regelweek van maken...

In het geval van regeldagen mag je wat ons betreft voor één keer het principe van op de klok voeden opzijzetten en voor een paar dagen (maar zeker niet langer dan dat) op verzoek voeden. Puur en alleen omdat je borsten het nodig hebben om de hoeveelheid melkproductie op te voeren. Want vooral baby's die borstvoeding krijgen, hebben last van regeldagen. Baby's die kunstvoeding krijgen en toch regeldagen lijken te hebben, mag je een klein beetje meer geven dan de hoeveelheid die je normaal gesproken geeft. Maar niet te veel, in elk geval nooit meer dan op dat moment voor zijn gewicht is toegestaan.

De regeldagen van je baby zijn voornamelijk gebaseerd op de behoefte aan meer voeding. Maar dan is er ook zoiets als 'sprongetjes'. Sprongetjes hebben niet zozeer met eetbehoefte te maken, maar juist met de hersenontwikkeling van je baby'tje. En het spijt ons te moeten zeggen dat ook deze regelmatig terugkerende momenten niet ongemerkt voorbij zullen gaan. Ten tijde van een mentaal sprongetje is je baby'tje vaak huilerig en hangerig. Veel moeders maken zich zorgen of het ooit nog goed komt met hun baby, maar over het algemeen duurt het slechts een dag tot een week... troost je met de gedachte dat het een goed doel dient.

Er bestaat een app, *Oei, ik groei*, die gebaseerd op de geboortedatum kan aangeven wanneer jullie baby ongeveer in zijn groeifase, c.q. sprongetje, zit.

Eczeem

Het kan zijn dat je baby de pech heeft (erfelijk) belast te zijn met eczeem. De aandoening kan door een van de ouders doorgegeven worden en kan daarnaast verergerd worden door allergieën, infecties, een droge huid of de gemoedstoestand. Eczeem is een rode, schilferige, droge huid en je baby kan er enorm veel last van hebben, omdat het vreselijk jeukt. In principe kun je het beste een huidarts/dermatoloog raadplegen. Maar er bestaan ook wat middeltjes die je kunt toepassen als het nog geen heftige vormen heeft aangenomen. Zo heb je: **ABC Dophilus** van Solgar, **teunisbloemolie** (te koop bij reformhuis of in capsulevorm bij de drogist), crème van **Weleda, La Roche-Posay, Cardiflor** van VSM of **Dermalex Repair Eczeem**. Voor al deze middeltjes geldt: lees de gebruiksaanwijzing grondig.
Om de jeuk draaglijker te maken, kun je je baby het best **luchtig kleden**, liever niet in wollen kleding, maar katoen (wol is broeierig). Het helpt ook als je de **temperatuur** in huis zo laag mogelijk houdt (maar het moet wel comfortabel blijven natuurlijk). Zorg daarbij voor een goed **vochtgehalte** in huis, zeker in de winter, wanneer de huid makkelijk uitdroogt door de verwarming. Maak hiervoor gebruik van een luchtbevochtiger of – een goedkopere optie – zet bakjes water in de kamer(s).
Water en zeep drogen uit, dus doe je baby niet te vaak en niet te lang in bad (één of twee keer per week, hooguit vijftien minuten per keer) en maak het badje niet te warm.

Producten die speciaal gemaakt zijn voor een gevoelige huid:

Weleda Iedere Dag Olie
Balneum Hermal Badolie
Lipikar Badolie van **La Roche-Posay**
Lipikar Balneum Bodycrème van **La Roche-Posay**
Calendula Haar- en Bodyshampoo
Cetomacrogol-zalf
Lanette-vaselinezalf
Neutral-hypoallergeen wasmiddel
Ecover-hypoallergeen wasmiddel

Dep je baby na het badje zachtjes droog met een handdoek of hydrofiele luier en smeer hem in met **speciale crème** of **zalf**. Voor het wassen van de haartjes is het verstandig om een **speciale shampoo** te gebruiken. Je zou de kleding het beste kunnen wassen met een **hypoallergeen wasmiddel,** met een extra spoeling aan het einde van het wasprogramma. Laat de wasverzachter maar achterwege.
Laat je baby een honderd procent katoenen romper en pyjama dragen of in ernstige gevallen een **Dermasilk-pyjama** (zonder romper). Deze zijn te koop bij de apotheek (als je ze op doktersrecept krijgt, worden ze vergoed).
Ga je met je baby in de zon, zorg dan voor **uv-werende zwempakjes** (www.odiezon.nl). Niet alleen omdat je geen kreeft als baby wilt hebben, die jou vervolgens nachtenlang wakker houdt door de pijn, maar omdat jouw baby misschien helemaal niet goed tegen gewone zonnebrandcrème kan.
Er bestaan goede hypoallergene zonnebrandcrèmes, zoals die van **La Roche-Posay** of **Vichy**.
Als je baby al vast voedsel mag eten, geef hem dan het liefst alleen biologische of ecomerken. Ben je een ijverige moeder en maak je alles zelf, gebruik dan zo veel mogelijk biologische of ecoproducten.

En tot slot: **houd de nageltjes kort**, want anders krabt hij straks ook nog zijn huid open en dat zou helemaal zielig zijn.

Heeft je baby vooral veel eczeem op zijn onderrug, probeer dan een ander merk luiers. Soms zijn baby's overgevoelig voor bepaalde bestanddelen in een luier. Huggies worden als prettig ervaren voor baby's met eczeem.

Andere plekjes en irritatie

Het kan gebeuren dat je baby vanwege zweten of niet helemaal goed afdrogen na het badje **rode plekken** tussen zijn huidplooien krijgt. Niet ernstig, als je het maar op tijd signaleert en behandelt, anders kan het gaan zweren en dan wordt het wel vervelend en pijnlijk en kan het ook nog eens behoorlijk gaan stinken. Rode plekken zijn te verhelpen met Sudocrem, maar ook hier kan **talkpoeder** of wat bakbloem wonderen verrichten.
Als je baby veel huilt, check dan regelmatig of het achter de oren goed schoon is en veeg ook daar de traantjes goed weg. Dit plekje wordt vaak vergeten, ook na het badje en dit kan gaan ontsteken.

Ontstoken oogjes

Iets waar veel baby's een keer aan moeten geloven: **ontstoken oogjes**. Het is niet zo'n fraai gezicht, maar gelukkig hebben ze er weinig last van. Het kan zomaar zijn dat als je je baby 's ochtends uit bed haalt, zijn ogen volledig dichtgeplakt zitten met wat lijkt op een snotachtige substantie. Ga niet aan de korstjes trekken, maar veeg ze voorzichtig met een nat (lauw) **steriel gaasje** of wattenschijfje van buiten naar binnen (dus van haargrens richting neus) weg. Gebruik altijd voor elk oog een nieuw schoon watje.
Wat nog beter helpt, is om water te koken, het **theezakje met zwarte thee** (à la earl grey, geen kruidenthee dus) een tijdje in het water te laten trekken, het water af te laten koelen (!) en dan een steriel gaasje of wattenschijfje in het theemengsel te dopen en hier de ogen mee schoon te poetsen (van buiten naar binnen). Baby's houden overigens helemaal niet van water in hun oogjes, dus ook jouw baby gaat ongetwijfeld een keel opzetten. Het is voor een goed doel, moet je dan maar denken. Je kunt natuurlijk wel rekening houden met de temperatuur van het gaasje; niet te warm, maar zeker ook niet te koud. Hoe zou jij het vinden als je partner als je net wakker bent even een koude washand over je gezicht haalt? Lauw water is dus goed en zorgt ervoor dat de korstjes die aan de wimpers vastgeplakt zitten makkelijker loslaten.
Mocht je nog borstvoeding geven, druppel dan wat **moedermelk** in het oog, een wondermiddel.
Ontstoken ogen kunnen helaas besmettelijk zijn. De ontsteking kan worden overgebracht via druppeltjes die uit de keel of neus van verkouden mensen komen of door het pus uit het ontstoken oogje. Dus gooi een gebruikt washandje of gaasje meteen in de was of prullenbak als je zelf niet met twee dichtgeplakte ogen wilt rondlopen en was je handen goed.
Wordt de ontsteking na drie dagen niet minder of ziet het oogwit inmiddels rood, dan kun je het beste de huisarts bellen.

Verkoudheid

Voor verkoudheid geldt: spray, spray, spray. Met **neusspray** speciaal voor baby's (**zoutoplossing**). Zoutoplossing niet verwarren met **Otrivin**; dat laatste alleen gebruiken op doktersadvies. En gebruik een spray nooit langer dan een week achter elkaar.
Neusspray opent de luchtwegen. Andere middeltjes om de luchtwegen te openen zijn: druppel wat **moedermelk** in zijn neus (ja, het is multi-inzetbaar!) of zet een bordje met een **opengesneden ui** in de buurt van je baby. Ook helpt het als je het hoofdeind van het matras wat **omhoog** zet (bijvoorbeeld door wat boeken of een paar opgevouwen handdoeken onder het matras te leggen). Nog een niet heel smakelijke tip – maar voor je baby doe je alles,

toch? – is: **zuig** de neusgaten uit met je mond, dat werkt toch echt beter dan een neuspompje (die bestaan ook en zijn te koop bij de drogist). Je hoeft het mondje niet dicht te houden, gewoon zuigen en daarna uitspugen.
Een laatste tip: smeer met **Luuf** (speciaal voor baby's). Op het ruggetje, op de borstkas, een beetje in de nek, onder de neus, onder de voetjes (en daarna weer sokjes aan), op het matras of op het lakentje. Smeer nooit Luuf op plekjes waar eczeem zit. Deze mentholcrème zorgt ervoor dat de luchtwegen, en met name een verstopte neus, opengaan en geeft meteen een lekker warm gevoel.

Voor het bedje van je baby geldt: is de kant van het hoofdje vies, maar het reservelakentje nog niet droog, draai het laken dan gewoon even om: hoofdeind wordt voeteneind en onder het matras-overtrek leg je een hydrofiele luier, zodat het matras niet nat wordt als je baby kwijlt of spuugt.
En ben jij zelf verkouden en je baby (nog) niet, **was je handen** dan regelmatig. Het verkoudheidsvirus is in no time overgebracht via handen, niezen, hoesten of via voorwerpen, zoals speentjes en bijtringen.
Het is nog beter om je handen te reinigen met antibacteriële lotion, omdat dit echt goed ontsmet, hetgeen met wassen niet het geval is.

Bij een verstopte neus of tekenen van verkoudheid bij een baby van drie maanden of jonger wordt echt aangeraden om naar de huisarts te gaan.

RS-virus

Dit virus veroorzaakt infecties aan de luchtwegen; bij volwassenen en (grotere) kinderen zorgt het voor een flinke verkoudheid, maar bij een baby kan het ergere klachten veroorzaken. Het RS-virus is besmettelijk en verspreidt zich vaak via direct contact, maar zelfs op speelgoed kan het virus enkele uren overleven. De verschijnselen bij je baby kunnen verschillen, maar meestal heeft hij een loopneus of verstopte neus, lichte koorts, last van hoest, oorpijn en wil hij niet graag drinken. Als hij echt benauwd gaat worden of minder goed doorademt – ook wel te herkennen aan een zware adem vanuit de buik en een borst die heftig op en neer gaat – kortademig wordt of gaat braken en heel slecht drinkt, is het beter als je contact met de huisarts opneemt of tijdens het inloopspreekuur langsgaat om het zekere voor het onzekere te nemen. Zeker als je baby jonger is dan drie maanden raden we je aan om toch naar de huisarts te gaan, omdat hij nog zo kwetsbaar is.

Keelpijn en hoesten

Verkoudheid en hoesten gaan vaak samen. Mocht je baby 's nachts wakker liggen van de hoest, dan komt ook hier weer **Luuf** van pas. Tegen keelpijn en hoesten kun je deze mentholcrème ook onder de voetjes smeren. Doe daarna de sokjes weer aan, zodat hij het niet koud krijgt. Zorg er ook voor dat hij veel blijft **drinken**, slikken verzacht de keel. Mocht je toch liever een middeltje willen geven, dan is **Bisolvon** een onschuldig hoestdrankje dat het slijm los kan krijgen. **Tussikind** van VSM kan ook uitkomst bieden, een homeopathisch geneesmiddel bij vastzittende hoest. Het heeft een lekkere zoete smaak, dus je zult het zonder strijd kunnen geven. Kijk wel even of het al geschikt is voor de leeftijd van jouw baby. Is je baby al wat ouder en kan hij goed slikken, dan heeft VSM Tussikind-hoestpilletjes die goed werken. Honing werkt misschien verzachtend voor de keel, maar een baby onder de één jaar mag **geen honing**. Honing kan namelijk een bacterie bevatten die voor volwassenen en kinderen ouder dan één jaar niet schadelijk is, maar bij kinderen onder één jaar zeer ernstige ziekteverschijnselen kan veroorzaken (en soms zelfs dodelijk kan zijn)!

Koorts

- Helaas is het onvermijdelijk: op een gegeven moment zal je baby voor de eerste keer echt verhoging of koorts krijgen. **Verhoging** wil zeggen een temperatuur tussen de 37,6 en 38,0 °C. **Koorts** is een temperatuur van 38°C en meer. In de meeste gevallen betekent verhoging of koorts niets ernstigs. Baby's kunnen bijvoorbeeld al even koorts krijgen na bijvoorbeeld een vaccinatie, of als er tandjes doorkomen. Sowieso zijn baby'tjes heel vatbaar voor elk virusje, omdat hun immuunstelsel nog geen antistoffen heeft aangemaakt.

- **Verhoging:** temperatuur **tussen 37,6 en 38 °C**
- **Koorts:** temperatuur van **38 °C of meer**

Allereerst: koorts bij kinderen heeft een functie. Je baby heeft iets onder de leden en het lichaam is hier zelf tegen aan het vechten, weerstand aan het bieden. Koorts is dus eigenlijk een gezonde reactie van het lichaam op virussen en bacteriën. Het is alleen wel belangrijk dat het niet om een te jonge zuigeling gaat. Krijgt je baby in **de eerste drie maanden** verhoging of koorts, dan moet je je huisarts bellen.

In de eerste levensmaanden kan een baby **ondertemperatuur** hebben, dat is lager dan 36,6 °C. Dit kan ook een teken zijn van een infectie en dus een goede reden om de huisarts te bellen.

Wanneer je baby drie maanden of ouder is, is een aantal zaken van belang:

- Heeft hij **drie dagen of langer koorts**, neem dan contact op met de dokter.
- Koorts oplopend tot zelfs **40 °C** komt best vaak voor en is dus niet schrikwekkend voor baby'tjes, maar vertrouw je het niet, bel dan altijd de huisarts.
- Een baby kan in een **koortsstuip** schieten. Een koortsstuip is te herkennen aan plotseling heftige schokken aan beide armen en benen, die een paar minuten tot een kwartier kunnen duren, maar vanzelf weer ophouden. De oogjes kunnen wegdraaien en de lipjes en nageltjes kunnen blauw verkleuren. Soms houdt de baby zelfs even op met ademen en raakt hij buiten bewustzijn. Daarna is hij vaak suf en niet goed te wekken. Een koortsstuip ontstaat meestal aan het begin van een koortsperiode, als de koorts net begint op te komen. Het is een naar gezicht om je baby zo te zien, maar mocht het zich voordoen, probeer dan – hoe moeilijk ook – rustig te blijven en bel direct 112.

  Let op: geef hem in ieder geval **niets te drinken** tijdens een koortsstuip, dit in verband met verslikkingsgevaar. Heeft je baby eenmaal een koortsstuip gehad, dan wordt aangeraden voortaan bij oplopende koorts meteen een zetpil (speciaal voor baby's) te geven. Helaas is een koortsstuip ook met een zetpilletje niet te voorkomen, dus blijf alert.
- Je baby zal best veel slapen. Dat is normaal: als wij ziek zijn, hebben we ook **meer behoefte aan slaap**.
- Wees erop alert dat je baby bij koorts **voldoende vocht** binnenkrijgt. Zit je nog in een strak voedingsregime, dan is koorts een reden om eventueel van het schema af te wijken en desnoods kleinere beetjes voeding verdeeld over de gehele dag te geven. Zeker in geval van borstvoeding gaat deze regel op. In moedermelk zit namelijk de perfecte mix van suikers en zouten die ervoor zorgen dat je baby niet snel zal uitdrogen.
- Ook belangrijk is dat je baby **voldoende blijft plassen**. Als je geen nattigheid voelt in de luiers, kun je het ook aan de zwaarte van de luier voelen. Vergelijk het gewicht dan met een nog ongebruikte luier. De eerste luiers van Pampers (Newborn) hebben bovendien een gele lijn door het midden, die groen of blauw kleurt als je baby heeft geplast. Vonden wij wel zo makkelijk. Drinkt je baby niet én heeft hij door de dag heen droge luiers, dan kun je het beste de huisarts raadplegen. Zoals gezegd: een kleine baby kan snel uitdrogen.
- Een baby met koorts kan beter **binnen blijven**; geen gezellige wandelingetjes maken dus.

- Heb je het idee dat je baby niet meer **alert** reageert? Bel dan ook meteen de huisarts.

De graadmeter is wat ons betreft toch jij, die je baby het beste kent, ook al ken je elkaar nog niet zo lang. Als je het niet vertrouwt, dan altijd de dokter bellen. ***Better safe than sorry!***

Temperaturen

Het lijkt zo eenvoudig, temperaturen bij een baby, en dat is het eigenlijk ook, maar toch een paar tips om het voor de baby ook zo prettig mogelijk te maken. Ten eerste: maak gebruik van een **rectale thermometer** (in zijn billen dus). Een oorthermometer is niet betrouwbaar bij kinderen onder de twee jaar. Ten tweede: gebruik bij voorkeur een **digitale thermometer**. Deze geeft de temperatuur nauwkeuriger en duidelijker aan dan een analoge thermometer. Ten derde: maak de thermometer eerst goed schoon en doop de punt van de thermometer eerst royaal in **Sudocrem** of vaseline. Doe je dat niet, bedenk dan even hoe jij je zou voelen als je ineens een schroevendraaier tussen je billen geduwd zou krijgen. Als de thermometer met een zachte crème makkelijker naar binnen glijdt, is het temperaturen meteen ook minder vervelend. Vervolgens: leg je baby op zijn zij als je de thermometer naar binnen schuift (1 centimeter de diepte in is genoeg). Zo voelen ze de thermometer minder goed.
Er bestaan overigens ook thermometers met een **flexibele punt**.
Voor alle rectale thermometers geldt: maak ze na afloop goed schoon met een daarvoor bedoeld ontsmettingsmiddel, zoals alcohol. Je kunt zelf wel bedenken waarom…

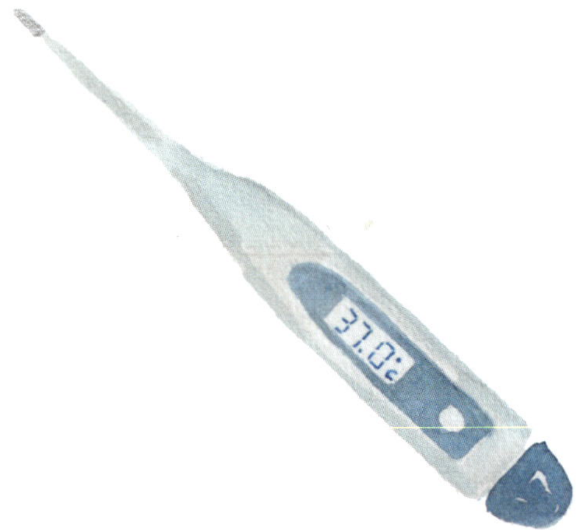

Wat kun je doen om de koorts te verminderen?

Bovenal, zorg ervoor dat je je baby **luchtig kleedt**: overdag een rompertje met een broekje en 's avonds een dun slaapzakje, of leg hem alleen onder een lakentje te slapen. Zo kunnen ze hun warmte kwijt (vroeger was het nog lekker dik aankleden, dan zweten ze lekker alles eruit. Die theorie is weerlegd en gaat dus niet meer op!).
Je kunt natuurlijk ook gewoon een **babyzetpilletje** geven. Probeer overdag zo min mogelijk hiervan te geven, tenzij je merkt dat je baby onder de hoge temperatuur lijdt. Zoals gezegd heeft koorts een functie en dus moet je die niet te veel onderdrukken als het niet nodig is. Als je bij het begin van de koortsaanval 's avonds bij het naar bed brengen zo'n zetpilletje geeft, dan is het misschien verstandig om je baby 's nachts nog even te checken zo rond de tijd dat het pilletje geen werking meer zal hebben (na een uur of zes). En geef hem dan eventueel nóg een pilletje. Overdag heb je beter zicht op de koorts en is het dus niet nodig de ene pil door de andere te vervangen. Overigens, als je je baby een zetpil geeft, kan het geen kwaad ook deze even in

te smeren met wat Sudocrem of vaseline, anders schiet hij misschien alsnog tegen het plafond. Omdat je baby tijdens het inbrengen van de zetpil waarschijnlijk tegendruk zal geven door te persen, is het verstandig met de duim of vinger de uitgang even dicht te houden, zodat de pil er niet direct weer uit geduwd wordt. Wat als je baby poept na het inbrengen van een zetpil? Wanneer hij binnen vijftien minuten na het inbrengen gepoept heeft, moet je een nieuwe babyzetpil inbrengen: ook al is de pil niet meer terug te vinden in de luier, de werkzame stoffen zijn niet goed opgenomen.

Een beetje geitenwollensokkerig misschien, maar nuttig: snijd **een ui** doormidden en leg hem op een schoteltje in de slaapkamer. De schattige babykamer die ineens naar een vochtige kelder ruikt, staat misschien niet boven aan je lijstje, maar een ui zorgt voor een snellere bloedsomloop, waardoor er gezweet zal worden en dit brengt de koorts omlaag. Ook een optie: wikkel **natte, koude doeken om de beentjes**. Laat die lekker zitten gedurende een minuut of vijftien, dan zal de koorts zakken.

Oorontsteking

Oren zijn bij baby's vaak een zwak punt. Als je baby huilerig is, veel naar zijn oortje(s) grijpt, met zijn wang (lees: oor) op de grond gaat liggen, niet goed drinkt of maar aan één kant/borst wil drinken, verhoging of koorts heeft en vooral begint te huilen als hij op zijn rug wordt gelegd, dan is er waarschijnlijk sprake van een oorontsteking. En dat is echt geen pretje. Je kunt het soms aan zijn oortje(s) ruiken, beetje vies misschien. Peuters en baby's kunnen er soms ook buikpijn en diarree bij hebben of moeten soms overgeven. Zonder direct een antibioticakuur te vragen, kun je om de pijn te verlichten **een babyzetpilletje** geven en **neusspray** (speciaal voor baby's) gebruiken. Dit kan de luchtwegen een beetje open krijgen en zo ontstaat er minder druk op de oren. Neusspray kun je beter niet langer dan een week gebruiken, anders schijnt hij het tegenovergestelde effect te hebben. Je kunt ook een beetje **olijfolie** opwarmen – niet té warm – en met een theelepeltje in het oor druppelen (een veel gegeven tip door kinderartsen). En weer een tip uit de oude doos: de voetjes inclusief kuiten tien minuten in een **warmwaterbadje** onderdompelen. Door een warm voetenbad wordt de doorbloeding van het lichaam gestimuleerd, waardoor de druk op het oor afneemt en er tegelijkertijd gifstoffen, veroorzaakt door de ontsteking, worden afgevoerd.

Als je baby gaat slapen, **verhoog** dan het matras op hoofdhoogte door er bijvoorbeeld handdoeken of een boek onder te leggen. Door het hoofdje wat hoger te leggen, verlicht je de druk op de oortjes. **Let op:** bij kleine baby's is het af te raden een kussen te gebruiken, ook al heeft het hetzelfde effect. Het kan gevaarlijk zijn in verband met verstikkingsgevaar. Daarbij, je baby heeft er de eerste vijf jaar sowieso baat bij om zonder kussen te slapen, dit schijnt beter te zijn voor zijn houding en zijn rug.

Schrik niet als de oortjes beginnen te **lopen** en er gelig spul uit komt. Dit is juist fijn, want het betekent dat de druk van de oren af is en dat je baby bijna geen pijn meer zal hebben, hooguit een beetje jeuk. Ga vooral niet met oorstokjes de oren schoonmaken. Zonder dat jij het doorhebt, druk je een gedeelte van de rommel weer terug het oortje in en dat kan een averechts effect hebben.

Een oorontsteking is niet besmettelijk, het pus dat uit de oren kan komen is dat wel. Daarmee draagt je baby overigens geen oorontsteking over, maar wel de verkoudheid die er de oorzaak van is.

Antibiotica

Heeft je baby onverhoopt een bacteriële infectie onder de leden en heeft hij daarvoor een **antibioticakuur** gekregen, dan is het nog een hele kunst om deze binnen te krijgen (en te houden).

Met twee man is het wel te doen. Houd je baby samen stevig vast, spuit met de bijgeleverde spuit het goedje in zijn mondje en stop er meteen daarna een speen of een flesje drinken in, dan houdt hij het wellicht binnen. Het is belangrijk om de kuur hoe dan ook altijd af te maken. Anders is de infectie zo weer terug.

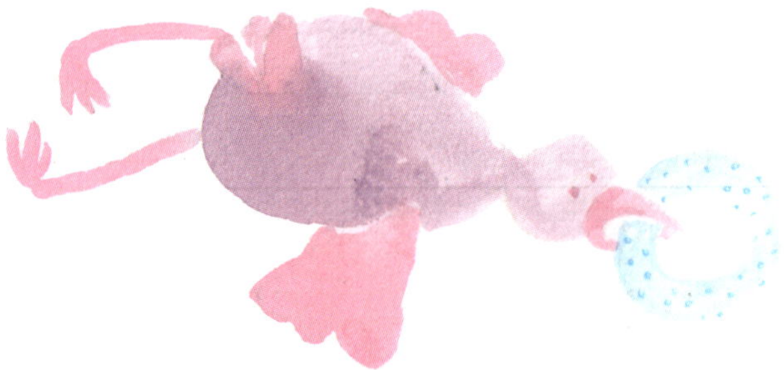

Tandjes

Er komt een dag waarop je vijf keer op een dag een zuur ruikende poepluier staat te verschonen en de poep vaak tot aan zijn nek zit, waardoor je wasmachine wederom overuren draait. Als je baby ook nog een spoor van kwijl achterlaat waar hij gaat of staat, rode, soms wat harde, gloeiende wangen krijgt, overal op wil bijten, veel last heeft van rode billetjes en/of wat huilerig en soms ook koortsig is, dan is de kans groot dat er een **tand** in aantocht is. Soms kun je het ook zien: je ziet dan een wit stipje/streepje onder het tandvlees. Meestal komen de eerste tandjes door als je baby tussen de vijf en de negen maanden is, maar later of eerder kan natuurlijk ook. Eerst komen twee ondertandjes en daarna meestal twee boventandjes. Jij bent natuurlijk blij dat er tandjes komen, maar het kan behoorlijk pijnlijk zijn. Om de pijn te verlichten kun je het volgende doen: koop een ouderwetse **bijtring**, zo'n plastic ding met vloeistof vanbinnen. Als je die in de ijskast legt, dan vermindert het bijten op die gekoelde bijtring ook nog eens de pijn. Een **wortel** of peentje kan ook dienstdoen. Je kunt ook een **barnstenen ketting** kopen, een ketting met natuurstenen (te vinden op bijvoorbeeld www.barnsteentje.nl). Deze wordt speciaal voor baby's gemaakt en werkt pijnverlichtend voor baby's met doorkomende tandjes. Bij de drogist of reformzaak hebben ze speciale **verdovingsmiddeltjes** die de pijn kunnen verzachten en er bestaan ook middelen zoals **Dentinox**-druppels, verkrijgbaar bij de drogist. Verstandig is om je goed te laten adviseren en lees altijd goed de bijsluiter.

En al is het er maar één, vanaf de eerste tand is het toch poetsen geblazen. Ja, ook met **tandpasta**. Tot 2 jaar één keer per dag. Er bestaat speciale kindertandpasta en kijk even op de tube voor de juiste leeftijd om je baby niet meteen een tandpastatrauma voor het leven te bezorgen. Als je er meteen mee begint, zal je baby er ook sneller aan wennen en het op den duur misschien zelfs leuk vinden wanneer zijn tanden gepoetst worden.

Geef hem een kindertandenborstel en hij zal al snel erop gaan kauwen. Voor hem is dat heerlijk, want de kans is groot dat er al stiekem meer tandjes in aantocht zijn.

Geef de avondfles van je baby **nooit** na het tandenpoetsen. Er zijn moeders die het makkelijk vinden om hun baby met fles en al in bed te leggen, omdat ze dan makkelijk(er) gaan slapen. De kans op gaatjes wordt hiermee zeer sterk vergroot. Dus eerst de fles en dan minimaal een halfuur later tandjes poetsen.

Overgeven

Als baby's overgeven hoeft dat niet altijd iets ernstigs te betekenen. Baby's en peuters kunnen ook overgeven als ze niet ziek zijn: het kan komen doordat ze ontzettend hoesten of nadat ze te druk gespeeld hebben.

Heeft je baby een echte darminfectie, dan heeft hij vaak ook last van buikpijn en diarree. Meestal gaat deze infectie vanzelf over, soms zelfs al na een dag. Zit er bloed bij het overgeefsel of is het een gevolg van een val of een flinke stoot, bel dan de huisarts. Bel ook als het een jonge baby betreft, die naast het overgeven last heeft van diarree en/of koorts; een baby kan namelijk heel makkelijk uitdrogen. Zorg dat je altijd ORS (bij drogist te koop) in huis hebt. Dit kun je geven in minder heftige gevallen en als je onzeker

over de situatie bent. ORS of Orisel is een zoutoplossing om de tekorten snel aan te vullen. Verder werkt **Kindigest** van VSM erg goed tegen misselijkheid en/of een verstoorde spijsvertering bij je baby.
Check voordat je de nacht in gaat of je voldoende schone lakentjes en slaapzakjes hebt, want de kans is groot dat je de hele boel midden in de nacht moet verschonen. Wel lekker als je baby dan weer in een schoon bedje terug kan.

Waterpokken

Over het algemeen krijgt je baby in zijn eerste levensjaar geen waterpokken, maar pas later. Als je baby ze krijgt terwijl hij jonger is dan één jaar, dan bestaat er een kans dat hij ze nog eens krijgt. Deze kans is wel een heel stuk kleiner wanneer hij een ernstige vorm heeft gehad, met veel blaasjes en veel ellende. De resistentie die hij hierdoor heeft opgebouwd is dan groot en dit verkleint de kans dat hij ze nog eens krijgt.
Sommige baby's hebben erg last van waterpokken, andere baby's krijgen maar een paar blaasjes. Hoe jonger je baby met waterpokken is, hoe minder hij nog kan krabben; helaas **jeukt** het er jammer genoeg niet minder om. De jeuk die de blaasjes geven, is echt heel vervelend, zeker voor een baby die nog niet kan krabben en zijn ellende alleen door middel van traantjes kenbaar kan maken. Een beetje extra knuffels en liefde geven, kan op zo'n moment geen kwaad. Een ouderwetse, maar wel werkzame manier om de jeuk te verlichten, is de volgende. **Vul een panty met geplette havermoutvlokken** (dezelfde als waarvan je havermoutpap maakt) en dompel die in het, niet te warme, badje (net zoals je een theezakje gebruikt). De gelachtige, plakkerige substantie die uit de panty komt, smeer je over zijn lichaam. Belangrijk is dat je de havermoutgel niet afspoelt, maar lekker laat intrekken. Je kunt na het badje wel een beetje deppen om de ergste nattigheid te verwijderen. Doe hem dan lekker een pyjama of ruime kleding aan. De havermout zorgt ervoor dat de blaasjes sneller indrogen en helpt tegen de jeuk. Ook het proberen waard: in bad met **groene zeep** (die ouderwetse plastic pot met groenachtige gel erin). De zeep heeft een ontsmettend en uitdrogend effect, wat ook helpt tegen de kriebel. Je kunt daarnaast ook **Kidsclin Coolmousse** of **Calendulan Emulsie** van VSM gebruiken, die kalmeert de jeuk en verkoelt en verzacht. Smeer liever niet met bodylotion of andere crèmes, want de parfum die daarin zit, maakt de jeuk vaak alleen maar heftiger.

Ga je binnenkort met het vliegtuig weg en heeft je baby net de waterpokken gehad? Zorg dan voor een doktersverklaring waarop staat dat hij niet meer besmettelijk is, als hij nog vlekjes heeft, want de stewardessen mogen je baby weigeren als je geen doktersverklaring hebt, in verband met de besmettelijkheid.

Verslikken en/of stikken

Je baby kan net een beetje kruipen en stopt van alles in zijn mondje. Waarschijnlijk is je grootste angst dat je baby dreigt te stikken in een klein voorwerp. Wij raden je aan om nu alvast uit voorzorg eens op te zoeken wat je het beste kunt doen wanneer je baby iets heeft ingeslikt. Mocht het ooit zover komen, **bel dan direct 112**. Professionals kunnen je hier veel beter in adviseren dan wij!
Toch kunnen we het niet laten om je erop te wijzen dat grotere kinderen graag van alles aan een baby geven, dus check altijd goed de omgeving van je baby. En vaak kruipen baby's sneller dan je denkt. Ook buiten vinden ze het erg interessant: jouw baby zal niet de eerste zijn die een kastanje, vogelpoepje, eikeltje of snoepje van de grond in zijn mondje steekt. Laat je baby zittend eten en wees voorzichtig met harde dingen zoals appels, rozijntjes en nootjes.
Een echte aanrader is om samen met je partner een speciale **kinder-EHBO-cursus** te volgen, zo weet je precies wat je in noodsituaties moet doen. En daarbij: zorg dat je altijd een telefoon in de buurt hebt, zodat je 112 kunt bellen als het nodig is.

Vaccinaties

Volg je het vaccinatieprogramma – wat wel gebruikelijk is, maar niet verplicht – van het consultatiebureau, dan zal je baby geregeld een **prikje** krijgen. Het is voor een goed doel, maar dat snapt je baby nog niet. De prik zelf doet pijn en de plek waar geprikt wordt kan stijf worden. Om de pijn te verlichten, is het verstandig om vooral vóór, maar ook meteen na de prik de plek een paar minuutjes te **masseren**: een goede doorbloeding zorgt voor minder stijfheid en daadwerkelijk ook voor minder pijn op het prikmoment. Helaas wordt dit vaak niet verteld door de consultatiearts, dus probeer hier zelf aan te denken. Overleg wel even met de arts, aangezien je bij sommige vaccinaties na afloop juist **niet** mag wrijven! Ook, en dat wordt gelukkig wel gezegd, kan je baby koorts krijgen. Je kunt hem een **paracetamol** geven als hij zich erg rot lijkt te voelen. Verhoging is niet erg, maar houd wel in de gaten of hij goed alert blijft en op je blijft reageren. Lijkt hij afwezig, een beetje apathisch en/of is er moeilijk contact met hem te maken, dan is het verstandig meteen de huisarts te bellen.

Veel ouders weten niet precies waar hun kinderen tegen worden ingeënt. Het consultatiebureau kan je hier uitgebreid over informeren of verdiep je hierin voordat je baby het prikje krijgt.

Reageert je baby heel heftig op de vaccinaties, dan zou je kunnen overwegen om een homeopathische kinderarts in te schakelen. Zij kunnen je baby voorbereiden met homeopathische middeltjes, waardoor hij misschien beter op de bijwerkingen van de vaccinaties zal reageren. Ook kun je, alléén in overleg met het consultatiebureau of de (homeopathische) arts, de vaccinaties een paar weken of maanden vooruitschuiven.

Vallen en weer opstaan

Heel schattig die eerste keer zitten, staan aan een tafel of in de box, en vooral die eerste stapjes. Helaas horen hierbij ook wat bulten, blauwe plekken, tandjes door lipjes en af en toe een pleister op z'n tijd. Zorg in deze fase in ieder geval voor **traphekjes, beveiligde stopcontacten** en zet alle gevaarlijke spullen buiten bereik om echte ongelukken te voorkomen. Voor deze kleine blauwe plekjes en bultjes kun je bijvoorbeeld '**Vallen en stoten gel**' van Arnikind van VSM op de plekjes smeren. De meeste baby's zijn namelijk niet zo dol op ijs of koude kompressen op de pijnlijke plek.

Nou, dat was een gezellig hoofdstuk, nietwaar?
Maak je geen zorgen, het lijkt allemaal heftiger dan het is! Bovendien zullen onze tips je baby snel door de opstartproblemen, ongemakken en andere kwaaltjes heen helpen.

VERZORGING

Wie kent ze niet: de drie R's van **Rust, Reinheid en Regelmaat**. De eerste en de laatste R zorgen in de praktijk nog weleens voor problemen (als je baby bijvoorbeeld een heel ander idee heeft over ritme dan jij hebt bedacht) en die middelste R van Reinheid, daar hebben we nog wat tips voor.

Badderen

Er bestaan best wel wat mogelijkheden om je baby in bad te doen. Zo is er een klein babybadje voor de eerste maand, al dan niet op een standaard: een **Tummy Tub**. Dit is een emmer-achtig badje, waarin je baby de houding kan aannemen waarin hij ook het liefst in de baarmoeder zat. Ook kan je baby in het grote bad met mama of papa en er bestaat zelfs een badje met ingebouwde **thermometer**. Handig, want het water mag niet te warm zijn, maar in koud water koelen ze snel af, dus een juiste temperatuur – ongeveer **38 °C** – is ideaal. Mocht je laatstgenoemde badje te veel van het goede vinden: geen probleem, badthermometers zijn bij elke drogist of babyzaak te koop, mocht deze niet al als cadeautje in het kraampakket zitten. Als je het vermoeden hebt dat je thermometer niet goed werkt of kapot is of heb je er geen, voel dan met de **binnenkant van je pols of de punten van je ellebogen** of het water niet te warm is. Als je je baby in bad doet, ondersteun dan het hoofdje goed met je hand. Kijk of de voetjes tegen de rand van het bad(je) geplaatst kunnen worden: dat vinden ze fijn, zo voelen ze zich meer geborgen. Omdat je baby waarschijnlijk niet met zijn hele buikje in bad ondergedompeld kan worden, kun je een washandje met warm water op zijn buik leggen, dan koelt hij niet af.
Waarschijnlijk overbodig om te zeggen, maar houd je baby altijd **goed in de gaten** in bad, ook – of juist – als hij wat groter wordt en al kan zitten of staan. Een baby kan al verdrinken in een klein laagje water! Ook al kan hij prima zijn eigen hoofd optillen en heb je hem dit al heel vaak zien doen, een baby realiseert zich niet dat hij zijn hoofd op moet tillen uit het water en zal dus niets doen als hij onder water raakt.

Je baby in bad doen en toch je handen vrij hebben? In het videoalbum op onze Facebook-pagina staat het filmpje 'Badderen met Nina & Marieke'. Hier kun je zien hoe BMM'ers Marieke en Nina een schattige tweeling in bad doen!

Onder de douche

Mocht je na een tijdje een babybadje wat te veel gedoe vinden en heb je geen bad, dan kun je natuurlijk ook samen met je baby onder de douche. Kleine baby's kennen nog geen angst voor de douchestraal en vinden het heerlijk om in jouw armen onder de douche te staan, vooropgesteld dat zijn hoofdje niet vol in de douchestraal gehouden wordt. Het fijnste is als je partner erbij kan staan om te helpen, maar ook in je eentje kun je prima met je baby douchen. Zorg er dan voor dat de badkamer lekker warm is, voor wanneer jullie weer uit de douche stappen. Laat de handdoek op de verwarming opwarmen. Leg een aankleedkussen klaar op de grond voor de douche, zodat je daar je baby op kunt leggen voordat je er zelf onderuit stapt of in stapt. Voordat je de douche in stapt, check je of de temperatuur goed is (niet te warm, niet te koud) en dan douchen maar. Water en zeep maakt jullie lichamen glibberig, maar er bestaan speciale draagdoeken voor onder de douche die het douchen met je baby een stuk veiliger maken en dan heb je ook nog twee handen vrij om je baby te wassen. Of leg een hydrofiele luier tussen jou en je baby in als je hem vasthoudt. Je kunt ook in kleermakerszit onder de douche, waarbij je je baby op je knieën kunt laten rusten, zo kan hij ook niet wegglibberen.

Na het douchen of badderen kan je baby snel afkoelen, dus wikkel hem snel in een lekkere warme handdoek. Droog hem goed af, liefst met een hydrofiele luier, want die absorbeert zo goed. En vergeet de moeilijke plekjes (achter de oren, knieholtes, okseltjes) niet. Ook al heb je haast, probeer je baby altijd goed **af te drogen**, vooral tussen de huidplooitjes. Mocht je toch **rode plekken** ontdekken, smeer daar dan royaal met Sudocrem; dat werkt helend en gaat ontstekingen tegen. Je kunt ook een beetje **talkpoeder** tussen de plooitjes strooien. **Let op:** dit moet je niet doen bij eczeem, dat doet pijn en maakt het vaak alleen maar erger!

Baby's hoeven **niet elke dag** in bad of onder de douche. Sterker nog, elke dag in bad is helemaal niet goed voor een teer babyhuidje. Heeft je baby een normale (lees: geen overgevoelige) huid, dan zou je **om de dag** kunnen aanhouden. Heeft je baby een **probleemhuid** – bijvoorbeeld vanwege eczeem (zie ook pagina 168) – dan is het verstandiger om één à twee keer per week aan te houden. Je hoeft ook niet altijd zeep te gebruiken, gewoon badderen met water is ook goed. Mocht je baby een **droge huid** hebben (in de winter krijgen alle baby's snel een droge huid) dan kan **Balneum** – een lekkere, vette crème voor in bad – een oplossing bieden. De haartjes van je baby worden ook vet door Balneum, maar dat is in het geval van **berg** alleen maar een gunstige bijkomstigheid.

Dat je baby niet elke dag in bad of onder de douche gaat, betekent natuurlijk niet dat hij niet schoon hoeft te worden gemaakt. Zachte **washandjes** of speciale **toetenpoetsers** zijn onmisbaar in een huishouden met kleine baby's. Heeft je baby een gevoelige huid, wees dan voorzichtig met de toetenpoetsers: ze zijn vaak geparfumeerd, wat een gevoelig babyhuidje al snel kan laten uitdrogen (zeker 's winters).

Hulpstukken in bad:

√ Luchtbedje

√ (Stoffen) ligbedje

√ Plastic stoeltje (zodra hij kan zitten)

Goed afdrogen, vooral in alle plooitjes en achter de oren, anders kun je **infecties krijgen.** Dit is vervelend, want het is pijnlijk, maar het gaat ook stinken. Gebruik een **hydrofiele luier**, deze absorbeert extra goed.

Haren wassen

De een wordt kaal geboren en de ander met een enorme bos haar. Wil je de haartjes gaan wassen, doe het dan wel heel voorzichtig, want het fontanelletje (uitleg pagina 154) is nog zacht.

Gebruik een speciale babyshampoo die niet prikt in de oogjes en gebruik ook hierbij voor het afdrogen een hydrofiele luier of zachte doek.

Schone haartjes zijn natuurlijk heerlijk, maar één keer per week is echt genoeg. Houd je zo van die lekkere Zwitsal-lucht? Koop dan **Zwitsal-** (of een ander merk) **haarlotion**. Die mag je elke ochtend over de haartjes smeren en zo ruiken ze heerlijk. Kijk uit met de oogjes, want het prikt wel.

Verschonen, verschonen en nog eens verschonen

Je baby verschonen is in het begin nog wat onwennig en je baby lijkt ook zo fragiel, maar al snel ben je er helemaal aan gewend en draai je je hand er niet meer voor om. Wanneer je baby gepoept heeft, verschoon je hem natuurlijk even. Maar ook als de luier een volle indruk maakt, kun je hem het beste verwisselen, want ook plas kan een bijtend effect op de billetjes hebben. Een beetje **Sudocrem** om rode billen te voorkomen, kan geen kwaad.

Heb je een **zoon** en wil je voorkomen dat hij over zijn schone kleertjes of in je gezicht plast? Als je de luier openmaakt, blaas je even richting onderbuik. Dit briesje zorgt ervoor dat hij zal plassen als hij moet, je drukt dan snel de luier weer even aan en wacht met het verschonen tot hij klaar is. Je zou ook even een schoon nat billendoekje op zijn piemeltje kunnen leggen, meestal gaan ze daar ook van plassen. Zorg, zodra je de schone luier omdoet, dat het piemeltje naar beneden kijkt, zo is de kans klein dat hij naar boven plast en dus doorlekt. Trouwens, misschien vraag je je af vanaf welke leeftijd je het piemeltje mag schoonmaken. Doe je zoontje een groot plezier: kom níét aan zijn voorhuid, probeer er vooral nog geen beweging in te krijgen. Dit kan pijnlijke gevolgen hebben. Het consultatiebureau houdt het voorhuidje goed in de gaten en zal jou vertellen wanneer het tijd wordt om deze (samen met je zoon) schoon te maken.

Heb je een **dochter,** dan raden we je aan om zowel bij een plasluier als bij een poepluier met de billendoekjes **van boven naar beneden** te vegen, zodat je de poep niet tussen de schaamlipjes veegt. Probeer sowieso zo min mogelijk tussen dat gebied te vegen. Maak schoon waar je gemakkelijk bij kunt, tenzij het echt niet anders kan, omdat er al een beetje ontlasting tussen zit.

Beste Jan,

Een luier verschonen lijkt een hele toer. Misschien heb jij ook met je vrienden erbij gezegd dat je écht geen luiers gaat verschonen. Wij kennen zelfs mannen die een allergie voor luiers gefaket hebben. Maar jij weet ook wel dat je daar anno nu niet meer mee weg kunt komen. Je zult ervan staan te kijken hoe handig je ermee wordt. En de natuur zal je een handje helpen, want dacht je voorheen nog dat een poepluier ultiem smerig was, wanneer het op je eigen baby aankomt, ben je ineens nergens meer vies van.

Nageltjes

Het is lastig om de nageltjes van je baby goed kort te houden. Tegelijkertijd wil je het wel graag voor hem doen, want zijn ongecontroleerde bewegingen zorgen er regelmatig voor dat hij zichzelf krabt, soms tot bloedens toe. Je kunt tijdens het slapen sokjes over zijn handjes aandoen en je kunt de nageltjes ook vijlen. Dit is een hele klus, maar werkt beter dan knippen – in het begin zit er tussen het vingertje en de nagel nog een soort vliesje, en het kan behoorlijk pijn doen als je daar met een schaartje aan komt.

Fopspeen...

Iedere baby heeft een bepaalde zuigbehoefte. De zuigbehoefte heeft niet alleen maar te maken met drinkbehoefte, ze is ook noodzakelijk voor de ontwikkeling van de kaken. Zuigen kan ook rustgevend werken, het kan helpen tegen krampjes of bij het in slaap brengen of om nog net even het tijdstip van voeden te rekken.

Zuigbehoefte kan onder andere gestild worden door een speen, jouw pink of het eigen duimpje.

De **duim** wordt niet door iedere baby gepakt en zeker niet de eerste weken als ze nog heel weinig motoriek en coördinatie hebben. Dan is een speen een goede oplossing.

Wanneer je baby (veel) zuigbehoefte heeft, kan een **speen** ook uitkomst bieden. Zeker wanneer je een lamme hand krijgt van **de pink** in een toch wat onmogelijke positie in het mondje stoppen. Met een speen in de mond is de kans op een **duimzuiger** klein(er). Je baby zal enthousiast aan het speentje zuigen en daardoor misschien minder huilen of sneller tevreden zijn. Een andere fijne bijkomstigheid van de speen is dat je deze kunt weggooien als je baby groter is, in tegenstelling tot de duim.

Maar er zitten ook wat nadelen aan een speen:

- Hij is slecht voor het **gebit**, in die zin dat tandjes scheef en naar voren kunnen gaan staan.
- Ben je eenmaal aan een speentje begonnen, dan kun je vaak **niet meer zo gemakkelijk terug**. Je zult niet de eerste zijn die er 's nachts tig keer uit moet om de speen erin te stoppen. Op een bepaald moment is je baby oud genoeg om hem zelf te kunnen pakken, maar tot die tijd (mogelijk is hij dan al negen maanden) kan het behoorlijk wat **nachtelijke onrust** opleveren. Daar hebben we een tip voor: pak een **hydrofiele luier**, trek deze door de ring van de speen (helemaal doortrekken, totdat de hydrofiele luier aan beide kanten van de ring evenveel stof heeft) en stop de stof tussen het rompertje en de borst van de baby, terwijl de speen in de mond zit. Mocht je baby nu de speen uitspugen, dan ligt de speen altijd nog voor het grijpen. En voor de wat oudere baby's: koop een aantal **zakdoekjes** of kleine badstoffen doekjes (bijvoorbeeld bij de grotere HEMA-filialen) en bind deze aan even zoveel spenen om ze vervolgens rond het hoofdje in het ledikantje te leggen.

  Wat ook een uitkomst kan bieden is een zogenaamde bed- of hoofdbeschermer. Dit is een soort kussen aan de binnenkant van het bed, lekker zacht voor je baby en een prettige bijkomstigheid is dat de spenen niet meer langs de spijlen uit het bed kunnen vallen. Je kleintje moet dan wel al zelf in staat zijn de spenen te pakken en in zijn mondje te stoppen. Kan hij dit niet en heb je er al meerdere slapeloze nachten op zitten? Dan is misschien nog het allerbeste om rücksichtslos alle spenen **weg te gooien**. Dit kost je hooguit een week lang moeizame dagen en ellendige nachten, maar daarna ben je verlost! En onze ervaring is: hoe jonger de baby, hoe makkelijker het ontwennen gaat.

Ga je **op reis** of zomaar even op pad? Zorg er dan voor dat je altijd een voorraadje spenen bij je hebt. Of zorg ervoor dat je er standaard één in je handtas hebt zitten, plus één in je babytas, eventueel één bij opa en oma, in de auto, de crèche et cetera. Als je zonder komt te zitten en je baby is helemaal gewend aan de speen, dan zou dit zomaar op een klein drama kunnen uitlopen. Een spenenkoord is ook een aanrader, zo hangt de speen veilig aan je baby's jas of trui en kan hij niet kwijt of vies raken.

... of duimen

Met het oog op later is het aanleren van duimen niet echt wenselijk; hoe langer een kind geduimd heeft, hoe hardnekkiger de scheefstand van zijn gebit. Een duim is in tegenstelling tot een speen niet zomaar weg te gooien en dus is duimen moeilijker af te leren.

Maar in de babytijd kan het best fijn zijn als je baby zijn eigen duim, vingers of knuistje heeft gevonden. Zijn duim is letterlijk en figuurlijk altijd bij de hand en kan hem op elk moment van de dag troost bieden en in slaap brengen én het kost niets. Hoewel… misschien later een aantal tandarts- of orthodontistbezoekjes. Ons idee is op korte termijn: prijs je gelukkig met een duimer. Als ze straks op een leeftijd komen dat ze echt niet meer met een duim in de mond gezien kunnen worden, stoppen ze er in de meeste gevallen vanzelf wel mee en jij hoeft voorlopig in ieder geval niet je bed uit. En voor later? Zorg dat je goed verzekerd bent!

Speen

- √ Kook een nieuwe speen altijd uit voordat je hem gaat gebruiken
- √ Ga mee met de maat van het mondje van je baby: koop nieuwe spenen wanneer dit nodig is (je hebt spenen in de volgende maten: 0-6 maanden, 6-12 maanden, 12-36 maanden)
- √ Gooi een speen met een gat erin meteen weg; deze spenen zijn niet meer goed
- √ Vervang de spenen regelmatig
- √ Kook de spenen tussentijds ook af en toe uit, zeker wanneer de spenen meegaan naar een crèche: kinderen stoppen vaak elkaars speen in de mond

Liever geen speen

De fout die bijna iedere ouder maakt, is om zo snel mogelijk na de geboorte een speen in het mondje te stoppen. Wij hebben het geluk nooit een nachtbraker in huis te hebben gehad. Sinds de geboortes van alle vier de kinderen ben ik nog nooit één nacht wakker geweest. Zelfs tijdens de borstvoeding 's nachts sliepen we samen door!
Wanneer je zeker weet dat de baby geen honger heeft of koorts, kan je hem prima even laten huilen. Meestal slapen ze weer na tien minuten. Wanneer je de baby meteen uit bed haalt, raken ze daaraan gewend. Dan weten ze – hoe jong ze ook zijn – dat wanneer ze gaan huilen, ze uit bed worden gehaald. Een speen brengt onrust. Ze verliezen deze 's nachts en raad eens wie hem kan gaan zoeken? Ons eerste kind Thijmen had een speen tot zijn eerste jaar. Toen heb ik hem afgepakt. Thijmen was drie uur lang verdrietig, maar daarna heb ik hem er nooit meer over gehoord. Kind twee, drie en vier weten niet eens wat het is. En ze duimen ook niet!

Danielle Oerlemans

Voorkeurshouding

Het is verstandig om je baby niet altijd op zijn rug in de box te leggen, maar ook eens op zijn **buik**. Dit is niet alleen goed voor de nek- en rugspieren, maar zo voorkom je ook dat hij een **plat achterhoofd** krijgt. Dit kan namelijk zelfs zo erg worden dat hij een groot gedeelte van de dag een helmpje moet gaan dragen. Dat is geen echte ramp, maar je baby zit er niet echt op te wachten om ongeveer twintig uur per dag een helm te dragen. Zeker niet op een broeierige, zomerse dag. En zelf vind je het waarschijnlijk ook niet zo leuk, al is het alleen maar omdat je zo'n eentonig beeld krijgt in zijn babyboek.

De meeste baby's krijgen ook een **kaal achterhoofd** van continu op de rug liggen; hier is niet zo heel veel tegen te doen. Wanneer je baby in de wieg, wipper of box de neiging heeft om steeds met het hoofdje naar een bepaalde kant te liggen (= voorkeurshouding), dan kun je proberen het hoofdje voorzichtig naar de andere kant te verleggen. Beter is nog om steeds een **speeltje, muziekmobiel of iets anders** neer te leggen aan de 'andere' kant, zodat zijn aandacht getrokken wordt en hij zonder dat hij het merkt een andere houding aanneemt. Je kunt dit effect versterken door ook een speciaal **nachtlampje** in het bedje te leggen. Door een scheef of afgeplat hoofdje gaat je baby eenzijdig bewegen en dat kan een belemmering vormen voor zijn lichamelijke ontwikkeling. Het consultatiebureau zal de neiging tot een voorkeurshouding ook goed in de gaten houden, door bepaalde tests met hem te doen. In geval van een duidelijke voorkeurshouding word je doorverwezen naar de (baby)fysiotherapeut.

Wat nogal eens vergeten wordt: je eigen verzorging

Hopelijk ben je vlak voor de bevalling nog even naar de pedicure en de manicure geweest of heb je als tijdverdrijf je eigen handen en voeten een heerlijke behandeling gegeven, waarop je in het begin nog wel even kunt teren. Zo niet, dan raden we je aan om jezelf, zodra het kan, hierop te trakteren. Iedereen heeft af en toe een grote of kleine verwenbeurt nodig, en een vrouw die pas bevallen is al helemaal!

Een goede **handcrème** is een must als je een baby hebt; zeker in het begin was je wel twintig keer op een dag je handen, en als je ze niet vaak insmeert, worden ze zo hard en droog als schuurpapier. Soms krijg je zelfs kloven. Je kunt ook een lekkere **handscrub** van bijvoorbeeld **Rituals** aanschaffen of misschien krijg je wel een crème of scrub van een goede vriendin die al eerder een baby heeft gekregen en goed weet hoe je handen nu aanvoelen.

Als de moeheid echt begint toe te slaan en je hormoonhuishouding weer verandert, krijgen sommige vrouwen ook last van **pukkels.** Smeer een beetje **Sudocrem** op elk pukkeltje of tip ze aan met een beetje pure alcohol en ze verdwijnen al snel. Haal die Sudocrem wel even weg voordat je naar de bakker gaat.

Mede door die chronische moeheid kunnen er behoorlijke **wallen** onder je ogen ontstaan. Of je het gelooft of niet, **aambeienzalf** zoals Sperti helpt, dus smeer voordat je naar bed gaat een beetje op je wallen en je zult zien: ze verdwijnen!

Het gaat uiteindelijk natuurlijk niet om het uiterlijk vertoon, maar om je gemoedstoestand. Zorg voor ontspanning op welke manier dan ook, het zal je goed doen!

OP PAD MET JE BABY

Je mag pas voor het eerst naar buiten met je baby als hij op of boven zijn geboortegewicht is, bovendien kunnen je baby's hersentjes pas na ongeveer een week zijn temperatuur regelen. Daarbij moet je ook zelf het idee hebben dat je het aankunt en niet bang zijn dat je aan het einde van de straat aan de zuurstof moet of dat je je onderkantje onderweg verliest.

Eropuit gaan met je baby is niet zomaar even je baby in de kinderwagen zetten en de deur achter je dichttrekken. Nee, zelfs een boodschapje doen, is een hele expeditie. Want ineens is niet alleen van belang of je je portemonnee bij je hebt, maar moet je ook voor je baby denken. We bouwen het in dit hoofdstuk langzaam voor je op: van een tripje in de buurt tot op reis, waar moet je aan denken, wat neem je mee? Vergeet vooral je huissleutel niet…

Eropuit

Die eerste keer naar buiten is er een om nooit meer te vergeten! Het is een beetje spannend, tegelijkertijd is het ook een hele onderneming en je gaat vast ook een heleboel vergeten mee te nemen. Als je met iemand hebt afgesproken en niet te laat wilt komen, dan is het misschien een goed idee om wat eerder te beginnen met de voorbereiding van je vertrek dan je gewend bent. Zeker als je met het **openbaar vervoer** gaat – we willen niet te negatief overkomen – trek dan maar een halve dag extra uit. Sommige trams in de grote steden laten maar één kinderwagen per keer binnen, dat kan heel vervelend zijn als het buiten pijpenstelen regent en jij je sinds tijden weer eens opgedoft hebt. Daarnaast liggen perrons op een treinstation vaak hoog en dus moet je nog even de lift naar het juiste perron vinden voordat de trein vertrekt. Een deodorant in je luiertas is geen overbodige luxe.

Wat heb je allemaal bij je als je naar buiten gaat? Ja, wat niet… het is een hele waslijst! Naast de gebruikelijke zaken als **luiers, billendoekjes, luierzakjes** en iets om de baby **op te verschonen**, doe je er goed aan om ook een **extra setje kleertjes** mee te nemen. Het is namelijk iedere jonge moeder minimaal één keer overkomen: je baby heeft zo'n enorme poepluier dat het via de achterkant en de openingen voor de beentjes eruit gelopen is. Waar je ook bent of naartoe gaat, dat extra setje kleertjes is gewoon pure noodzaak. Vergeet niet om het setje af en toe te vervangen door een groter setje, want je baby groeit heel erg snel.

Kleed je baby op het weer, dus niet te warm in de zomer en niet te koud in de winter: dat wat jij aanhebt plus een laagje extra is een regel die je bij kleine baby's kunt hanteren. Een **extra dekentje** onder in de kinderwagen kan ook geen kwaad voor als het onderweg koud wordt. Je baby ligt tenslotte stil in de wagen en verliest zo snel zijn warmte. Als je borstvoeding geeft, dan heb je alles op temperatuur en bij de hand, maar als je kunstvoeding geeft, vergeet dan niet **alle benodigdheden** in te pakken. Voor de borstvoeding is dat extra dekentje dan weer handig op het moment dat je ergens in een openbare gelegenheid bent en jezelf een beetje privacy wilt geven.

En vergeet de regenhoes niet. We leven per slot van rekening in Nederland.

Als je een wandeling maakt of boodschappen gaat doen, dan gebruik je daarvoor de wandelwagen en niet de Maxi-Cosi, deze is namelijk bedoeld (en verplicht) voor het reizen met de auto. In de wandelwagen ligt je baby plat en dat is de **eerste zes maanden** beter voor zijn rug. De meeste wagens kun je daarna 'ombouwen' tot de zitstand.

Met de auto of in de trein

Als je met de auto (of de trein) reist, zijn extra voeding, water en luiers ook geen overbodige luxe, met name als je in de file terechtkomt of de trein vertraging heeft. Wanneer je je baby in de Maxi-Cosi op de bijrijdersstoel naast je zet, kun je hem goed zien en af en toe nog iets geven zoals een speeltje (of een slok water of een LIGA, als hij die leeftijd bereikt heeft). Het kan er wel voor zorgen dat jij meer afgeleid bent, dus de veiligste optie is het niet. Vergeet ook niet **de airbag uit te zetten**. Een airbag komt tijdens een botsing met driehonderd kilometer per uur naar buiten zetten en kan dus levensgevaarlijk zijn voor je baby.

Je kunt er ook voor kiezen om je baby op de achterbank te zetten. Niet zo gezellig, maar wel veiliger. De Maxi-Cosi staat met de rug naar je toe, dus je kunt je baby dan niet zien. Maar daar is een oplossing voor bedacht: er bestaan **speciale autospiegeltjes,** bijvoorbeeld van Maxi-Cosi, zodat je vooruit kunt kijken, het verkeer in de gaten kunt houden en tegelijk je baby kunt zien. Veel baby's slapen in de auto, maar wees ook voorbereid op een niet zo blije baby. Als je alleen reist, kan dit voor de nodige problemen en de nodige pitstops zorgen. Je kunt er daarom voor kiezen om tijdens zijn normale slaaptijd te gaan rijden, dan valt je baby vanzelf in slaap, soms na even protesteren.

Mocht je onderweg last krijgen van zuurstofgebrek wegens de enorme stank die je baby heeft geproduceerd, dan zul je zijn luier moeten verschonen. Je kunt dit doen op de achterbank of in de achterbak of je stopt even bij het tankstation. Ook nu komt een frisse, zachte doek of verschoningsmatje als ondergrond goed van pas.

Lijstje voor op pad met je baby:

- √ Voldoende voeding (en dan altijd nog een extra portie)
- √ Voldoende luiers
- √ Billendoekjes
- √ Verschoningsmatje
- √ Extra setje kleertjes
- √ Extra dekentje (ook handig voor borstvoeding)
- √ Flesje met (warm) water
- √ Extra water
- √ Speentje en eventueel een spenenkoord
- √ Maxi-Cosi verplicht voor in de auto

Heb je keurig de kunstvoeding of rijstebloem in het melkverdelertje gedaan voor onderweg? Check dan nog even of de melkverdeler goed dichtzit. Het wil namelijk nog weleens voorkomen dat je hele tas onder de melkpoeder of rijstebloem zit. Nou is dat niet zo heel erg, maar het zou jammer zijn als je baby daardoor geen eten heeft en jullie tochtje uitdraait op een ramp. Doe voor alle zekerheid een plastic zakje om de melkverdeler... *just in case*.

De kleine wereldreiziger

Zo, wen er maar vast aan: vanaf nu heb je alle extra ruimte in je koffer nodig voor je baby. Dus laat die föhn, krulspelden en je vijf paar mooiste hakken maar thuis. Jij, of liever gezegd je partner gaat zich een breuk tillen aan alles wat je nodig hebt en alles wat je 'misschien' nodig hebt. Want voor het geval je baby **ziek** wordt, heb je toch ook **medicijnen** nodig, met name in landen waar je de taal niet spreekt of waar de dichtstbijzijnde dokter vijftig kilometer verderop zit.

Vergeet niet om in je handbagage, naast de tijdschriften en dat boek dat je toch niet gaat lezen, een **extra setje kleertjes**, genoeg **luiers**, 'plastic poepluierzakjes' voor die niet te harden poepluiers, genoeg **melk, genoeg potjes en flesjes**, een **extra speen** en misschien een **spenenkoord** mee te nemen. Heb je nog plek in je tas, neem dan een doek mee waar je je baby op kunt verschonen. Op de wc van een vliegveld en in het vliegtuig is wel een verschoontafel aanwezig, maar daar zijn ongeveer twee miljoen baby's jullie voor geweest, dus dat is niet zo hygiënisch voor jouw Zwitsal-baby'tje. We raden je aan om altijd een extra potje en **melkpoeder** voor een extra flesje mee te nemen voor noodgevallen. Als je kunstvoeding geeft, kun je van tevoren uitrekenen hoeveel voedingen je minimaal nodig hebt en het aantal schepjes per voeding alvast in de **melkverdeler** doen.

Een baby moet een eigen paspoort of identiteitskaart (Europa) hebben om te kunnen reizen. Houd er rekening mee dat het aanvragen soms wel twee weken kan duren en neem het volgende mee:

√ Ondertekende toestemmingsverklaring van je partner

√ Eigen paspoort én dat van je partner

√ Twee goedgekeurde pasfoto's van je baby

√ Geboorteakte van je baby

√ Geld of pinpas

√ Je baby moet mee bij de aanvraag én bij het afhalen van het paspoort

Als je ver gaat reizen, kun je het beste even checken of er geen gekke ziektes heersen en je misschien inentingen nodig hebt die voor je baby schadelijk zouden kunnen zijn.

Neem ook alvast voldoende (gekookt) water mee. Maar houd er ook rekening mee dat afhankelijk van het vliegveld en het humeur van de douanier, een onschuldig babyflesje gevuld met water soms niet door de **douane** komt. Als je eenmaal door de douane bent, is er genoeg gelegenheid om een flesje water te kopen en ergens op te laten warmen. In het vliegtuig hebben ze ook (warm) water voor je, alleen wil je baby vaak net eten als de stewardessen druk bezig zijn, dus moet je soms even een beetje geduld hebben. Leg dat maar eens uit aan je hongerige baby en die vriendelijke meneer naast je…

Beste Jan,

Heb jij je ook zo verheugd op die welverdiende vakantie? Voorheen begon je vakantie waarschijnlijk al bij het inpakken van de koffer, of misschien behoor je tot de categorie mensen die zodra ze het vliegtuig in stappen in de totale relaxmodus komen? Die tijden zijn helaas voorbij. Wat wel kan helpen is om op tijd te komen bij het inchecken en op je allerliefst te vragen of er eventueel een extra plek in het vliegtuig is voor jullie baby/Maxi-Cosi (een baby vliegt gratis en krijgt dus ook geen eigen plek).
Als je nu een goede beurt wilt maken, dan laat je je krant nog even dicht of vraag je in ieder geval of je kunt helpen – dat scheelt een eerste irritatiepuntje. Dat wil heus niet zeggen dat je je de hele tijd als voorbeeldvader hoeft te gedragen, hoor, vrouwen zijn vaak al tevreden als je het aanbiedt.
Mocht je tot de helden behoren die de vliegtuig-wc in duiken met hun baby, laat je dan niet afschrikken door de omvang ervan.

Controleer altijd de **temperatuur van het opgewarmde water of potje**. Niet alle stewardessen zijn ook moeder, dus je kunt het ze niet kwalijk nemen dat ze niet precies weten hoe warm of koud jouw flesje of potje moet zijn. Durf je het niet aan, dan kun je het opwarmen eventueel vermijden door een fruithapje te geven in plaats van een hartig warm hapje. Of je kunt het groentehapje koud geven. Misschien niet zoals je het normaal gesproken zou doen, maar net zo voedzaam.

Wij hebben de kinderen van het begin af aan laten wennen aan het eten en drinken van **lauwe tot koude** potjes en flesjes voor als we niet in de gelegenheid waren om het op te warmen. Dit komt bijvoorbeeld goed van pas als je met de trein of de auto reist of als je in een park bent.

O, en wees maar voorbereid: meestal kom je net het vliegtuig in en heb je net je stoel gevonden, wanneer je baby een luier als nooit tevoren heeft geproduceerd. Met een beetje geluk zit het tot in zijn nek. Niet raar opkijken overigens als je partner nu rustig zijn krantje openslaat.

De landing

Een (snelle) landing kan voor een baby een vervelend moment zijn. Volwassenen weten dat ze moeten slikken of gapen als er druk op de oren ontstaat, maar een baby heeft uiteraard nog geen idee. En een kauwgumpje kauwen gaat ook nog niet. Wat je wel kunt doen, is tijdens de **landing baby-neusspray** en **een flesje water** in de aanslag houden. Neusspray vlak vóór de landing en een beetje water drinken tijdens de landing, kan voorkomen dat je baby door de druk veel pijn aan zijn oortjes krijgt. Mocht je borstvoeding geven en je wilt je baby verlossen van de pijn door hem een slokje of zelfs zijn hele voeding nu te geven, dan kan dat natuurlijk ook. Voor de privacy kun je een hydrofiele luier over de borst en je baby heen slaan.

Het kan trouwens zijn dat de melk letterlijk uit je borsten alle kanten op spuit, dit komt door de druk in het vliegtuig; ook daar is de doek weer handig voor.

Zitplaatsen

Als je een lange vlucht voor de boeg hebt en je baby echt klein is, onder de 10 kg en niet langer dan 70 cm, dan raden we aan om een '**bassinet**' te reserveren, zo'n wiegje aan de muur. Er is een kans dat meerdere reizigers hetzelfde willen, dus zorg dat je deze op tijd reserveert. Voor een kind onder de twee jaar hoef je geen ticket te betalen (wel luchthavenbelasting), maar dan heeft hij ook geen stoel. Je kunt wel bij het inchecken vragen om een lege stoel naast je, en als er veel plekken over zijn, zul je die wel krijgen. Dan kun je je baby naast je neerzetten in de Maxi-Cosi. Als er geen stoel vrij is, dan levert dit met een baby van onder de zes maanden meestal niet al te veel problemen op, aangezien hij bij je op schoot kan. Het wordt echter lastiger wanneer je baby net kruipt. **Kruipen** is lastig, want dat gaat echt niet in een grote vliegtuighal of aan boord van een vliegtuig, lopen is dan eigenlijk net iets makkelijker. De ervaring leert dat zodra de lampjes met 'stoelriemen vast' aangaan, alle baby's en kinderen alles willen behalve stilzitten of slapen en zodra de lampjes weer uitgaan, vallen ze in slaap. Het kan uitkomst bieden om de favoriete knuffel van je baby bij je te hebben of een ander speeltje dat voor afleiding kan zorgen. Soepstengels of koekjes geschikt voor zijn leeftijd, kunnen ook ideaal zijn om de tijd mee door te komen.

Wanneer jullie met twee kinderen reizen, dan probeer je twee aan twee de stoelen te reserveren, zodat iedere ouder zich over een kind kan ontfermen. Reis je met drie kinderen (onder wie een baby), zorg er dan voor dat een van jullie de jongste voor zijn rekening neemt en de ander de twee oudsten. Je kunt dus het beste de stoelen ook zo reserveren. Dus drie stoelen bij elkaar en één stoel voor de persoon met de baby op schoot. Als je vier kinderen hebt: sterkte.

Handbagage voor je baby:

√ Paspoort of identiteitskaart

√ Voldoende voeding

√ Flesje(s)

√ Luiers

√ Billendoekjes

√ Extra speen + eventueel spenenkoord

√ Hydrofiele luier of omslagdoek

√ Slabbetje

√ Extra kleding

√ Geurzakjes voor (poep)luiers

√ Baby-neusspray

√ Paracetamol

√ (Favoriete) knuffel

√ Draagzak

Heb je een **BabyBjörn** of **draagzak**? Deze kan goed van pas komen als je op je bestemming aankomt en je een lange wandeling zonder kinderwagen moet maken naar de bagageband. Het wil nogal eens voorkomen dat de kar samen met de koffers op de band gelegd wordt of zelfs bij de speciale bagage ligt. Pak de draagzak dus ook in bij de handbagage.

Ik ga op reis en ik neem mee...

Nou, het liefst niet te veel. Iedereen maakt de fout om veel te veel mee te nemen. Vervolgens ben je van het sjouwen zo moe geworden, dat je alweer de volgende vakantie kan boeken!
Laat de lievelingsknuffel thuis, want het verlies van die knuffel op een vliegveld betekent nog meer stress! Zorg voor een reserveknuffel die meegaat op reis. De hoofdknuffel blijft thuis.
Neem – naast schone luiers – twee flesjes vol met drinken mee. Baby's willen meestal drinken op het moment dat de stewardess net geen tijd heeft, met als gevolg dat ze het hele vliegtuig bij elkaar schreeuwen.
Geef je baby tijdens de landing te drinken, dat scheelt enorm voor de oortjes.
Verder lekker zitten en maar hopen dat ze de hele reis slapen!

Danielle Oerlemans

Wat neem je mee op reis

- √ Melk (als je afwijkende voeding gebruikt, zorg dan voor een voorraad, standaardvoeding hebben ze meestal wel)
- √ Flessen (met alles wat daarbij hoort)
- √ Eventueel: een flessensterilisator (indien je baby jonger dan zes maanden is), maar je kunt natuurlijk ook kofferruimte besparen en op de vakantiebestemming je flessen en spenen één keer per dag uitkoken in een pannetje water
- √ Genoeg potjes voor de eerste dagen (als je graag vers kookt, neem je een staafmixer mee)
- √ Luiers en billendoekjes
- √ Sudocrem
- √ Meerdere spenen
- √ Paracetamol voor baby's
- √ Orisel/ORS
- √ Thermometer (rectaal)
- √ Kleertjes
- √ Slaapzakje (warm/koud weer)
- √ Neusspray
- √ Zonnebrand voor baby's (test hem even van tevoren op allergie!)
- √ Muggenspul voor baby's (verkrijgbaar bij reformhuis)
- √ Maxi-Cosi
- √ Kinderwagen
- √ BabyBjörn of draagzak
- √ Reiswieg/bedje
- √ Zonnehoedje
- √ Babyfoon (en maar hopen dat hij voldoende bereik heeft tot aan het zwembad of restaurant)
- √ Babyshampoo en -crème
- √ Vitamine D (en K in geval van borstvoeding)

En als je nog een plekje over hebt: stop een verleidelijk jurkje of iets dergelijks in de koffer. Je weet maar nooit…

Je baby en de zon

Waarschijnlijk zit je thuis al maanden in de regen en kijk je er enorm naar uit om in de zon te zitten. Maar wees voorzichtig in je enthousiasme. De zon kan voor volwassenen gevaarlijk zijn, maar voor een pasgeboren baby al helemaal. En ook al is je baby geen baby meer, je moet toch echt met een aantal dingen rekening houden.

- Smeer je baby na het wakker worden al van top tot teen in met de juiste **zonnebrandcrème**; er bestaan **ongeparfumeerde** crèmes voor de gevoelige of droge huid met een zeer **hoge beschermingsfactor**. Ook al heeft je baby een normale huid, we raden je toch aan om deze te gebruiken en meerdere malen per dag op te smeren. Er bestaan zonnebrandcrèmes die je maar één keer per dag hoeft op te smeren, maar voor deze geldt dat hij niet goed beschermt wanneer je hem niet minstens een halfuur laat intrekken voordat je de zon in gaat. Ga voor goed advies over verschillende zonnebrandcrèmes naar de apotheek.
- Leg je baby nooit in de felle zon, maar altijd op een plekje in de schaduw onder een parasol of een boom. Vooral **tussen 12.00 en 15.00 uur is de zon te sterk** en is het vaak te warm, maar waarschijnlijk ligt je baby dan toch te slapen in een gekoelde kamer. Als hij nog erg klein is, jonger dan twaalf maanden, raden we je aan om hem, als hij gaat slapen, ook even uit de warmte te halen en niet in de kinderwagen in de schaduw te zetten.
- Het is ook belangrijk dat je je baby overdag **extra slokjes** (afgekoeld) gekookt of mineraalwater geeft. Bijna overal kun je bovendien leuke **hoedjes** kopen; je hebt ze met een touwtje onder de kin zodat ze het niet meteen af kunnen trekken en ook met een soort cape in de nek. De nek is namelijk de plek bij uitstek die vergeten wordt bij het smeren. En als de zon daar iets te lang op schijnt, ligt een **zonnesteek** al gauw op de loer.

Zonnebrandcrèmes voor kinderen, bijvoorbeeld:

- **Standaard:** Zwitsal, Nivea, ROC en Eucerin
- **Eén keer aanbrengen:** P20, Vision of Ultrasun
- **Zeer gevoelige huid:** Anthelios van La Roche-Posay, Capital Soleil van Vichy, Kids Skin Protection Cream UV van Louis Widmer of zonnebrandmelk van Ladival

Biologische zonnebrandcrèmes zonder parabenen en nanodeeltjes, geschikt voor het hele gezin:

Lavera
Lovea
Gamarde

Drinken

In de warmte, of op warme dagen in Nederland, is het van belang dat je je baby **extra water** laat drinken. Je kunt ook een beetje extra water toevoegen aan zijn fles. Wanneer je normaal een fles van 150 cc geeft met vijf schepjes, dan geef je nu 160 cc met vijf schepjes. Dit mag je als het erg warm is bij elke fles doen. Mocht je baby niet goed drinken en vaak de helft van zijn fles laten staan, probeer dan eens in een koele kamer te gaan zitten in plaats van in de schaduw onder een boom. Soms kunnen verkoeling en minder afleiding ervoor zorgen dat zijn drinklust terugkomt.

Airconditioning

Maak de slaapkamer van je baby voor zover mogelijk lekker **donker en koel**. Probeer rekening te houden met de buitentemperatuur. Thuis is de gewenste kamertemperatuur 16 tot 18 °C, maar als het op de vakantiebestemming buiten 28 °C is, dan is die overgang te groot. Je kunt de temperatuur in zijn slaapkamer hopelijk bijstellen met behulp van de airconditioning naar **ongeveer zes graden lager** dan de buitentemperatuur.
Vind je het niet prettig om je baby in de volle airconditioning te laten slapen, koel de kamer dan al **twee uur** voordat het bedtijd is op volle stand en zet de airconditioner uit als je baby naar bed gaat.

Zwemmen

De eerste keer zwemmen is een feest en helemaal als het warm is, maar het moet wel een feestje blijven. Niet alleen baby's met een gevoelige huid kunnen last krijgen van chloor in het zwembadwater. Mocht je baby **rode plekjes** op zijn huid krijgen, dan kun je hier Sudocrem op smeren. Het is ook goed om je baby voor het slapen in te smeren met een vette crème, zoals Lipikar van **La Roche-Posay**. Droog hem na het zwemmen goed af en vergeet niet om hem opnieuw in te smeren met zonnebrandcrème, want door het zwemmen en afdrogen kan het zijn dat de bescherming niet meer zo goed werkt. De **zee** werkt in het algemeen **helend** bij baby's met een probleemhuidje, al kan het zeewater in het begin prikken op gevoelige plekjes. Mocht je baby gaan huilen, dan kan het zijn dat het echt pijn doet. Dan kun je dus beter stoppen met zwemmen. Als het zee- of zwembadwater heel erg koud is, kun je misschien alleen af en toe een beetje pootjebaden: zo'n klein babylijfje kan heel snel **afkoelen** en zelfs onderkoeld raken. Om te zwemmen met je baby kun je een speciaal opblaasbaar **babybootje** kopen, op deze manier kun je zelf zwemmen en hoef je hem niet de hele tijd te dragen. Bij iedere drogist en in de meeste supermarkten kun je speciale **zwemluiers** kopen. Jij vindt de billetjes van je baby heel schattig en je medevakantieganger vast ook, maar die zit niet echt te wachten op een drijvende productie van je baby. De zwemluiers kun je best hergebruiken als er niet in gepoept is; thuis even uitspoelen en laten drogen en de volgende dag weer aan!

Zwemluiers kun je hergebruiken; even uitspoelen en op laten drogen voor de volgende dag!

Heeft je baby, of heb jij, last van **muggenbulten**? Smeer **Sudocrem** tegen de jeuk!

Hoe ga je om met tijdsverschil?

Hoe je het ook wendt of keert, een baby van de ene naar de andere tijdszone meenemen kan moeilijkheden met zich meebrengen. Wanneer je goed voorbereid bent en hier rekening mee houdt, is het goed te doen. Bedenk wel dat het jullie idee was om zo ver weg te gaan en niet dat van je baby, dus neem hem in ieder geval niets kwalijk. Een goede voorbereiding scheelt alles. Een **extra flesje** of potje is altijd handig en zeker wanneer jullie **vertraging** hebben. Maar ook als je te maken hebt met tijdsverschil. Bijvoorbeeld wanneer er, als je daar aankomt, acht uur tijdsverschil is met Nederland. In Nederland is het dan nacht, maar daar is de dag net begonnen.

Het beste kun je totdat je er bent, doen alsof je nog in Nederland bent – dus de Nederlandse tijden aanhouden – en daarna **langzaam gaan schuiven** met slaapjes en voedingen. Afhankelijk van hoe de vlucht verlopen is, ga je het 'oude schema' herinvoeren: dit betekent dat je net als thuis dezelfde slaapjes en voedingen overdag probeert in te stellen. Geef jezelf en vooral je baby een beetje **speling**. Wat minder drinken haal je wel weer in op een ander moment en dat geldt eigenlijk ook voor de slaapjes. Men zegt wel dat je baby het aantal uren tijdsverschil aan dagen nodig heeft om aan de juiste tijdszone te wennen, maar dat is niet onze ervaring. **Na een dag of drie** is je baby meestal wel gewend, ook bij een verschil van acht uur. Hij wordt hooguit nog wat vroeg wakker of valt wat later in slaap, maar zodra je naar buiten kijkt en de zon weer schijnt, is daar wel overheen te komen, toch? Als je weer naar huis gaat doe je eigenlijk hetzelfde, maar dan andersom – dus totdat je in Nederland geland bent, houd je je aan het ritme van de vakantiebestemming en daarna ga je weer langzaam schuiven met slaapjes en voedingen. Ook nu zal het ongeveer drie dagen duren voordat je baby gewend is.

REST ONS NOG TE ZEGGEN...

Wat een geluk hè, zo'n kleintje? En wat staat je leven ineens op z'n kop met de komst van een baby! Je hebt misschien wel gemerkt dat het best wel even duurt voordat je weer de oude bent. Je bent waarschijnlijk vergeetachtig en je maakt je sneller zorgen om je baby (en misschien ook om je partner). Heb je al moeten huilen om het dagelijks leed in het journaal? Of om een liedje op de radio? Dan kun je films als *Stepmom* of *Schindler's List* beter even overslaan. En ben je je er ook ineens bewust van geworden dat de bekende sprookjes eigenlijk hartverscheurend zijn? Hans en Grietje die voor dood achtergelaten worden in het bos door hun eigen vader... Tranentrekkend! Het hoort er allemaal bij. Ze zeggen niet voor niets: '**Negen maanden op, negen maanden af.**' Gun jezelf dan ook deze tijd. Na drie maanden kun je het idee hebben er weer bovenop te zijn en een avond flink gaan stappen met vrienden, maar vaak gaat dat je toch niet in de koude kleren zitten. Niet alleen omdat het achterlaten van je baby bij de oppas je zwaar zal vallen, maar ook heb je je reserves inmiddels opgemaakt. En dan betaal je de volgende dag vaak de rekening. Het zijn de hormonen en het komt echt weer goed. Behalve die vergeetachtigheid, die lijkt wat ons betreft nooit meer weg te gaan! En die zorgen? Ja, ook die zijn onlosmakelijk verbonden aan het moederschap.

Beste Jan,

Heb je met de geboorte niet alleen een baby, maar ook een tweede moeder erbij gekregen? Heb je ook twaalf oproepen gemist als je vijf minuten later dan afgesproken thuis bent? En staat die van jou ook de hele tijd over je schouder mee te kijken als je een flesje maakt of geeft? Alsof er een chemische reactie in je baby ontstaat als jij een kwart schepje te veel geeft! Het goede nieuws is: het is van tijdelijke aard. Met 'tijdelijk' bedoelen we minimaal negen maanden; hang in there!

Misschien vind je het fijn om te weten dat er geen wetten bestaan over wanneer je baby moet kunnen omrollen, zitten, tijgeren, kruipen, lopen of zijn eerste woordje of volzin zegt. Laat je alsjeblieft niet gek maken door je omgeving en zelfs niet door het consultatiebureau. Jullie baby bepaalt zijn eigen tempo; de een is heel snel en de ander wat langzamer, zet er geen druk achter, daar heb je alleen jezelf mee. Ons motto: geniet van het hier en nu, groter worden ze allemaal!

En als laatste...

We zijn ermee begonnen en we willen er ook graag mee afsluiten: wij hebben getracht onze ervaringen met je te delen en hopen vooral dat je er veel aan hebt. Als je ervoor kiest om het anders te doen, dan kunnen we dat alleen maar toejuichen. We zouden het wel super vinden als je die bevindingen en antwoorden op bepaalde vragen met ons en je medelezeressen zou willen delen op www.facebook.com/BuskruitMuisjes. Ook als je juist vragen hebt aan ons of aan andere moeders kun je hier terecht!

Beste Jan,

Mocht je vragen hebben, dan nodigen we je bij dezen uit om ze aan ons of aan medelezers en -lezeressen te stellen op www.facebook.com/BuskruitMuisjes. Mocht je juist antwoorden hebben, dan hopen we helemaal dat je de moeite wilt nemen die met ons en onze lezers te delen.

DANKWOORD

Onze dank gaat uit naar:
Sophie Flohil, Geertje Verschuur-Jansen, Beline Jurgens-de Greve, Sophie van de Laar-Bremers en Katrien Terhorst-Kortmann; jonge moeders en dikke vriendinnen die, ondanks hun drukke bestaan, kritisch mee hebben gelezen en ons boek voorzien hebben van commentaar.

Hanneke Jongsma en Amanda Jongsma-van Bokhorst voor hun illustraties en creatieve inspiratie.
Onze bevriende deskundigen voor hun kritische noot vanuit medisch oogpunt.

Dank je wel Danielle, Frank, Natasja, Nicolette, Paul, Richard en Susan voor jullie persoonlijke verhalen!

Last but not least, dank aan onze lieve kindjes Tommy-Theo, Sophia, Puck, Flo, Sofietje, Jim, Lode, Pim en Bobby.
En natuurlijk onze mannen!

Zonder deze mensen was *Buskruit met Muisjes* er niet geweest en al helemaal niet geworden wat het nu is.

Heb jij nog tips voor andere zwangeren of prille moeders? Deel alles op onze Facebook-pagina of twitter mee met #BuskruitMuisjes of #BMM.

LEES OOK:

Vroeg of laat overkomt het iedere moeder wel eens. Je peuter stort zich ter aarde in een woedeaanval zoals nooit tevoren, en meestal nét in de supermarkt, speeltuin of een andere openbare plek. En was voorheen je angst dat alles in de mond van je baby verdween, nu vraag je je af hoe je er zonder al te veel strijd iets verantwoords in krijgt. Kortom: de dreumes- of peuterfase. Het buskruit is uit de luiers en dat gaat gepaard met nieuwe uitdagingen: driftbuien, eetproblemen, zindelijkheidstraining, noodgedwongen restyling van je huis...

Buskruit met peuters staat vol verhalen, tips en wetenswaardigheden die elke ouder wat soepeler door deze leeftijdsfase (1-4 jaar) kan loodsen. Met persoonlijke bijdragen van Do, Leco van Zadelhoff, Nicolette van Dam, Richard Kemper, Xander de Buisonjé, Kim Pieters, Remco Veldhuis en Renate Gerschtanowitz-Verbaan.

ISBN 978-94-005-0498-1